国家开放大学
THE OPEN UNIVERSITY OF CHINA

国家开放教育汽车类专业（本科）规划教材
全国汽车职业教育人才培养工程规划教材

汽车保险与理赔

国家开放大学汽车学院组织编写

台晓虹　主　编

成　英　高鲜萍　副主编

人民交通出版社股份有限公司·北京

国 家 开 放 大 学 出 版 社·北京

内 容 提 要

本书为国家开放教育汽车类专业(本科)规划教材、全国汽车职业教育人才培养工程规划教材之一。主要内容包括:汽车保险概述、汽车保险合同、汽车交通事故责任强制保险、汽车商业保险、汽车投保、汽车保险承保、汽车理赔实务。

本书可作为普通高等教育院校汽车服务工程和其他相关专业教材或教学参考书,也可供汽车服务行业和相关工程技术人员参考使用。

图书在版编目(CIP)数据

汽车保险与理赔 / 台晓虹主编. —北京 :人民交通出版社股份有限公司 : 国家开放大学出版社,2019.3

ISBN 978-7-114-15165-1

Ⅰ.①汽… Ⅱ.①台… Ⅲ.①汽车保险—理赔—中国—高等职业教育—教材 Ⅳ.①F842.63

中国版本图书馆 CIP 数据核字(2018)第 266401 号

书　　名:	汽车保险与理赔
著　作　者:	台晓虹
责任编辑:	郭　跃
责任校对:	张　贺
责任印制:	张　凯
出版发行:	人民交通出版社股份有限公司
	国家开放大学出版社
地　　址:	(100011)北京市朝阳区安定门外外馆斜街 3 号
	(100039)北京市海淀区西四环中路 45 号
网　　址:	http://www.ccpress.com.cn
	http://www.crtvup.com.cn
销售电话:	(010)59757973
	(010)68180820
总 经 销:	人民交通出版社股份有限公司发行部
经　　销:	各地新华书店
印　　刷:	北京市密东印刷有限公司
开　　本:	787×1092　1/16
印　　张:	12.25
字　　数:	268 千
版　　次:	2019 年 3 月　第 1 版
印　　次:	2019 年 3 月　第 1 次印刷
书　　号:	ISBN 978-7-114-15165-1
定　　价:	30.00 元

(有印刷、装订质量问题的图书由本公司负责调换)

总　序

　　国家开放大学汽车学院是在 2004 年北京中德合力技术培训中心与原中央广播电视大学(现国家开放大学)共同创建的汽车专业(专科)基础上,由国家开放大学、中国汽车维修行业协会、中国汽车文化促进会、北京中德合力技术培训中心四方合作于 2013 年 11 月 26 日挂牌成立。旨在通过整合汽车行业、社会现有优质教育资源,搭建全国最大的汽车职业教育平台,促进我国汽车行业从业人员终身教育体系建设,以及人人皆学、时时能学、处处可学的学习型行业的形成与发展。

　　在 2003 年颁布的《教育部等六部门关于实施职业院校制造业和现代服务业技能型紧缺人才培养培训工程的通知》中,汽车维修专业被确定为紧缺人才专业。国家开放大学为了满足从业人员业余学习的需要,从 2005 年春季学期起开办汽车专业(维修方向)(专科)、汽车专业(营销方向)(专科),至 2018 年春季学期,汽车专业(专科)在 32 个地方电大系统、汽车行业以及部队建立学习中心,基本覆盖了全国各地。累计招生 103,531 人,毕业 41,740 人,在籍 57,470 人,为缓解我国对汽车行业紧缺人才的现实需求和加快培养培训做出了积极贡献。

　　2017 年,国家开放大学增设汽车服务工程(本科)专业,汽车学院随即开展了专业建设和教学模式探索,确定了全网教学模式资源建设方案。学生将利用国家开放大学学习网和汽车学院企业微信平台完成线上学习和考试,线下完成毕业实习和毕业论文。为适应全网教学模式的需要,汽车学院组织编写了本套国家开放教育汽车类专业(本科)规划教材、全国汽车职业教育人才培养工程规划教材。这为满足汽车行业从业人员提升学历层次和职业技能的时代要求提供了必要的现实条件,为最终建成全国最大的远程开放汽车职业教育平台奠定了基础。

　　本套教材具有如下特点:

　　第一,针对性强。教材内容的选择、深浅程度的把握、编写体例严格按照国家开放大学关于开放教育教材的编写要求进行,满足成人教育的需要。

　　第二,专业特色鲜明。汽车服务工程(本科)专业(专科起点)是应用型专业。教材主编均来自高校长期从事汽车专业本科教学的一线专家教授,他们教学和实践经验丰富,所选内容强化了应用环节,理论和实验部分比例适当,联系紧密,实用性强。

　　第三,配合全网教学模式需要。全套教材是配套全网教学模式需要编写的。在内容的选取上满足全媒体网络课件制作的需要。对传统教材编写是一突破。教材配合网上资源一起使用,增加了教材的可读性、可视性、知识性和趣味性。

　　第四,整合优质资源。本套教材由国家开放大学出版社、人民交通出版社股份有限公司联合出版发行的国家开放教育汽车专业(本科)规划教材、全国汽车行业人才培养工程规划教材,面向国家开放大学系统和全社会公开发行,不但适合国家开放大学的需要,也适合其他高等院校汽车服务工程(本科)专业的教学需要。

　　在本套教材的组编过程中,国家开放大学就规划教材如何做出鲜明行业特色做了重要指示,国家开放大学出版社做了大量细致的编辑策划及出版工作。北京中德合力技术培训中心承担了教材编写、审定的组织实施及出版、发行等环节的沟通协调工作。中国汽车维修行业协会积极调动行业资源,深入参与教材的组织编写,人民交通出版社股份有限公司积极提供各种资源。中国汽车文化促进会积极推荐主编人选,参与教材编写的组织工作。各教材主编、参编老师和专家们认真负责、兢兢业业,确保教材的组编工作如期完成。没有他们认真负责的工作和辛勤的劳动付出,本套教材的编写、出版、发行就不可能这么顺利进行。借此机会,对所有参与、关心、支持本套教材编辑、出版、发行的先生、女士表示衷心感谢!

　　本套教材编写时间紧,协调各方优质资源任务重,难免存有不足之处,还请使用者批评指正,不吝赐教。

2019 年 1 月

前　言

　　《汽车保险与理赔》是国家开放教育汽车类专业(本科)规划教材、全国汽车职业教育人才培养工程规划教材之一。

　　通过对本书的学习,使学生能够了解汽车保险基础知识,理解汽车保险合同与原则,掌握汽车保险产品及条款解读,掌握汽车投保实务、汽车承保及汽车理赔实务。具备本专业所必需的基础理论、专业知识和技能,成为高等职业教育应用型人才。

　　本书是根据专业培养目标和培养对象的认知水平及学习特点编写而成,将汽车保险与理赔基础知识紧密围绕汽车专业特点展开阐述,实现汽车保险与理赔知识和汽车专业知识的有机接合,以"必需、够用、有效、经济"为原则,对教学内容进行整合优化和深度融合,在内容编排上突出介绍汽车保险与理赔知识在实践中的运用,很好地体现了汽车专业学习中的基础性和实用性,具有专业知识和技能培养的针对性。

　　根据开放式教育的特点,教材中配有二维码,扫一扫即可观看相关的动画或视频。

　　本书由天津职业技术师范大学台晓虹副教授任主编,成英和高鲜萍任副主编,台晓虹担任统稿工作。在教材的编写过程中,承蒙国家开放大学和兄弟院校及企业有关同志的大力支持,在此向他们表示衷心的感谢。此外,本书在编写过程中参考了大量的文献资料,在此向原作者表示谢意。由于作者知识水平有限,书中难免存在疏漏之处,敬请读者批评指正。

编　者

2019 年 1 月

学习指南

0.1 学习目标

完成本门课程的学习之后,你将达到以下目标:

1. 认知目标

(1)掌握汽车保险的种类及含义。

(2)掌握汽车保险的基本原则。

(3)掌握汽车保险合同的主体和客体。

(4)掌握汽车保险合同的一般性法律规定。

(5)掌握汽车交通事故责任强制保险的承保、理赔实务。

(6)掌握汽车商业保险的种类及含义。

(7)掌握汽车投保的注意事项和方案选择。

(8)掌握汽车承保的内容及要求。

(9)掌握汽车理赔的内容及流程。

(10)了解保险的起源和保险的基本概念。

(11)理解风险的概念及特点。

(12)了解汽车保险市场与营销。

(13)理解汽车保险合同的含义和特征。

(14)理解汽车交通事故责任强制保险的细则。

(15)理解汽车商业保险的细则及解释。

(16)了解汽车投保的基本原理。

(17)理解汽车承保的流程。

(18)了解汽车理赔事故现场查勘、交通事故鉴定及损失费用确定方法。

2. 技能目标

(1)熟悉汽车保险的种类及含义。

(2)能够识别汽车保险的基本原则。

(3)能够识别汽车保险合同的主体和客体,能够解读汽车保险合同的一般性法律规定。

(4)能进行汽车交通事故责任强制保险的承保、理赔实务。

(5)能够识别汽车商业保险的种类及含义。

(6)能够进行汽车投保的方案选择。

(7)能够进行汽车承保实务。

(8)能进行汽车理赔实务。

(9)熟悉汽车保险市场与营销。

(10)熟悉保险的起源和保险的基本概念。

(11)熟悉汽车交通事故责任强制保险的细则。

(12)熟悉汽车商业保险的细则及解释。

3. 情感目标

（1）启发学生对汽车保险的学习兴趣,发挥自主学习的能力和团队合作精神,养成良好的工作作风。

（2）发挥收集、分析学习资料的能力,培养归纳、总结、关联知识点的能力。

（3）养成分析问题、解决问题的习惯。

0.2　学习内容

本教材包括以下内容:

1. 汽车保险概述

本部分主要包括风险与风险管理、保险概述、汽车保险、汽车保险原则和汽车保险的市场与营销等内容。通过对本部分内容的学习,重点掌握保险的概念与特征,了解汽车保险的原则、汽车保险的市场与营销。

2. 汽车保险合同

本部分主要包括汽车保险合同概述、汽车保险合同的主体、客体和内容、汽车保险合同的一般性法律规定等内容。通过对本部分内容的学习,重点掌握汽车保险合同的主体和客体与汽车保险合同的一般性法律规定。

3. 汽车交通事故责任强制保险

本部分主要包括机动车交通事故责任保险概述、我国机动车交通事故责任保险细则、机动车交通事故责任强制保险承保、理赔实务等内容。通过对本部分内容的学习,重点掌握汽车交通事故责任强制保险的承保、理赔实务。

4. 汽车商业保险

本部分主要包括汽车商业保险概述、机动车损失险、机动车第三者责任险、车上人员责任险、机动车盗抢险、附加险条款及其解释等内容。通过对本部分内容的学习,重点掌握汽车商业保险的种类及含义。

5. 汽车投保

本部分主要包括汽车投保的基本原理、汽车投保险种分析、汽车投保注意事项、汽车的投保方案选择、填具汽车投保单、汽车保险费率等内容。通过对本部分内容的学习,重点掌握汽车投保的注意事项和方案选择。了解汽车投保的基本原理。

6. 汽车保险承保

本部分主要包括承保工作的内容及流程、汽车保险核保要求、汽车保险核保的运作、保险单证的管理、保险费的管理、汽车保险的续保、批改与退保业务等内容。通过对本部分内容的学习,重点掌握汽车承保的内容及要求。理解汽车承保的流程。

7. 汽车理赔实务

本部分主要包括汽车理赔业务流程、车辆理赔事故现场查勘、交通事故鉴定、事故车辆的损伤评定、人身伤亡费用的确定、施救费用和残值的确定、其他财产损失的确定等内容。通过对本部分内容的学习,重点掌握汽车理赔的内容及流程。了解汽车理赔事故现场查勘、交通事故鉴定及损失费用确定方法。

0.3　学习准备

在学习本教材之前,你应具有汽车构造、汽车营销、汽车检测与维修、二手车鉴定与评估等基础知识以及使用计算机或手机进行网页浏览、资料下载等能力。

目　录

第1章　汽车保险概述

导言

本章主要介绍了风险与风险管理、保险概述、汽车保险、汽车保险原则和汽车保险的市场与营销等内容。通过本章内容的学习,力求使学生掌握保险的概念与特征,了解汽车保险的原则、汽车保险的市场与营销,为继续学习相关章节打下坚实的基础。

学习目标

1.认知目标

(1)掌握汽车保险的种类及含义。

(2)掌握汽车保险的基本原则。

(3)了解保险的起源和保险的基本概念。

(4)理解风险的概念及特点。

(5)了解汽车保险市场与营销。

2.技能目标

(1)能够识别风险与风险管理的种类。

(2)熟悉汽车保险的种类及含义。

(3)能够识别汽车保险的基本原则。

(4)能够识别汽车保险的市场与营销策略。

3.情感目标

(1)启发学生对汽车保险的学习兴趣。

(2)发挥自主学习的能力和团队合作精神,养成良好的工作作风。

(3)能在总结我国汽车保险发展历程的基础上,分析我国汽车保险的现状及特点。

1.1　风险与风险管理

1.1.1　风险的基本概念及特性

1.风险的定义

广义的风险一般是指某种事件发生的不确定性。只要某一事件的发生存在着两种或两

1

种以上的可能性,那么该事件就存在着风险。从风险的一般含义可知,风险既可以指积极结果即盈利的不确定性,也可以指损失发生的不确定性。狭义的风险是指损失发生的不确定性。

2. 风险的特性

1) 风险的客观性

自然界的地震、台风、瘟疫、洪水,社会领域的战争、冲突、恐怖活动、意外事故等,都不以人们的意志为转移,它们是独立于人的意识之外的客观存在。这是因为无论是自然界的物质运动,还是社会发展的规律,都是由事物的内部因素所决定的,是由超过人们主观意识所存在的客观规律决定的。人们只能在一定的时间和空间内改变风险存在和发生的条件,降低风险发生的频率和损失程度,但是,从总体上看,风险是不可能彻底消除的。因此,风险是客观存在的。

2) 风险的普遍性

人类一直面临着各种各样的风险,如自然灾害、意外事故、疾病、伤害、战争等。每个人都面临生、老、病、死、意外伤害等风险;企业则面临着自然风险、意外事故、市场风险、技术风险和政治风险等。总之,风险渗入到社会、企业和个人生活的方方面面,风险无处不在,无时不在。

3) 风险的社会性

风险与人类社会的利益密切相关,即无论风险源于自然现象、社会现象,还是生理现象,它必须是相对于人身及其财产的危害而言的。就自然现象本身无所谓风险,如地震对大自然来说只是自身运动的表现形式,也可能是自然界自我平衡的必要条件。只是由于地震会对人们的生命和财产造成损害或损失,所以才对人类形成一种风险。因此,风险是一个社会范畴。没有人,没有人类社会,就无风险可言。

4) 风险的不确定性

风险及其所造成的损失从总体上来说是必然的、可知的,但在个体上却是偶然的、不可知的,具有不确定性。正是风险的这种总体上的必然性与个体上的偶然性(即风险存在的确定性和发生的不确定性)的统一,才构成了风险的不确定性,主要表现在以下几方面。

(1)空间上的不确定性。例如,火灾就总体来说,所有的房屋都存在发生火灾的可能性,并且必然会造成一定的经济损失,这是客观存在的,但是具体对某一幢房屋来说,其是否发生火灾则是不一定的。

(2)时间上的不确定性。例如,人总是要死的,这是人生的必然现象,但是何时死亡,在健康的时候是不可能预知的。又如,交通事故每年每月都有发生,但人们却无法预知具体何时发生交通事故。

(3)结果上的不确定性。即损失程度上的不确定性。例如,交通事故每年每月都有发生,但人们却无法预知发生交通事故是否会造成财产损失或人身伤亡以及损失程度。

5) 风险的可测定性

个别风险的发生是偶然的,不可预知的。但通过对大量风险事故的观察会发现,风险往往呈现出明显的规律性。运用统计方法去处理大量的偶发风险事故,其结果可以比较准确地反映风险的规律性。利用概率论和数理统计的方法可测算出风险事故发生的概率及损失幅度,并且可制造出损失分布的数理模型,成为风险估测的基础。

例如,死亡对于个别人来说是偶然的不幸事件,但是经过对某一地区人的各年龄段死亡率的长期观察统计,就可以准确地编制出该地区的生命表,从而可测算出各个年龄段的人的死亡率。又如,交通事故对于每一个驾驶员来说是偶然的不幸事件,但是经过对某一地区发生各种交通事故进行长期观察统计,就会发现驾驶员的驾龄、年龄、性别、婚否与交通事故发生率有一定的规律性,从而可以测算出各类驾驶员的交通事故率。

6) 风险的发展性

风险会因时间、空间因素的发展变化而变化。人类社会自身进步和发展的同时,也创造和发展了风险,以汽车的产生和发展为例,是最具代表性的,交通事故被公认为是时刻发生的现代战争。网络上的计算机有遭受黑客和计算机病毒的风险。当代高新科技的发展和应用,使风险的发展性更为突出。

3. 风险的构成要素

风险是由多种要素构成的,这些要素的共同作用决定了风险的存在、发生和发展。一般认为,风险由风险因素、风险事故和风险损失构成。

1) 风险因素

风险因素是指促使某一特定损失发生或增加其发生的可能性或扩大其损失程度的原因,包括引起或增加风险事故发生概率和加重损失程度的条件。它是风险事故发生的潜在原因,是造成损失的内在或间接原因。风险因素越多,风险事故发生的概率就越大。例如,对于建筑物而言,风险因素是指建筑材料和建筑结构;对于人体而言,是指健康状况和年龄等;对于汽车而言,则是指汽车技术状况和驾驶员的技术水平。根据性质不同,风险因素可分为实质风险因素、道德风险因素和心理风险因素三种类型。

(1) 实质风险因素。它是指有形的、并能直接影响事物物理功能的因素,即某一标的本身所具有的足以引起或增加损失机会和加重损失程度的客观原因与条件,如汽车的制动性能、操纵性能等。

(2) 道德风险因素。道德风险因素是与人的品德修养有关的无形的因素,即由于个人不诚实、不正直或不轨企图,故意促使风险事故发生,以致引起社会财富损毁和人身伤亡的原因或条件,如偷工减料引起的工程事故、人为制造的"交通事故"、被盗事件等。

(3) 心理风险因素。心理风险因素也是与人的心理状态有关的无形的风险因素,即由于人的不注意、不关心、侥幸或存在依赖心理,以致增加风险事故发生的机会和加大损失的严重程度的因素。例如,由于汽车购买了盗抢险,晚上不再将汽车停在车库内,从而增加了汽车被盗窃的可能性;企业投保了财产保险后放松了对财物的保护,物品乱堆乱放,吸烟者随意丢弃烟蒂,加大了火灾发生的可能性;或者在火灾发生时不积极施救,心存侥幸,消极观望,任其损失扩大等,都属于心理风险因素。

2) 风险事故

风险事故是指造成生命财产损失的偶发事件,是造成损失的直接的或外在的原因,是损失的媒介物,即风险只有通过风险事故的发生才能导致损失。例如,汽车制动失灵酿成车祸而导致车毁人亡,其中制动失灵是风险因素,车祸是风险事故。如果仅有制动失灵而无车祸,就不会造成人员伤亡。如果说风险因素还只是损失发生的一种可能性,那么,风险事故则意味着风险的可能性转化为现实性,即风险的发生。因此,它是直接引起损失后果的意外事件。

3)风险损失

风险损失的不确定性。由于风险的存在,就有发生损失的可能,如财产价值或个人所得的减少或丧失。但这种财产或所得的损失必须以"非故意"所导致的损失为限。所以,在风险管理中,损失是指非故意的、非预期的、非计划的经济价值的减少,即经济损失,这是狭义的损失定义,一般表现为丧失所有权或预期利益、支出费用、承担责任等形式,而像精神打击、政治迫害以及折旧、馈赠等均不能作为损失。

通常我们将损失分为两种形态,即直接损失和间接损失。直接损失是由风险事故导致的财产本身的损失和人身伤害;而间接损失则是由直接损失引起的额外费用损失、收入损失、责任损失等。间接损失的金额往往很大,有时甚至超过直接损失。

4)风险因素、风险事故、风险损失三者的关系

风险因素、风险事故、风险损失三者的关系可以通过风险结构图来加以说明,如图1-1所示。

图 1-1 风险结构图

图中所示风险因素、风险事故、风险损失三者的关系是:风险因素的存在引起或加大了事故发生的可能性,而风险事故一旦发生则会导致损失。

从风险因素和风险事故间的关系来看,风险因素只是风险事故产生并造成损失可能性或使之增加的条件,它并不直接导致损失,只有通过风险事故这个媒介才产生损失,也可以说风险因素是产生损失的内在条件,而风险事故是外在条件。

4. 风险的分类

1)按风险损害的对象分类

(1)财产风险:是导致财产发生毁损、灭失和贬值的风险。如房屋有遭受火灾、地震的风险,机动车有发生车祸的风险,财产价值因经济因素有贬值的风险。

(2)人身风险:是指因生、老、病、死、残等原因而导致经济损失的风险。例如因为年老而丧失劳动能力或由于疾病、伤残、死亡、失业等导致个人、家庭经济收入减少,造成经济困难。生、老、病、死虽然是人生的必然现象,但在何时发生并不确定,一旦发生,将给其本人或家属在精神和经济生活上造成困难。

(3)责任风险:是指因侵权或违约,依法对他人遭受的人身伤亡或财产损失应负的赔偿责任的风险。例如,汽车撞伤了行人,如果属于驾驶员的过失,那么按照法律责任规定,就须对受害人或家属给付赔偿金。又如,根据合同、法律规定,雇主对其雇员在从事工作范围内的活动中,造成身体伤害所承担的经济给付责任。

(4)信用风险:是指在经济交往中,权利人与义务人之间,由于一方违约或犯罪而造成对方经济损失的风险。

2）按风险的性质分类

（1）纯粹风险：是指只有损失可能而无获利机会的风险，即造成损害可能性的风险。其所致结果有两种，即损失和无损失。例如交通事故只有可能给人民的生命财产带来危害，而决不会有利益可得。在现实生活中，纯粹风险是普遍存在的，如水灾、火灾、疾病、意外事故等都可能导致巨大损害。但是，这种灾害事故何时发生，损害后果多大，往往无法事先确定，于是，它就成为保险的主要对象。人们通常所称的"危险"，也就是指这种纯粹风险。

（2）投机风险：是指既可能造成损害，也可能产生收益的风险，其所致结果有 3 种：损失、无损失和盈利。例如，有价证券，证券价格的下跌可使投资者蒙受损失，证券价格不变无损失，但是证券价格的上涨却可使投资者获得利益。还如赌博、市场风险等，这种风险都带有一定的诱惑性，可以促使某些人为了获利而甘冒这种损失的风险。在保险业务中，投机风险一般是不能列入可保风险之列的。

（3）收益风险：是指只会产生收益而不会导致损失的风险，例如接受教育可使人终身受益，但教育对受教育的得益程度是无法进行精确计算的，而且，这也与不同的个人因素、客观条件和机遇有密切关系。对不同的个人来说，虽然付出的代价是相同的，但其收益可能是大相径庭的，这也可以说是一种风险，有人称之为收益风险，这种风险当然也不能成为保险的对象。

3）按损失的原因分类

（1）自然风险：是指由于自然现象或物理现象所导致的风险。如洪水、地震、风暴、火灾、泥石流等所致的人身伤亡或财产损失的风险。

（2）社会风险：是由于个人行为反常或不可预测的团体的过失、疏忽、侥幸、恶意等不当行为所致的损害风险。如盗窃、抢劫、罢工、暴动等。

（3）经济风险：是指在产销过程中，由于有关因素变动或估计错误而导致的产量减少或价格涨跌的风险等。如市场预期失误、经营管理不善、消费需求变化、通货膨胀、汇率变动等所致经济损失的风险等。

（4）技术风险：是指伴随着科学技术的发展、生产方式的改变而发生的风险。如核辐射、空气污染、噪声等风险。

（5）政治风险：是指由于政治原因，如政局的变化、政权的更替、政府法令和决定的颁布实施，以及种族和宗教冲突、叛乱、战争等引起社会动荡而造成损害的风险。

（6）法律风险：是指由于颁布新的法律和对原有法律进行修改等原因而导致经济损失的风险。

4）按风险涉及的范围分类

（1）特定风险：是指与特定的人有因果关系的风险，即由特定的人所引起，而且损失仅及个人的风险。例如，盗窃、火灾等都属于特定风险。

（2）基本风险：是指其损害波及社会的风险。基本风险的起因及影响都不与特定的人有关，至少是个人所不能阻止的风险。例如，与社会或政治有关的风险，与自然灾害有关的风险，都属于基本风险。

特定风险和基本风险的界限，对某些风险来说，会因时代背景和人们观念的改变而有所不同。如失业，过去被认为是特定风险，而现在认为是基本风险。

5. 可保风险及其构成条件

作为一种最为普及的、使用最广泛的风险管理手段,保险不能将各种风险通通予以承保,这概念有理论上的限制,也存在着保险经营理念、手段和经营方法上的限制。在这里必须明确的一点是只有可保风险才可以采取保险的手段进行风险管理。可保风险(Insurance Risk)是指可以保险的风险,即可以采取保险的方法进行经营的风险。

从保险经营的角度来分析,并不是所有的风险都可以保险,对客观存在的大量的风险,只有符合一定条件,才能成为保险经营的风险。保险公司对其经营的特殊商品——风险是有严格限制的。保险业经过几百年的经营,各国保险人积累了丰富的承保经验,总结出一套可保风险的条件。

1)可保风险必须是纯粹风险,而不是投机性风险

纯粹风险与投机性风险是性质完全不同的两种风险,它们造成的后果是不同的。就保险行业的承保技术和手段而言,保险公司只承担由纯粹风险发生导致的损失。由于投机性风险的发生可能带来获利的机会,所以投机性风险不具有可保性。

2)可保风险必须是大量的、相似的风险单位都面临的风险

保险经营的重要数理依据是大数法则,大数法则是统计学中的一个重要定律。大数法则是指随着样本数量的不断增加,实际观察结果与客观存在的结果之间的差异将越来越小,这种差异最终将趋于零。因此,随着样本数量的增加,利用样本的数据来估计的总体的数字特征也会越来越精确。

大数法则在保险中的应用是指随着投保的保险标的的数量的增加,保险标的的实际损失与用以计算保险费率的预测损失之间的差异将越来越小。

大数法则的运用必须存在大量的、相似的或同类的保险标的。因为只有这样才能体现出大数法则所揭示的规律性。那么,数量多就构成了大数? 从保险经营的角度来看大数不是一个具体的数量,它是保险公司愿意承受风险程度的函数。保险经营中所需大数的多少取决于保险公司承受一项风险发生的实际损失偏离预期损失的程度的意愿。举例来说明,假设汽车发生碰撞并造成全损的概率是1‰,承保了1000辆汽车保险的保险公司对其承保的汽车在明年发生碰撞导致的全损的预期是1辆。在一年期满时,1000辆承保的汽车都没发生碰撞损失,这对保险公司而言,则发生了实际损失与预期损失的偏差,但这种偏差是对保险公司有利的;与此想法,在一年期满时,1000辆承保的汽车中有2辆发生了碰撞导致的全损,这对保险公司而言,也发生了实际损失与预期损失的偏差,但这种偏差是对保险公司极为不利的;只要保险公司的保险费率是公平精算费率,则1000辆汽车的保险费累积的汽车险保险基金不足以补偿2辆发生全损车辆的损失赔偿。因此,就保险公司的经营而言,承保数量1000辆构不成大数。在保险费率不变的情况下,保险公司只能通过增加承保汽车的数量来减少实际损失超过预期损失的风险。当承保数量达到10000辆、100000辆时,虽然预期的损失也在成比例的增加到10辆、100辆,但实际损失与预期损失的差异大大降低,则保险公司经营汽车险的风险随之降低。承保标的的数量在保险经营活动中是至关重要的。参加保险的标的越多,实际发生的损失与预测的损失就越接近,而根据预测损失制定的保险费率,收取的保险费的积累就越多,保险公司补偿损失的能力越强,经营效益越好。

3)损失的发生具有偶然性

如果客观存在的风险一定会造成损失,这种风险保险公司不会承保。保险公司承保的风险必须只包含发生损失的可能性,而不是确定性,也就是说损失的发生具有偶然性。之所以要求损失的发生具有偶然性,原因之一,是为了防止被保险人的道德风险和行为风险的发生;原因之二,是保险经营的基础是大数法则,而大数法则的应用是以随机(偶然)事件为前提的。

4)损失可以在发生时间、发生地点和损失程度上进行确定和衡量

所谓损失是可以确定的,是指风险造成的损失必须在时间上和地点上可以被确定,因为只有这样才能确定此项损失是否为保险公司承保范围之内的损失。所谓损失是可以衡量的,是指风险造成的损失程度必须可以用货币来衡量。只有这样,保险人才能对损失进行补偿。因此,从保险经营的角度来看,可保风险造成的损失一定是可以确定和衡量的。

5)可保风险造成的损失必须是严重的

从风险管理的理论来看,管理风险的措施是多样的,保险只是方法之一。从理论上讲,人们只对发生频率低,而损失程度严重的风险采取保险的手段进行风险转移。因为这种损失一旦发生,人们无法依靠自己的力量来补偿损失或自己补偿损失极不经济。判断损失的严重性没有一个确定的数量标准。它是相对于企业、家庭或个人能够并且愿意承担损失的大小而定的,不是绝对的。对于投保人来说,如果一种风险造成的损失的可能性很大,但损失结果并不严重,对这种风险购买保险是很不经济的,人们可以通过自留风险和控制损失频率的方法来解决。

但可保风险造成的损失不应是巨灾损失(Catastrophic Loss),保险中的巨灾损失是指风险事故造成的损失在损失程度和损失的范围上不仅超出了保险精算费率预期的损失严重程度,而且也超出了为该风险积累的保险准备金的数量。

6)可保风险造成的损失的概率分布可以被确定

保险经营风险的前提是可以确定一个合理的保险费率。而保险费率的确定是建立在预期损失的基础上的。如果一种风险是可保的,它的预期损失必须是可以计算的。预期损失是根据损失的概率分布计算出来的。如果风险造成的损失的概率分布可以确定在一个合理的精确度以内,则此项风险就是可保的。

1.1.2 风险管理的常用方法

风险管理的基本方法一般包括两类:一类是控制方法,另一类是财务处理方法。

1. 控制方法

风险控制的四种基本方法是:损失控制、风险转移、风险回避和风险保留。

1)损失控制

损失控制不是放弃风险,而是制定计划和采取措施降低损失的可能性或者是减少实际损失。控制的阶段包括事前、事中和事后三个阶段。事前控制的目的主要是为了降低损失的概率,事中和事后的控制主要是为了减少实际发生的损失。

2）风险转移

风险转移是指通过契约,将让渡人的风险转移给受让人承担的行为。通过风险转移过程有时可大大降低经济主体的风险程度。风险转移的主要形式是合同转移和保险转移。合同转移是通过签订合同,可以将部分或全部风险转移给一个或多个其他参与者。保险转移是使用最为广泛的风险转移方式。

3）风险回避

风险回避是投资主体有意识地放弃风险行为,完全避免特定的损失风险。简单的风险回避是一种最消极的风险处理办法,因为投资者在放弃风险行为的同时,往往也放弃了潜在的目标收益。所以一般只有在以下情况下才会采用这种方法:

（1）投资主体对风险极端厌恶。

（2）存在可实现同样目标的其他方案,其风险更低。

（3）投资主体无能力消除或转移风险。

（4）投资主体无能力承担该风险,或承担风险得不到足够的补偿。

4）风险保留

风险保留即风险承担。也就是说,如果损失发生,经济主体将以当时可利用的任何资金进行支付。风险保留包括无计划自留、有计划自我保险。

（1）无计划自留。指风险损失发生后从收入中支付,即不是在损失前做出资金安排。当经济主体没有意识到风险并认为损失不会发生时,或将意识到的与风险有关的最大可能损失显著低估时,就会采用无计划保留方式承担风险。一般来说,无资金保留应当谨慎使用,因为如果实际总损失远远大于预计损失,将引起资金周转困难。

（2）有计划自我保险。指可能的损失发生前,通过做出各种资金安排以确保损失出现后能及时获得资金以补偿损失。有计划自我保险主要通过建立风险预留基金的方式来实现。

2．财务处理方法

（1）风险自留:即经济单位自行承担部分和全部风险。

（2）风险转移:指经济单位将自己的风险转移给他人,包括保险转移和非保险转移两种方式。

1.2 保险概述

1.2.1 保险的起源与发展

"天有不测风云,人有旦夕祸福"。自然灾害和意外事故是人类生活中可能发生,也可能不发生的自然风险。保险就是转移风险、补偿损失的最佳手段。

1．近现代保险的形成与发展

1）海上保险的起源和发展。

海上保险是一种最古老的保险,近代保险首先是从海上保险发展起来的。共同海损的分摊原则是海上保险的萌芽。公元前 2000 年,地中海一带就有了广泛的海上贸易活动。为使航海船舶免遭倾覆,最有效的解救方法就是抛弃船上货物,以减轻船舶的载质量,而为使被抛弃的货物能从其他收益方获得补偿,当时的航海商就提出一条共同遵循的分摊海上不测事故所致损失的原则:"一人为众,众人为一。"公元前 916 年在《罗地安海商法》中正式规定:"为了全体利益,减轻船只载重而抛弃船上货物,其损失由全体受益方来分摊。"在罗马法典中也提到共同海损必须在船舶获救的情况下,才能进行损失分摊。由于该原则最早体现了海上保险的分摊损失、互助共济的要求,因而被视为海上保险的萌芽。

船舶抵押借款是海上保险的低级形式。船舶抵押借款方式最初起源于船舶航行在外急需用款时,船长以船舶和船上的货物向当地商人抵押借款。借款的办法就是:如果船舶安全到达目的地,本利均偿还;如果船舶中途沉没,"债权即告消灭",意味着借款人所借款项无须偿还,该借款实际上等于海上保险中预先支付的损失赔款;船舶抵押借款利息高于一般借款利息,其高出部分实际上等于海上保险的保险费;此项借款中的借款人、贷款人以及用作抵押的船舶,实质上与海上保险中的被保险人、保险人以及保险标的物相同。

现代海上保险是由古代的船货抵押借款思想逐渐演化而来的。1384 年,在佛罗伦萨诞生了世界上第一份具有现代意义的保险单。这张保单承保一批货物从法国南部阿尔兹安全运抵意大利的比萨。在这张保单中有明确的保险标的、明确的保险责任,如"海难事故,其中包括船舶破损、搁浅、火灾或沉没造成的损失或伤害事故"。在其他责任方面,也列明了"海盗、抛弃、捕捉、报复、突袭"等所带来的船舶及货物的损失。到 16 世纪下半叶,经英国女王特许在伦敦皇家交易所内建立了保险商会,专门办理保险单的登记事宜。1720 年经女王批准,英国的"皇家交易"和"伦敦"两家保险公司正式成为经营海上保险的专业公司。

1871 年在英国成立的劳合社,是 1688 年爱德华·劳埃德先生在伦敦塔街附近开设的咖啡馆演变发展而成的;1691 年劳埃德咖啡馆从伦敦塔街迁至伦巴第街,不久成为船舶、货物和海上保险交易中心。劳埃德咖啡馆在 1696 年出版了每周三次的《劳埃德新闻》,着重报道海事航运消息,并登载了咖啡馆内进行拍卖船舶的广告。随海上保险不断发展,劳埃德承保人的队伍日益壮大,影响不断扩大。1774 年,劳合社迁至皇家交易所,但仍沿用劳合社的名称,专门经营海上保险,成为英国海上保险交易中心。19 世纪初,劳合社海上保险承保额已占伦敦海上保险市场的 90%。1871 年,英国国会批准了"劳埃德法案",使劳合社成了一个正式的团体,从而打破了伦敦保险公司和皇家交易所专营海上保险的格局。1906 年,英国国会通过的《海上保险法》规定了一个标准的保单格式和条款,它又被称为劳合社船舶和货物标准保单,被世界上许多国家公用和沿用。1911 年的法令取消了劳合社成员只能经营海上保险的限制,允许其成员经营一切保险业务。

2) 火灾保险的起源和发展

继海上保险制度之后形成的是火灾保险制度。真正意义上的火灾保险是在伦敦大火之后发展起来的。1666 年 9 月 2 日,伦敦城被大火整整烧了 5 天,市内 448 亩的地域中 373 亩成为瓦砾,占伦敦面积的 83.26%,13200 户住宅被毁,财产损失 1200 多万英镑,20 多万人流离失所,无家可归。次年牙医巴蓬独资设立营业处,办理住宅火险,并于 1680 年开办了一家 4 万英镑资本金的火灾保险公司;巴蓬的火灾保险公司根据房屋租金和结构计算保险费,并且规定木结构的房屋的费率为 5%,砖瓦结构房屋保费的费率为 2.5%。这种差别费率被沿用至今,因而巴蓬被称为"现代火灾保险之父"。

1710 年,查尔斯·波凡创立了伦敦保险人公司,后改称太阳保险公司,开始承保不动产以外的动产保险,营业范围遍及全国。它是英国现存最古老的保险公司之一。

3)人身保险的起源和发展

人身保险起源于海上保险。15 世纪后期欧洲的奴隶贩子把运往美洲的非洲奴隶当作货物进行投保,后来船上的船员也可投保;如遇到意外伤害,由保险人给予经济补偿,这些应该是人身保险的早期形式。

17 世纪中叶,意大利银行家洛伦佐·佟蒂设计了"联合养老保险法"(简称"佟蒂法"),并于 1689 年正式施行。佟蒂法规定每人缴纳法郎,筹集起总额 140 万法郎的资金,保险期满后,规定每年支付 10%,并按年龄把认购人分成若干群体,对年龄高些的,分息就多些。"佟蒂法"的特点就是把利息付给该群体的生存者,如该群体成员全部死亡,则停止给付。

英国著名的数学家、天文学家埃蒙德·哈雷,在 1693 年以西里西亚的布雷斯劳市的市民死亡统计为基础,编制了第一张生命表——哈雷生命表,精确表示了每个年龄的死亡率,提供了寿险计算的依据。18 世纪 40 ~ 50 年代,辛普森根据哈雷的生命表,做成依死亡率增加而递增的费率表。之后,陶德森依照年龄差等计算保费,并提出了"均衡保险费"的理论,从而促进了人身保险的发展。1762 年成立的伦敦公平保险社才是真正根据保险技术基础而设立的人身保险组织。

4)责任保险的起源与发展

责任保险是对无辜受害人的一种经济保障。尽管现代保险已经有 300 多年的历史,但责任保险的兴起却只是近 100 年的事。1855 年,英国铁路乘客保险公司首次向铁路部门提供铁路承运人责任保障,开了责任保险的先河。1870 年,建筑工程公众责任保险问世;1875 年,马车第三者责任保险开始出现;1880 年,出现雇主责任保险;1885 年,世界上第一张职业责任保单——药剂师过失责任保险单由英国北方意外保险公司签发;1895 年,汽车第三者责任险问世;1900 年责任保险扩大到产品责任,承保的是酒商因啤酒含砷而引起的民事赔偿责任。进入 20 世纪,责任保险迅速兴起和发展,大部分的资本主义国家都把很多的公众责任以法律规定形式强制投保。第二次世界大战后,责任保险的种类越来越多,如产品责任保险以及各种职业过失责任保险层出不穷,这些在发达的资本主义国家已成为制造商和自由职业者不可缺少的保险。

5)再保险的产生与发展

现代保险制度从海上保险开始,随着海上保险的发展,产生了对再保险的需求,最早的海上再保险可追溯到 1370 年。当时,一家叫格斯特·克鲁丽杰的保险人,承保自意大利那亚到荷兰斯卢丝之间的航程,并将其中的一段经凯的斯至斯卢丝之间的航程责任转让给其他保险人,这是再保险的开始。丹麦的皇家特许海上保险公司 1726 年成立后从事再保险,德国 1731 年汉堡法令允许经营再保险业务,1737 年西班牙贝尔堡法律和 1750 年瑞典的保险法律都有类似的规定。随着保险形式多样化和保险公司之间的竞争加剧,逐渐出现了专业再保险公司,推动了再保险的发展。

2.我国保险业的发展

由于我国长期商品经济不发达,导致我国保险起步较晚,我国现代保险业的发展大致可以分为两个阶段。

1）新中国成立前保险业

近代中国保险业是随着帝国主义势力的入侵而传入的。1805年,英国保险商出于殖民目的向亚洲扩张,在广州开设了第一家保险机构,成立"谏当保安行"或"广州保险会社",主要经营海上保险业务,1841年总公司迁往中国香港。1835年,在香港设立保安保险公司(即裕仁保险公司),并在广州设立了分支机构。其后,英国的"太阳保险公司"和"巴勒保险公司"均在上海设立了分公司。1887年,"怡和洋行"在上海设立了保险部。到20世纪前,新中国成立前已形成了以上海为中心,以英商为主的外商保险公司垄断中国保险市场的局面。

1865年5月25日,上海华商义和公司保险行成立,这是我国第一家民族保险企业,打破了外国保险公司对中国保险市场垄断的局面,标志着我国民族保险业的起步。1875年12月,李鸿章授意轮船招商局集资20万银两在上海创办了我国第一家规模较大的船舶保险公司——保险招商局,1876年在保险招商局开办一年业务的基础上,又集股本25万银两设立了仁和保险公司。1885年保险招商局被改组为业务独立的仁和保险公司和济和保险公司,主要承办招商局所有的轮船和货物运输保险业务;1887年合并为仁济和保险公司,有股本归银100万两,其业务范围也从上海转向内地,承办各种水险及火灾保险业务。1905年黎元洪等官僚资本自办的"华安合群人寿保险公司"是中国第一家人寿保险公司。其后,我国民族保险业得到了一定的发展。1865~1911年,华商保险公司已有45家,其中上海37家,其他城市8家。1907年,上海有9家华商保险公司组成历史上第一家中国人自己的保险同业公会组织——华商火险工会,用以抗衡洋商的"上海火险工会"。1912~1925年成立的保险公司有39家,其中经营寿险的有19家。在此期间,民族保险的数量有了很大的增加,20世纪20~30年代,有30多家民资保险公司宣告成立,至1935年增至48家。据统计,到1949年5月,上海约有中外保险公司400家,其中华商保险公司126家。

与此同时,再保险业务得到了一定的发展。1933年6月在上海成立了唯一经营再保险业务的"华商联合保险股份有限公司"。第一家由华商组成的商联合保险股份公司开始再保险业务。抗日战争期间,由于和外商的分保关系中断,又不愿意与日本的保险公司合作,民族保险公司先后成立了久联、太平、大上海、中保、华商联合等分保集团。抗日战争胜利后,民族再保险业务主要有"中央信托局""中国再保险公司""华商联合保险公司",但总的来说,再保险业务基本上由外商垄断,民族保险公司的再保险公司自留额低,保费大量外流。

随着保险业务的发展,在保险法律方面,也得到了一定的发展。1929年12月30日国民党政府公布了《保险法》,由于种种原因未能实施。1935年5月10日国民党政府公布了《简易人寿保险法》,其后,1937年1月11日国民党政府公布了修订后的《保险法》《保险业法》《保险业法施行法》,除《简易人寿保险法》,其他法规均未得到实施。

1949年10月1日前,中国保险业的基本特征是保险市场基本被外国保险公司垄断,保险业起伏较大,为形成完整的市场体系和保险监管体系。外国保险公司通过组织洋商保险同业公会,垄断了保险规章、条款以及费率等制定,民族资本的保险公司虽然也组织了华商同业公会,但由于力量弱小,只能处于被支配地位。

2）新中国保险业

1949年10月1日,中华人民共和国成立,翻开了新中国保险事业的新篇章。新中国成立的 69 年间,中国保险事业几经波折,经历了四起三落的坎坷历程:从中国人民保险公司成立到 1952 年的大发展,1953 年停办农业保险、整顿城市业务;1954 年恢复农村保险业务,重点发展分散业务,1958 年停办国内业务是二落;1964 年保险升格,大力发展国外业务,1966年开始"文化大革命"中几乎停办保险业务;1979 年恢复国内保险业务,我国保险事业进入一个新时期。

1949 年 10 月 1 日后,一方面,整顿和改造原有保险业及保险市场,接管了官僚资本的保险公司,并批准一部分私营保险公司复业。当时登记复业的有 104 家,其中华商保险公司43 家,外商保险公司 41 家,1949 年 6 月 20 日,中国保险公司恢复营业,统一办理对外分保。另一方面,1949 年 10 月 20 日经中央人民政府批准成立了中国人民保险公司,这是中华人民共和国成立后设立的第一家全国性国有保险公司,至 1952 年年底已在全国设立了 1300 多个分支机构。1952 年,中国人民保险公司由中国人民银行领导改为财政部领导。至此,我国国营保险公司垄断的独立保险市场开始形成。1958 年年底,全国设有保险机构 600 多个,保险职工近 5 万人。目前,我国保险业逐步走向成熟和完善。

(1)保险机构不断增加,逐步形成了多元化竞争格局。1985 年 3 月 3 日,国务院颁布了《保险企业管理暂行条例》,为我国保险市场的新发展创造了所需的法律环境。1986 年,中国人民银行首先批准设立了新疆生产建设兵团农牧业保险公司(2002 年改为中华联合保险公司),专门经营新疆生产建设兵团内不得以种植和牧养业为主的保险业务,这预示着中国人民保险公司独家经营的局面从此在我国保险市场上消失。随后,1987 年,中国交通银行及其分支机构开始设立保险部,经营保险业务,1991 年在此基础上组建成立了中国太平洋保险公司,成为第二家全国性综合保险公司。接着,1986 年深圳成立了平安保险公司,并于 1992年更名为中国平安保险公司,成为第三家全国性综合保险公司。进入 20 世纪 90 年代后,保险市场供给主体发展迅速,大众、华安、新华、泰康、华泰等十多家全国性或区域性保险公司进入保险市场。同时,外资保险公司也逐渐进入中国保险市场。从 1992 年美国友邦保险公司在上海设立分公司以来,已有多家外资保险公司获准在我国营业或筹建营业性机构。截至 2006 年年底,我国保险市场上共有保险公司(包括保险集团公司)98 家、保险资产管理公司 9 家、专业保险中介机构 2110 家。保险公司中,外资公司占了 41 家,来自 20 个国家和地区的 133 家外资保险公司在华设立了 195 家代表处。

(2)保险中介人制度初步形成。随着保险市场趋于成熟,保险中介人制度也逐步建立。保险代理人、保险经纪人和保险公估人共同组成了保险中介体系。1986 年以后,中国保险市场上陆续出现了各种保险中介人。保险代理人是我国保险中介市场出现最早也是发展最快的一种中介人,特别是 1992 年美国友邦寿险营销机制的引入,使我国寿险市场的营销员制(寿险个人代理制)得以迅速发展。1996 年开始,为提高代理人素质,规范代理人行为,保险监督机关组织了"全国代理人资格考试"。此外,我国东南沿海的部分经济发达地区成立了10 余家地方性的保险经纪公司。英国奇威克保险服务(中国)有限公司是唯一开办业务的外资保险经纪公司。1999 年开始举行全国保险经纪人资格考试为保险经纪人制度的建立和发展准备了条件。另外,保险公估公司、精算师事务所等中介机构也陆续出现,表明我国保险中介机构已具雏形。

(3)保险业务持续发展,市场规模迅速扩大。随着国民经济的发展,保险市场主体的增加,我国保险业务持续发展。就保险险种来说,包括信用保险和责任保险在内超过了千个险种。就其业务发展规模而言,保费收入连年增加,同比增长大多在 20% 以上,远远高于国民经济发展的同期速度。2016 年,我国原保险保费收入 3.10 万亿元,同比增长 27.5%。2017年,我国原保险保费收入 3.66 万亿元,同比增长 18%,远高于 GDP 增速 6.9%。

(4)保险市场监管逐步走向规范化。随着中国保险市场体系的建立及保险业务的发展,一个政府监管为主、行业自律为辅的市场监管体系也在逐步地建立和完善。1985 年 3 月 3日颁布的《保险业管理暂行条例》是新中国成立以来第一部保险业的法规。1989 年 2 月 16日,针对当时保险市场的形势和存在的问题,国务院办公厅下发了《关于加强保险事业管理的通知》,提出了整顿保险秩序的措施和办法。1992 年中国人民银行公布了《保险代理机构管理暂行规定》,同年 9 月公布了《上海外资管理保险机构暂行管理办法》;1995 年 6 月全国人民代表大会颁布了《中华人民共和国保险法》;1996 年 2 月中国人民银行公布了《保险代理人管理暂行规定》;1997 年 11 月中国人民银行修订并公布了《保险代理人管理暂行规定(试行)》;1992 年 2 月中国人民银行公布了《保险经纪人管理规定(试行)》;1999 年中国保险监管委员会公布了《保险机构高级管理人员任职资格暂行规定》《保险公司管理规定》,2004 年 5 月修订并公布该规定;2000 年中国保监会公布了《保险公估人管理规定(试行)》,其后,修订并公布了保险代理机构、保险经纪公司、保险公估机构管理规定;同时与此相关的法律法规亦已颁布,2002 年颁布了《中华人民共和国外资保险公司管理条例》,2004 年 5 月保监会公布了《外资保险公司管理条例实施细则》,2002 年 10 月 28 日九届全国人大常委会修订并颁布了《保险法》,从而初步形成了以保险法为核心的法律法规体系。1998 年 11 月18 日我国成立了专门的保险监督管理机关——中国保险监管委员会,取代中国人民银行专门监管中国的商业保险,各省、市、自治区等设立保监会分设机构,从而为加强保险监管提供了组织保障。同时自 1994 年上海市保险行业协会相继成立,2000 年 11 月 16 日,中国保险行业协会在北京成立,在成立大会上通过了《中国保险行业公约》。这是我国保险行业自律机制建设的重要举措,也是迈向规范和竞争有序的重要开端。

1.2.2 保险的基本概念

1. 保险的定义

保险(Insurance)有广义和狭义之分。广义的保险是指保险人向投保人收取保险费,建立专门用途的保险基金,并对投保人负有法律或合同规定范围内的赔偿和给付责任的一种经济补偿制度。广义的保险包括社会保险、商业保险以及合作保险。狭义上的保险特指商业保险,即通过合同的形式,运用商业化经营原则,由专门机构向投保人收取保险费,建立保险基金,用作对被保险人在合同范围内的财产损失进行补偿、人身伤亡以及年老丧失劳动能力者经济损失给付的一种经济保障制度。

保险既是一种经济制度,同时也是一种法律关系。保险可以从以下四个角度进行理解。

(1)从经济角度看,保险是分摊意外事故损失的一种财务安排。投保人参加了保险,实质上是将其不确定性的大额损失变成确定的小额支出,即保险费;而保险人集中了大量同类风险,能借助大数法则来正确预见损失的发生额,并根据保险标的的损失概率来确定保险费率。通过向所有被保险人收取保险费建立保险基金,用于补偿少数被保险人遭受的意外事故损失。因此,保险是一种有效的财务安排。

(2)从法律角度看,保险是一种合同行为,是一方同意补偿另一方损失的一种合同安排,提供损失赔偿的一方是保险人,接受损失赔偿的另一方是被保险人,体现的是一种民事法律关系。

(3)从社会角度看,保险是社会经济保障制度中的重要组成部分。由于保险具有经济补偿和给付保险金的职能,任何单位只要缴付了保险费,一旦发生保险事故,便可以得到经济补偿,消除因自然灾害和意外事故造成的人员、经济损失引起的社会不安定因素,保证了国民经济持续稳定的发展。

(4)从风险管理的角度看,保险是风险管理的一种方法,可以起到分散风险、消化损失的作用。保险公司作为经营风险的特殊企业,在其经营管理中积累了丰富的风险管理经验,可以协助被保险人提高事故防范意识,减少社会财产损失。

《中华人民共和国保险法》(2014 年最新修订,以下简称《保险法》)第二条规定:"本法所称保险,是指投保人根据合同约定,向保险人支付保险费,保险人对于合同约定的可能发生的事故因其发生所造成的财产损失承担赔偿保险金的责任,或者当被保险人死亡、伤残、疾病或者达到合同约定的年龄、期限等条件时承担给付保险金责任的商业保险行为。"这说明我国的保险包含这样几层含义:一是商业保险行为;二是合同行为,即保险双方当事人建立的保险关系通过订立保险合同来进行;三是权利义务行为.即保险双方当事人分别承担相应的民事义务,投保人有向保险人缴纳保险费的义务,而保险人则在保险事故发生后有向被保险人或受益人承担损失补偿或保险金给付的义务,一方的义务就是另一方的权利,一方义务的不履行就意味着其相应权利的不享有;四是经济补偿或保险金给付以合同约定的保险事故发生为条件。

2.保险基本术语

1)保险标的

保险标的是保险保障的目标和实体,是保险合同双方当事人权利和义务所指向的对象。保险标的可以是财产、与财产有关的利益或责任,也可以是人的身体或生命。

保险标的是直接获得保险合同保障的物品、民事权利、民事责任、人的身体与寿命等保险合同权利义务的直接对象。不同的保险标的,保险价值不同,所面临的危险种类、危险因素多少、危险程度高低不同,直接影响着保险人所承担的义务,也使投保人所付的对价(保险费)随之变化。因此,保险标的是保险合同客体的重要组成部分,影响着保险合同的权利义务等内容。但它不等同于保险合同的客体,保险合同的客体不是保险标的本身,而是指保险利益。

2)保险利益

《保险法》第十二条规定:"保险利益是指投保人或者被保险人对保险标的的具有的法律上承认的利益。"保险利益产生于投保人或被保险人与保险标的的之间的经济联系,它是投保人或被保险人可以向保险公司投保的利益,体现了投保人或被保险人对保险标的的所具有的法律上承认的利害关系。即投保人或被保险人因保险标的的遭受风险事故而受损失,因保险标的的未发生风险事故而受益。原《保险法》(1995 年颁布)第十二条规定:"投保人对保险标的应当具有保险利益。投保人对保险标的不具有保险利益的,保险合同无效。"此条未考虑被保险人这一重要主体与保险利益的关系,也未明确具有保险利益的时间限制,实践中带来了一些争议。2014年修订的新《保险法》第十二条对关于保险利益的规定作了明显修订:"人身保险的投保人在保险合同订立时,对被保险人应当具有保险利益。财产保险的被保险人在保险事故发生时,对保险标的应当具有保险利益。"自此,明确了考察是否具有保险利益应当区分人身保险和财产保险,二者时间上的要求有所不同。

3）投保人

《保险法》第十条规定:"投保人是指与保险人订立保险合同,并按照合同约定负有支付保险费义务的人。"投保人可以是自然人,也可以是法人。投保人应当具备以下三个条件:第一,投保人必须具有相应的权利能力和行为能力,否则,所订立的保险合同不发生法律效力;第二,在人身保险中投保人对保险标的必须具有保险利益,即对保险标的具有法律上承认的利益,否则投保人不能与保险人订立保险合同,若保险人在不知情的情况下与不具有保险利益的投保人签订了保险合同,则该保险合同无效;第三,投保人应承担支付保险费的义务,不论投保人为自己利益还是为他人利益订立保险合同,均应承担支付保险费的义务。

4）被保险人

《保险法》第十二条规定:"被保险人是指其财产或者人身受保险合同保障,享有保险金请求权的人。投保人可以为被保险人。"在财产保险中,投保人可以与被保险人是同一人。如果投保人与被保险人不是同一人,则财产保险的被保险人必须是保险财产的所有人,或者是财产的经营管理人,或者是与财产有直接利害关系的人,否则,不能成为财产保险的被保险人。在人身保险中,被保险人可以是投保人本人,如果投保人与被保险人不是同一人,则投保人与被保险人存在行政隶属关系或雇佣关系,或者投保人与被保险人存在债权和债务关系,或者投保人与被保险人存在法律认可的继承、赡养、抚养或监护关系,或者投保人与被保险人存在赠予关系,或者投保人是被保险人的配偶、父母、子女或法律所认可的其他人。

5）保险人

保险人又称承保人。《保险法》第十条规定:"保险人是指与投保人订立保险合同,并按照合同约定承担赔偿或者给付保险金责任的保险公司。"保险人是法人,自然人不能作为保险人。保险人具有以下特点:第一,保险人是保险基金的组织、管理和使用人;第二,保险人必须是依法成立并允许经营保险业务的法人;第三,保险人是履行补偿损失或给付保险金义务的人;第四,保险人是有权向投保人请求缴纳保险费的人。

6）受益人

《保险法》第十八条规定:"受益人是指人身保险合同中由被保险人或者投保人指定的享有保险金请求权的人。投保人、被保险人可以为受益人。"如果投保人既不是被保险人,也不是受益人,那么投保人对于人身保险合同只承担缴纳保险费义务,而并不享有什么权利。当投保人为自己的利益投保时,投保人、被保险人为同一人,被保险人或投保人一般会指定自己的家庭成员、亲属为受益人,也可以指定其他任何人为受益人。在一份人身保险合同中,可以只指定一名受益人,也可以指定若干名受益人。投保人、受益人与被保险人之间应存在保险利益关系,即一定利害损失关系,如夫妻、父母与子女、债权人与债务人等。

7) 保险责任

保险责任是指保险人承担的经济损失补偿或人身保险金给付的责任,即保险合同中约定的由保险人承担的风险范围,在保险事故发生时所负的赔偿责任,包括损害赔偿、责任赔偿、保险金给付、施救费用、救助费用、诉讼费用等。

投保人签订保险合同并交付保险费后,保险合同条款中规定的责任范围,即成为保险人承担的责任。在保险责任范围内发生财产损失、人身保险事故或达到约定年限后,保险人均要负责赔偿或给付保险金。保险人赔偿或给付保险金的责任包括:损害发生在保险责任内;保险责任发生在保险期内;以保险金额为限度。所以,保险责任既是保险人承担责任的范围,也是负责赔偿和给付保险金的依据;同时,还是被保险人要求获得赔偿或给付的依据。

8) 除外责任

除外责任又称责任免除,指保险人依照法律规定或合同约定,不承担保险责任的范围,是对保险责任的限制。除外责任可以以列举式的方式在保单中列举除外事项,也可以以不列举方式明确除外责任,即凡未列入承保范围的灾害事故均为除外责任。

9) 保险期限

保险期限也称"保险期间",指保险合同的有效期限,即保险合同双方当事人履行权利和义务的起讫时间。由于保险期限一方面是计算保险费的依据之一,另一方面又是保险人和被保险人双方履行权利和义务的责任期限,所以,它是保险合同的主要内容之一。对于具体的起讫时间,各国法律规定不同。我国目前的保险条款通常规定保险期限为约定起保日的零时开始到约定期满日 24 时止。值得一提的是,保险期限与一般合同中所规定的当事人双方履行义务的期限不同,保险人实际履行赔付义务可能不在保险期限内。财产保险按保险期限的不同分为定期保险和不定期保险。

定期保险以一定的时间标准即年、月、日、时来计算保险责任的开始与终止,其中,超过 1 年期的为长期保险,1 年期以下的为短期保险,相应确定不同的费率标准。保险期限一经确定,无特殊原因,一般不得随意更改。不定期保险,又称航程险、航次险,其保险责任的开始与终止主要不是按确定的时间标准,而是根据保险标的行动过程来确定,如船舶保险、货物运输保险均如此。

10) 保险价值

保险价值又称保险价额,是指保险标的在某一特定时期内以金钱估计的价值总额,是确定保险金额和确定损失赔偿的计算基础。投保人与保险人订立保险合同时,作为确定保险金额基础的保险标的的价值,也即投保人对保险标的所享有的保险利益在经济上用货币估计的价值额。保险价值是保险标的物的实际价值,它有时间性,是一个动态值,决定于市场供求关系的变化,因此对于同样的保险标的物,甚至是同一保险标的物,在不同的时期或在不同的地区会有不同的价值量。

在财产保险合同中,保险价值的确定有两种方式:一种是定值保险;一种是不定值保险。定值保险是指保险价值由投保人和保险人在订立合同时约定,并在合同中明确作出记载。

合同当事人通常都根据保险财产在订立合同时的市场价格估定其保险价值,有些是不能以市场价格估定的,就由双方当事人约定其价值。事先约定保险价值的合同为定值保险合同,采用这种保险合同的保险,是定值保险。属于定值保险的,发生保险责任范围内的损失时,不论所保财产当时的实际价值是多少,保险人都要按保险合同上载明的保险价值计算赔偿金额。

不定值保险是指保险价值可以在保险事故发生时,按照当时保险标的的实际价值确定。采取不定值保险方式订立的合同为不定值保险合同。对于不定值保险的保险价值,投保人与保险人在订立保险合同时并不加以确定,因此,不定值保险合同中只记载保险金额,不记载保险价值。

在人身保险合同中,由于人的身体和寿命无法用金钱衡量,不存在保险价值的问题,只需在保险合同中约定一个保险金额,由保险人在保险事故发生时依约定给付,因此,也被称为定额保险。

11）保险金额

保险金额,简称"保额",是指在一个保险合同项下保险人承担赔偿或给付保险金责任的最高限额,即投保人对保险标的的实际投保金额;同时又是保险公司收取保险费的计算基础。在财产保险合同中,对保险价值的估价和确定直接影响保险金额的大小。保险价值等于保险金额是足额保险;保险金额低于保险价值是不足额保险,保险标的发生部分损失时,除合同另有约定外,保险公司按保险金额与保险价值的比例赔偿;保险金额超过保险价值是超额保险,超过保险价值的保险金额无效,恶意超额保险是欺诈行为,可能使保险合同无效。在人身保险合同中,人身的价值无法衡量,保险金额是人身保险合同双方约定的,由保险人承担的最高给付的限额或实际给付的金额。

12）保险费

保险费是投保人为转移风险、取得保险人在约定责任范围内所承担的赔偿（或给付）责任而缴纳的费用;也是保险人为承担约定的保险责任而向投保人收取的费用。保险费是建立保险基金的主要来源,也是保险人履行义务的经济基础。《保险法》第十四条规定:"保险合同成立后,投保人按照约定交付保险费,保险人按照约定的时间开始承担保险责任。"缴纳保险费是投保人的义务。如果投保人不按时交纳保险费,在自愿保险中,保险合同就失效;在强制保险中,就要附加一定数额的滞纳金。

13）主险与附加险

主险又称基本险,是指不需附加在其他险别之下的,可以独立承保的险种。与其相对应的是附加险,是指不能单独投保和承保的险种,只能附加于主险投保,主险因失效、解约或满期等原因效力终止或中止时,附加险效力也随之终止或中止。投保人只能在投保基本险的基础上,根据自己的需要选择加以投保。

主险和附加险之间的关系是主合同与补充合同的关系,即主险的条款是主合同,相对应的附加险条款是主合同的补充合同。二者具有主附关系,补充合同的存在依附于主合同的存在,而主合同通常可以与补充合同有密切的联系,但又不依附于补充合同。通常主合同与补充合同之间的关系是补充合同的未尽事宜以主合同为准,相抵触的部分以补充合同为准。所谓的"未尽事宜"是指补充合同没有约定而主合同有约定的内容,而"相抵触"是指主险和附加险两部分就同一事项有相反的规定,在这种情况下,可以按条款规定以附加险为准。

3. 保险的要素

保险的要素包括以下五个方面,即可保风险的存在、大量同质风险的集合与分散、保险费率的厘定、保险基金的建立、保险合同的订立。

1）可保风险的存在

可保风险是指符合保险人承保条件的特定风险，并非所有破坏物质财富或威胁人身安全的风险，保险人都能承保。可保风险应具备以下条件：第一，风险必须是纯粹风险，而不是投机风险。纯粹风险与投机风险的区别在于，纯粹风险是只有损失机会而无获利的可能，其变化具有一定的规律性，可以通过大数法则加以测算，发生结果往往是社会的净损失。而投机风险既有损失机会又有获利的可能，其变化往往不规则，难以通过大数法则加以测算，发生结果往往是社会财富的转移，而不一定是社会的净损失。第二，风险须使标的存在遭受损失的可能，但对具体标的而言，当事人无法事先确定是否发生损失、发生损失的时间和损失的严重程度。第三，风险必须有导致重大损失的可能，否则人们缺乏购买保险的动力。第四，风险不能使大多数保险对象同时遭受损失，这是保险人能够盈利的前提。第五，风险从总体上看必须具有现实的可测性，即在保险合同期限内的预期损失是可计算的，保险人承保某一特定风险，必须在保险合同期限内收取足额保费，以聚集资金支付赔款和各项开支，并获得合理利润。

2）多数人同质风险的集合与分散

保险的过程既是风险的集合过程，又是风险的分散过程。众多投保人将其面临的风险转嫁给保险人，保险人通过承保而将众多的风险集合起来。当发生保险责任范围内的损失时，保险人将少数被保险人发生的风险损失分摊给全部投保人，即通过保险的补偿行为分摊损失，将集合的风险予以分散转移。保险风险的集合与分散应具备两个前提：第一是多数人的风险，如果是少数人或个别人的风险，就无所谓集合与分散，而且风险损失发生的概率难以预测，大数法则不能有效发挥作用；第二是同质风险，如果风险为不同质风险，那么不同质风险损失发生的概率和损失程度有较大的差异，如果进行集合与分散，会导致保险经营的不稳定，保险人将不能提供保险供给。

3）保险费率的合理厘定

保险费率，是应缴纳保险费与保险金额的比率。保险费率是保险人用以计算保险费的标准。保险人承保一笔保险业务，用保险金额乘以保险费率就得出该笔业务应收取的保险费。保险费率一般由纯费率和附加费率两部分组成。纯费率也称净费率，是保险费率。

4）保险基金的建立

保险的分摊损失与补偿损失功能是通过建立保险基金实现的。保险基金是用以补偿或给付因自然灾害、意外事故和人体自然规律所致的经济损失和人身损害的专项货币基金。它主要来源于开业资金和保险费。就财产保险准备金而言，表现为未到期责任准备金、赔款准备金等形式；就人寿保险准备金而言，主要以未到期责任准备金形式存在。保险基金具有分散性、广泛性、专项性与增值性等特点，保险基金是保险的赔偿与给付的基础。

5）订立保险合同

保险是一种经济关系，是投保人与保险人之间的经济关系。这种经济关系是通过合同的订立来确定的。保险是专门对意外事故和不确定事件造成的经济损失给予赔偿的，风险是否发生，何时发生，其损失程度如何，均具有较大的随机性。保险的这一特性要求保险人与投保人应在确定的法律或契约关系约束下履行各自的权利与义务。倘若不具备在法律上或合同上规定的各自的权利与义务,那么,保险经济关系则难以成立。因此,订立保险合同是保险得以成立的基本要素,它是保险成立的法律保证。

4. 保险的特征

1) 经济性

保险是一种经济保障活动。这种经济保障活动是整个国民经济活动的一个组成部分。此外,保险体现了一种经济关系,即商品等价交换关系。保险经营具有商品属性。

2) 互助性

保险在一定条件下,分担了个别单位和个人所不能承担的风险,从而形成了一种经济互助关系。它体现了"一人为众,众人为一"的思想。互助性是保险的基本特性。

3) 法律性

保险的经济保障活动是根据合同来进行的。所以,从法律角度看,保险又是一种法律行为。

4) 科学性

保险是以数理计算为依据而收取保险费的。保险经营的科学性是保险存在和发展的基础。

5. 保险的分类

随着经济的发展,保险的险种越来越多,所涉及的领域及具体做法也在不断地扩大和发展。然而,迄今为止,各国对保险的分类尚无统一标准,只能从不同的角度进行大体上的分类。

1) 按保险的性质分类

保险按具体的性质可分为商业保险、社会保险和政策保险。

(1) 商业保险。

商业保险是指投保人与被保险人订立保险合同,根据保险合同约定,投保人向保险人支付保险费,保险人对可能发生的事故因其发生所造成的损失承担赔偿责任,或者当被保险人死亡、疾病、伤残或者达到约定的年龄期限时给付保险金责任的保险。在商业保险中,投保人与保险人是通过订立保险合同建立保险关系的。投保人之所以愿意交付保险费进行投保是因为保险费用要低于未来可能产生的损失,保险人之所以愿意承保是因为可以从中获取利润。因此,商业保险既是一个经济行为,又是一个法律行为。目前,一般保险公司经营的财产保险、人身保险、责任保险、保证保险均属商业保险性质。

(2) 社会保险。

社会保险,过去我国称为劳动和社会保险,是社会保障的重要组成部分,是指国家通过立法对社会劳动者暂时或永久丧失劳动能力或失业时提供一定的物质帮助以保障其基本生活的社会保障制度。当劳动者遇到生育、疾病、死亡、伤残和失业等危险时,国家以法律的形式由政府指定的专门机构为其提供基本生活保障。我国自新中国成立以后长期实施的《劳动保障条例》和各省市现行的城镇职工基本医疗保险办法,都属于社会保险范畴。社会保障与商业保障不同,商业保险的当事人均出于自愿,而社会保险一般都是强制性的,凡符合法律规定条件的成员不论你愿意还是不愿意,均需参加。在保险费的缴纳和保险金的给付方面,也不遵循对等原则。所以,社会保障实质上是国家为满足劳动者在暂时或永久丧失劳动能力和待业时的基本生活需要,通过立法采取强制手段对国民收入进行分配和再分配而形成的专项消费基金,用以在物质上给予社会性帮助的一种形式和社会福利制度。

（3）政策保险。

政策保险是指政府由于某项特定政策的目的以商业保险的一般做法而举办的保险。例如,为辅助农牧、渔业增产增收的种植业保险;为促进出口贸易的出口信用保险。政策保险通常由国家设立专门机构或委托官方或半官方的保险公司具体承办。例如,我国的出口信用保险是由中国进出口银行和中国人民保险公司承办的。

2）按保险标的分类

按不同的标的,保险可分为财产保险、责任保险、信用保证保险和人身保险4类。

（1）财产保险。

财产保险是指以各种有形财产及其相关利益为保险标的的保险,保险人承担对各种保险财产及相关利益因遭受保险合同承保责任范围内的自然灾害、意外事故等风险,因其发生所造成的损失负赔偿责任。财产保险的种类繁多,主要有以下几种:

①海上保险。是指保险人对海上的保险标的由于保险合同承保责任范围内的风险的发生所造成的损失或引起的经济责任负责经济赔偿的保险。海上保险包括海洋运输货物保险、船舶保险、海上石油开发工程建设保险等。

②运输货物保险。是指承保海洋、陆上、内河、航空、邮政运输过程中保险标的及其利益所遭受的损失,主要包括海洋运输货物保险、陆上运输货物保险、航空运输货物保险和邮政运输货物保险等。

③运输工具保险。是指承保海、陆、空、内河各种运输工具在行驶和停放过程中所发生的各种损失。主要包括船舶保险、汽车保险、飞机保险等。

④火灾保险。是指承保在一定地点内的财产,包括房屋、机器、设备、原材料、在制品、制成品、家庭生活用品、家具等因发生火灾造成的损失。目前,火灾保险一般不作为单独的险别,而将其包括在综合性险别的责任范围内。例如在我国,当投保企业财产保险和家庭财产保险时,火灾损失属于其主要的责任范围;在运输货物保险条款中,火灾损失也是保险人承担赔偿责任的重要内容。

⑤工程保险。是指承保各类建筑工程和机器设备安装工程在建筑和安装过程中因自然灾害和意外事故的所受物质损失、费用和对第三者损害的赔偿责任。

⑥盗窃保险。主要承保因盗窃、抢劫或窃贼偷窃等行为所造成的财物损失。

⑦农业保险。是指保险人为农业生产者在从事种植、养殖和捕捞生产过程中,因遇自然灾害或意外事故导致损失提供经济补偿服务的保险。农业保险有农作物保险、农产品保险、牲畜保险、家禽保险及其他养殖业保险等。

（2）责任保险。

责任保险的标的是被保险人依法应对第三者承担的民事损害赔偿责任。在责任保险中,凡根据法律或合同规定,由于被保险人的疏忽或过失造成他人的财产损失或人身伤害所应付的经济赔偿责任,由保险人负责赔偿。常见的责任保险有以下几种:

①公众责任保险。承担被保险人在各种固定场所进行的生产、营业或其他各项活动中,

由于意外事故的发生所引起的被保险人在法律上应承担的赔偿金额,由保险人负责赔偿。

②雇主责任保险。凡被保险人所雇用的员工包括短期工、临时工、季节工和徒工,在受雇用过程中,从事保险单所载明的被保险人的业务有关工作时,遭受意外而致受伤、死亡或患与业务有关的职业性疾病,所致伤残或死亡,被保险人根据雇用合同,须付医药费及经济赔偿责任,包括应支付的诉讼费用,由保险公司负责赔偿。

③产品责任保险。是指承保由于被保险人所生产、出售或分配的产品或商品发生事故,造成使用、消费或操作该产品或商品的人或其他任何人的人身伤害、疾病、死亡或财产损失,依法应由被保险人负责时,由保险人根据保险单的规定,在约定的赔偿限额内予以赔偿。被保险人为上述事故所支付的诉讼费用及其他事先经保险人书面同意支付的费用,也由保险人负责赔偿。据此,能获得产品责任赔偿的必须具备两个条件:第一,造成产品责任事故的产品必须是供给他人使用,即用于销售的商品;第二,产品责任事故的发生必须是在制造、销售该产品的场所范围以外的地点。

产品责任保险是在 20 世纪 70 年代以后,首次在欧美一些发达国家开始举办并迅速普及起来的。中国人民保险公司于 1980 年起开始承办产品责任保险。这对增加外商经营我国产品的积极性,提高我国产品的竞争力,促进我国出口贸易都起了积极的作用。

④职业责任保险。是指承保各种专业技术人员如医生、律师、会计师、工程师等因工作上的疏忽或过失造成合同对方或他人的人身伤害或财产损失的经济赔偿责任,由保险人承担。

(3)信用保证保险。

信用保证保险的标的是合同双方权利人和义务人约定的经济信用。信用保证保险是一种担保性质的保险。按照投保人的不同,信用保证保险又可分为信用保险和保证保险两种类型:信用保险的投保人和被保险人都是权利人,所承担的是契约的一方因另一方不履约而遭受的损失。例如在出口信用保险中,保险人对出口人(投保人、被保险人)因进口人不按合同规定支付货款而遭受的损失负赔偿责任。保证保险的投保人是义务人,被保险人是权利人,保证当投保人不履行合同义务或有不法行为使权利人蒙受经济损失时,由保险人承担赔偿责任。

例如在履约保证保险中,保险人担保在承包工程业务中的工程承包人不能如期完工或工程质量不符合规定致使权利人遭受经济损失时,承担赔偿责任。综上所述,无论是信用保险还是保证保险,保险人所保障的都是义务人的信用,最终获得补偿的都是权利人。目前,信用保证保险的主要险种有:

①雇员忠诚保证保险。是指承保雇主因其雇员的欺骗和不诚实行为所造成的损失,由保险人负责赔偿。

②履约保证保险。是指承保签约双方中的一方,由于不能履行合同中规定的义务而使另一方蒙受的经济损失,由保险人负责赔偿。

③信用保险。是指承保被保险人(债权人)在与他人订立合同后,由于对方不能履行合同义务而使被保险人遭受的经济损失,由保险人负责赔偿。常见的有出口信用保险和投资保险等。

(4)人身保险。

人身保险是以人的身体或生命作为标的的一种保险。人身保险以伤残、疾病、死亡等人身风险为保险内容,被保险人在保险期间因保险事故的发生或生存到保险期满,保险人依照合同规定对被保险人给付保险金。由于人的价值无法用金钱衡量,具体的保险金额是根据被保险人的生活需要和投保人所支付的保险费,由投保人和保险人协商确定。人身保险主要包括人寿保险、健康保险和人身意外伤害保险。

①人寿保险。人寿保险包括死亡保险、生存保险和两全保险3种。

a.死亡保险是指在保险期内被保险人死亡,保险人即给付保险金。

b.生存保险是以被保险人在保险期内仍然生存为给付条件,如被保险人在保险期内死亡,不仅不给付保险金,而且也不返还已缴纳的保险费。

c.两全保险则是由死亡保险和生存保险合并而成,当被保险人生存到保险期满时,保险人要给付保险金;当被保险人在保险期内死亡时,保险人也要给付保险金。两全保险的保险费带有较多的储蓄因素。

②健康保险。健康保险又称疾病保险,它是指承保被保险人因疾病而支出的医疗费用,或者因丧失劳动能力,按保险单规定,由保险人给付保险金。

③人身意外伤害保险。人身意外伤害保险是指承保被保险人因意外事故而伤残或死亡时,由保险人负责给付规定的保险金,包括意外伤害的医疗费用给付和伤残或死亡给付两种。

3)按保险的实施形式分类

按保险的实施形式,保险可分为强制保险与自愿保险。

(1)强制保险。

强制保险又称法定保险,是指国家对一定的对象以法律或行政法规的形式规定其必须投保的保险。这种保险依据法律或行政法规的效力,而不是从投保人和保险人之间的合同行为而产生。例如,新中国成立初期曾经实行过的国家机关和国有企业财产都必须参加保险的规定以及旅客意外伤害保险均属强制保险。凡属强制保险承保范围内的保险标的,其保险责任均自动开始。例如,中国人民保险公司对在国内搭乘火车、轮船、飞机的旅客实施的旅客意外伤害保险,就规定自旅客买到车票、船票、机票开始旅行时起保险责任就自动开始,每位旅客的保险金额也由法律按不同运输方式统一规定。

(2)自愿保险。

自愿保险又称任意保险,是由投保人和保险人双方在平等自愿的基础上,通过协商订立保险合同并建立起保险关系的。在自愿保险中,投保人对于是否参加保险,向哪家保险公司投保,投保何种险别,以及保险金额、保险期限等均有自由选择的权利。在订立保险合同后,投保人还可以中途退保,终止保险合同。至于保险人也有权选择投保人,自由决定是否接受承保和承保金额。在决定接受承保时,对保险合同中的具体条款,如承保的责任范围、保险费率等也均可通过与投保人协商决定。自愿保险是商业保险的基本形式。

1.3　汽车保险

我国自1980年国内保险业务恢复以来,汽车保险业务已经取得了长足的进步,尤其是伴随着汽车进入百姓的日常生活,汽车保险正逐步成为与人们生活密切相关的经济活动,其重要性和社会性也正逐步突现,作用越加明显。

1.3.1　汽车保险的含义及种类

汽车保险是保险中最为重要的保险种类,又称机动车辆保险,属于财产保险范畴。汽车保险是以汽车本身及其相关利益为保险标的的一种不定值财产保险(Unvalued Insurance),投保人与保险人在订立合同时只列明保险金额,不预先确定保险标的的价值,须至保险事故发生后,再行估计其价值而确定其损失。这里的汽车是指汽车、电车、电瓶车、摩托车、拖拉机、各种专用机械车、特种车。

我国汽车保险的种类按性质可以分为强制保险与商业险。强制保险(交强险)是国家规定强制购买的保险,而商业险是非强制购买的保险,车主可以根据实际情况选择购买。

汽车保险的种类根据保障的责任范围还可以分为基本险和附加险。基本险包括商业第三者责任险、车辆损失险、全车盗抢险、车上人员责任险共四个独立的险种,投保人可以选择投保部分险种,也可以选择投保全部险种。车辆损失险的附加险,必须先投保车辆损失险后才能投保。如风窗玻璃单独破碎险、自燃损失险、新增加设备损失险等,都属于车辆损失附加险,如图 1-2 所示。

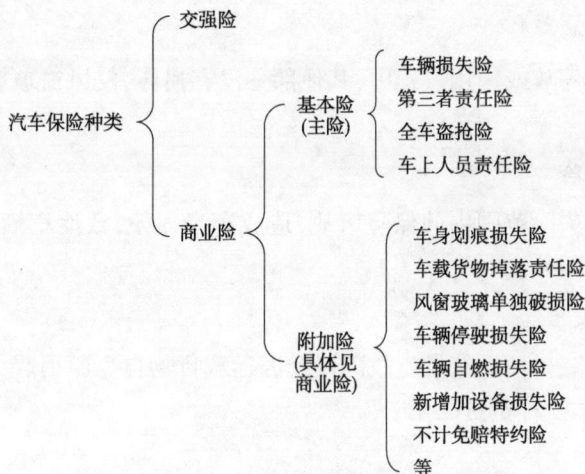

图 1-2　我国汽车保险种类框架

汽车保险各险种分别承担责任具体如下。

1. 交强险

机动车交通事故责任强制保险(以下简称"交强险")是我国首个由国家法律规定实行的强制保险制度。交强险是由保险公司对被保险机动车发生道路交通事故造成受害人(不包括本车人员和被保险人)的人身伤亡、财产损失,在责任限额内予以赔偿的强制性责任保险。

2. 车辆损失险

负责由于自然灾害或意外事故造成的保险车辆自身损失的赔偿责任。

3.第三者责任险

负责保险车辆在使用中发生意外事故造成他人(即第三者)的人身伤亡或财产的直接损毁的赔偿责任。

4.全车盗抢险

负责保险车辆因被盗窃、被抢劫、被抢夺造成车辆的全部损失,以及期间由于车辆损坏或车上零部件、附属设备丢失所造成损失的赔偿责任。

5.车上人员责任险

负责保险车辆发生意外事故造成车上人员的人身伤亡和车上所载货物的直接损毁的赔偿责任。

6.车身划痕损失险

负责赔偿被保险机动车在使用过程中,造成的无明显碰撞痕迹的车身划痕损失。

7.车载货物掉落责任险

承担保险车辆在使用过程中,所载货物从车上掉下来造成第三者遭受人身伤亡或财产的直接损毁而产生的赔偿责任。

8.风窗玻璃单独破碎险

承担保险车辆在停放或使用过程中,其他部分没有损坏,仅风窗玻璃单独破碎损失的赔偿责任。

9.车辆停驶损失险

车辆发生车辆损失险范围内的保险事故,造成车身损毁,致使车辆停驶而产生的损失,保险公司按规定进行赔偿。

10.车辆自燃损失险

车辆因电路、线路、供油系统发生故障以及因运载货物自身原因起火燃烧造成保险车辆的损失,这些损失由本险种负责赔偿。

11.新增加设备损失险

车辆发生车辆损失险范围内的保险事故,造成车上新增加设备的直接损毁,由保险公司按实际损失计算赔偿。未投保本险种,新增加设备的损失,保险公司不负赔偿责任。

12.不计免赔特约险

办理了本保险的车辆,发生车辆损失险或第三者责任险的保险事故造成赔偿,对应由被保险人承担的免赔金额,由保险公司负责赔偿。也就是说,办了本保险后,车辆发生车辆损失险及第三者责任险方面的损失,全部由保险公司赔偿。

1.3.2　汽车保险的特点

汽车作为运输工具,受其自身特性影响,汽车保险具有以下特点。

1. 保险标的具有流动性,且出险率高

汽车的基本功能是实现人和货物在空间上的转移,汽车的流动性增大了保险人经营的不确定性,使得保险人在研究各项条款和保险费率的同时,需要更加注重核保、核赔以及风险的防范。此外,流动的交通工具致使出险率增高。据统计,全球每年因交通事故死亡的人数大约为 50 万人。

2. 业务量大,投保率高

因汽车出险率较高,汽车的所有者需要以保险方式转嫁风险。保险人为适应投保人转嫁风险的不同需要,为被保险人提供了更全面的保障,开发了丰富的汽车险种,推出了一系列主险和附加险,使汽车保险成为财产保险中业务量较大,投保率较高的一个险种,占财产险比重大。对于国内各保险公司,汽车保险业务保险费收入均占其财产保险业务总保险费收入的 60% 以上,已成为我国各保险公司的"支柱险种"。例如,2017 年我国财产保险原保单保费总额为 10541.38 亿元,其中汽车保险费总收入为 7500 亿元,汽车保险所占比例达到71.15%。如图 1-3 所示为 2010 年到 2017 年我国汽车保险行业实现保费收入的走势图。车险经营的盈亏,直接关系到整个财产保险行业的经济效益。

图 1-3　2010～2017 年我国汽车保险行业实现保费收入走势图

3. 对象(包括被保险人和保险标的)广泛且差异大

(1)被保险人方面。随着我国汽车普及率的提高,汽车与越来越多的人的生活息息相关,且大多数人为转嫁风险自愿投保,这就决定了被保险人的广泛性,而广泛性决定了差异性。

(2)保险标的方面。汽车已逐步摆脱了单一生产工具的属性,这决定了其使用的广泛性。同时,汽车的差异性逐步体现,如车型逐年增多、生产厂家多样、价格差异较大等。

4. 扩大保险利益

汽车保险中,针对汽车的所有者与使用者不同的特点,汽车保险条款一般规定:不仅被保险人本人使用车辆时发生保险事故保险人要承担赔偿责任,而且凡是被保险人允许的驾驶人使用车辆时,也视为其对保险标的具有保险利益,如果发生保险单上约定的事故,保险人同样要承担事故造成的损失,保险人须说明汽车保险的规定以"从车"为主,凡经被保险人允许的驾驶人驾驶被保险人的汽车造成保险事故的损失,保险人须对被保险人负赔偿责任。

此规定是为了对被保险人提供更充分的保障,并非违背保险利益原则。但如果在保险合同有效期内,被保险人将保险车辆转卖、转让、赠送他人,被保险人应当书面通知保险人并申请办理批改。否则,保险事故发生时,保险人对被保险人不承担赔偿责任。

1.3.3 汽车保险的职能和作用

1. 汽车保险的职能

分散风险和组织经济补偿是保险的基本职能,也是机动车辆保险的基本职能。

生产力水平的提高、科学技术的发展使人类社会走向文明,汽车文明在给人类生活以交通便利的同时,也给人类带来了因汽车运输中的碰撞、倾覆等意外事故造成的财产损失和人身伤亡等不可避免的伤害。不仅如此,随着生产力水平的提高,科学技术的进步,风险事故所造成的损失也越来越大,对人类社会的危害也越来越严重。机动车辆在使用过程中遭受自然灾害风险和发生意外事故的概率较大,特别是在发生第三者责任的事故中,其损失赔偿是难以通过自我补偿的。

机动车辆使用过程中的各种风险及风险损失是难以通过对风险的避免、预防、分散、抑制以及风险自留就能解决了的,必须或最好通过保险转嫁方式将其中的风险及风险损失得以在全社会范围内分散和转移,以最大限度地抵御风险。汽车用户以缴纳保险费为条件,将自己可能遭受的风险成本全部或部分转嫁给保险人。机动车辆保险是一种重要的风险转嫁方式,在大量的风险单位集合的基础上,将少数被保险人可能遭受的损失后果转嫁到全体被保险人身上,而保险人作为被保险人之间的中介对其实行经济补偿。通过机动车辆保险,将拥有机动车辆的企业、家庭和个人所面临的种种风险及其损失后果得以在全社会范围内分散与转嫁。

机动车辆保险是现代社会处理风险的一种非常重要的手段,是风险转嫁中一种最重要、最有效的技术,是不可缺少的经济补偿制度。

2. 汽车保险的作用

1) 促进汽车工业的发展,扩大了人们对汽车的需求

从目前经济发展状况看,汽车工业已成为我国经济健康、稳定发展的重要动力之一,汽车产业政策在国家产业政策中的地位越来越重要,汽车产业政策要产生社会效益和经济效益,要成为中国经济发展的原动力,离不开汽车保险与之配套服务。汽车保险业务自身的发展对于汽车工业的发展起到了有力的推动作用,汽车保险的出现,解除了企业与个人对使用汽车过程中可能出现的风险的担心,这就在一定程度上提高消费者购买汽车的欲望,扩大了人们对汽车的需求。

2) 稳定了社会公共秩序

随着我国经济的发展和人民生活水平的提高,汽车作为重要的生产运输和代步的工具,成为社会经济及人民生活中不可缺少的一部分,其作用显得越来越重要。汽车作为一种保险标的,虽然单位保险金不是很高,但数量多而且分散,车辆所有者既有党政部门,也有工商

企业和个人。车辆所有者为了转嫁使用汽车带来的风险,愿意支付一定的保险费投保。在汽车出险后,从保险公司获得经济补偿。由此可以看出,开展汽车保险既有利于社会稳定,又有利于保障保险合同当事人的合法权益。

3)促进了汽车安全性能的提高

在汽车保险业务中,经营管理与汽车维修行业及其价格水平密切相关。原因是在汽车保险的经营成本中,事故车辆的维修费用是其中重要的组成部分,同时车辆的维修质量在一定程度上体现了汽车保险产品的质量。保险公司出于有效控制经营成本和风险的需要,除了加强自身的经营业务管理外,必然会加大事故车辆修复工作的管理,一定程度上提高了汽车维修质量管理的水平。同时,汽车保险的保险人从自身和社会效益的角度出发,联合汽车生产厂家、汽车维修企业开展汽车事故原因的统计分析,研究汽车安全设计新技术,并为此投入大量的人力和财力,从而促进了汽车安全性能方面的提高。

4)汽车保险业务在财产保险中占有重要的地位

目前,大多数发达国家的汽车保险业务在整个财产保险业务中占有十分重要的地位。美国汽车保险保费收入,占财产保险总保费的45%左右,占全部保费的20%左右。亚洲地区的日本和中国台湾汽车保险的保费占整个财产保险总保费的比例更是高达58%左右。

从我国情况来看,随着积极的财政政策的实施,道路交通建设的投入越来越多,汽车保有量逐年递增。在过去的20年,汽车保险业务保费收入每年都以较快的速度增长。汽车保险业务已经成为财产保险公司的"吃饭险种"。其经营的盈亏,直接关系到整个财产保险行业的经济效益。可以说,汽车保险业务的效益已成为财产保险公司效益的"晴雨表"。

1.4　汽车保险原则

1.4.1　保险与防灾减损相结合的原则

保险从根本上说,是一种危险管理制度,目的是通过危险管理来防止或减少危险事故,把危险事故造成的损失缩小到最低程度,由此产生了保险与防灾减损相结合的原则。

1. 保险与防灾相结合的原则

这一原则主要适用于保险事故发生前的事先预防。根据这一原则,保险方应对承保的危险责任进行管理,其具体内容包括:调查和分析保险标的危险情况,据此向投保方提出合理建议,促使投保方采取防范措施,并进行监督检查;向投保方提供必要的技术支援,共同完善防范措施和设备;对不同的投保方采取差别费率制,以促使其加强对危险事故的管理,即对事故少、信誉好的投保方给予降低保费的优惠;相反,则提高保费等。遵循这一原则,投保方应遵守国家有关消防、安全、生产操作、劳动保护等方面的规定,主动维护保险标的的安全,履行所有人、管理人应尽的义务;同时,按照保险合同的规定,履行危险增加通知义务。

2. 保险与减损相结合的原则

这一原则主要适用于保险事故发生后的事后减损。根据这一原则,如果发生保险事故,投保方应尽最大努力积极抢险,避免事故蔓延、损失扩大,并保护出险现场,及时向保险人报案。而保险方则通过承担施救及其他合理费用来履行义务。

1.4.2　最大诚信原则

1.最大诚信原则的含义及法律法规

最大诚信的含义是指当事人真诚地向对方充分而准确地告知有关保险的所有重要事实,不允许存在任何虚伪、欺瞒、隐瞒行为。不仅在保险合同订立时要遵守此项原则,在整个合同有效期内和履行合同过程中也都要求当事人之间具有"最大诚信"。

《保险法》第五条规定:保险活动当事人行使权利、履行义务应当遵循诚实信用原则。诚实信用原则是保险活动所应遵循的一项最重要的基本原则,保险法律规范中许多内容都必须贯彻和体现这一原则,在现代市场经济条件下,诚实信用原则已成为一切民事活动和一切市场参与者所应遵循的基本原则,成为市场经济活动的道德标准和法律规范。该原则同样指导着汽车保险的运行,是保险合同当事人和关系人在保险活动中必须遵守的最基本行为准则,适用于汽车保险活动的订立、履行、解除、理赔、条款解释、争议处理等各个环节。

2.最大诚信原则的内容

最大诚信原则的主要内容包括告知、保证、弃权与禁止反言。

现代保险合同及有关法律规定中的告知与保证是对投保人、保险人等保险合同关系人的共同约束,而弃权与禁止反言的规定主要是用于约束保险人。

1)告知

(1)告知的概念。告知包括狭义告知和广义告知两种。狭义告知仅指投保人在与保险人签订保险合同成立时,就保险标的的有关事项向保险人进行口头或书面陈述;而广义告知是指保险合同订立时,投保人必须就保险标的的危险状态等有关事项向保险人进行口头或书面陈述,以及合同订立后,标的的危险变更、增加或事故的发生及时通知保险人。事实上,在保险实务中所称的告知,一般是指狭义告知。关于保险合同订立后保险标的的危险变更、增加,或保险事故发生时的告知,一般称为通知。在此所述的告知仅指狭义告知。

(2)告知的内容。在保险合同订立时,要求投保人应将那些足以影响保险人决定是否承保和确定费率的重要事实如实告知保险人。投保人必须告知的重要事实主要有:保险标的物的危险或损失可能超出正常情况的现象;与保险标的有联系的道德风险;涉及投保人或被保险人的一些事实。例如,将财产保险中保险标的的价值、品质、风险状况等如实告知保险人;将人身保险中被保险人的年龄、性别、健康状况、既往病史、家族遗传史、职业、居住环境、嗜好等如实告知保险人。要求保险人告知的内容主要有两方面:①在保险合同订立时要主动向投保人说明保险合同条款内容,对于责任免除条款还要进行明确说明。②保险合同约定的条件满足后或保险事故发生后,保险人应按合同约定如实履行给付或赔偿义务。

(3)告知的形式。国际上对于告知的立法形式有两种,即无限告知和询问回答告知。

①无限告知。即法律上或保险人对告知的内容没有明确规定,投保人必须主动地将保险标的的风险状况、危险程度及有关重要事实如实告知保险人。

②询问回答告知。又称主观告知,指投保人只对保险人询问的问题如实告知,对询问以外的问题投保方无须告知。早期保险经营活动中的告知形式主要是无限告知。随着保险经营技术水平的提高,目前世界上许多国家,包括我国在内的保险立法都是采用询问回答告知的形式。《保险法》第十六条:订立保险合同,保险人就保险标的或者被保险人的有关情况提出询问的,投保人应当如实告知。投保人故意或者因重大过失未履行前款规定的如实告知义务,足以影响保险人决定是否同意承保或者提高保险费率的,保险人有权解除合同。

《保险法》第十六条:投保人故意不履行如实告知义务的,保险人对于合同解除前发生的保险事故,不承担赔偿或者给付保险金的责任,并不退还保险费。投保人因重大过失未履行如实告知义务,对保险事故的发生有严重影响的,保险人对于合同解除前发生的保险事故,不承担赔偿或者给付保险金的责任,但应当退还保险费。保险人在合同订立时已经知道投保人未如实告知的情况的,保险人不得解除合同;发生保险事故的,保险人应当承担赔偿或者给付保险金的责任。

2)保证

(1)保证的概念。保证是最大诚信原则的另一项重要内容。在保险合同中,所谓保证是指保险人要求投保人或被保险人做或不做某事,或者使某种事态存在或不存在做出承诺。保证是保险人签发保险单或承担保险责任时要求投保人或被保险人履行某种义务的条件,其目的在于控制风险,确保保险标的及其周围环境处于良好的状态中。例如,投保家庭财产保险时,投保人或被保险人保证不在家中放置危险物品,此承诺即保证。若无以上保证,则保险人将不接受承保,或将改变此保单所适用的费率。

(2)保证的形式。根据保证存在的形式,通常可分为明示保证和默示保证两种。

①默示保证。默示保证的内容虽不载明于保险合同之上,但它一般是国际惯例所通行的准则,是习惯上或社会公认的被保险人应在保险实践中遵守的规则。默示保证的内容通常是以往法庭判决的结果,是保险实践经验的总结。默示保证在海上保险中运用比较多,如海上保险的默示保证有三项:a. 船舶的适航性,是指船舶在开航前应具备的必要条件,即船体、设备、供给品、船员配备和管理人员都要符合安全标准,并有适航的能力;b. 不变更航程,船舶航行于经常和习惯的航道,意味着风险小、安全,除非因躲避暴风雨或求助他人,否则不得变更航程;c. 航程具有合法性,即被保险人保证其船舶不从事非法经营活动或运载违禁物品等。

②明示保证。指以文字或书面的形式载明于保险合同中,成为保险合同的条款。例如,我国机动车辆保险条款:"被保险人必须对保险车辆妥善保管、使用、维护,使之处于正常技术状态。"明示保证是保证的重要表现形式。明示保证又可分为确认保证和承诺保证。a. 确认保证。确认保证是要求投保人或被保险人对过去或投保当时的事实做出如实的陈述,而不是对该事实以后的发展情况做出保证。例如,投保人身保险时,投保人保证被保险人在过去和投保当时健康状况良好,但不保证今后也一定如此。b. 承诺保证。指投保人对将来某一事项的作为或不作为的保证,即对该事项今后的发展做出保证。例如,在投保家庭财产盗窃险时,保证家中无人时,门窗一定要关好、上锁。

默示保证与明示保证具有同等的法律效力,被保险人都必须严格遵守。保证与告知都是对投保人或被保险人诚信的要求,但二者还是有区别的。告知强调的是诚实,对有关保险标的的重要事实如实申报;而保证则强调守信,恪守诺言,言行一致,许诺的事项与事实一致。所以,保证对投保人或被保险人的要求比告知更为严格。此外,告知的目的在于使保险人能够正确估计其所承担的危险;而保证则在于控制危险。

3)弃权与禁止反言

弃权是指保险人放弃其在保险合同中可以主张的某种权利。禁止反言是指保险人已放弃某种权利,日后不得再向被保险人主张这种权利。比如,在海上保险中,保险人已知被保险轮船改变航道而没提出解除合同,则视为保险人放弃对不能改变航道这一要求的权利,因改变航道而发生保险事故造成的损失,保险人就要赔偿。值得注意的是,弃权与禁止反言在人寿保险中有特殊的时间规定,规定保险方只能在合同订立之后一定期限内(一般为两年)以被保险方告知不实或隐瞒为由解除合同,如果超过规定期限而没有解除合同,则视为保险人已经放弃这一权利,不得再以此由解除合同。

3. 最大诚信原则的作用

保险是经营风险的行业,也是经营信用的行业。由于保险合同履行上的继续性,合同交易的结果不能立时显现;保险合同是射幸合同,在合同对价方面,投保人所支付的保险费与保险人支付的保险金存在着数额不对称的特点;保险经营技术强,一般社会公众很难透彻理解其操作规范;在保险行业中,保险人须依赖大量的中介机构才得以维持正常营业。上述保险经营的特点,都显示了诚信对于保险市场的重要性。

最大诚信原则是保险法中最重要的基本原则之一,适用最大诚信原则及其所统领的具体规则是对于保险市场诚信危机进行法律调整的重要手段。最大诚信原则,贯穿了保险交易的整个过程,在投保之前、保险合同缔结之时、保险合同履行过程中,甚至在保险人理赔之后,保险交易的各方主体都须受最大诚信原则的制约。投保人、被保险人、保险人、受益人、保险代理人、保险经纪人、保险公估人等均应该履行相应的最大诚信义务。正确适用最大诚信原则,是在保险纠纷案件中判定各方权利义务关系的重要基础。

保险法中的最大诚信原则与民法诚信原则即存在联系,也存在区别;司法实践之中,一些审判机关或者仲裁机构往往将两者等同对待,以至于出现了最大诚信原则适用标准不一的问题。只有准确辨识两者之间的关系,才能真正理解最大诚信原则。

4. 案例分析

2016 年初,某城镇的王某买来一辆长安面包车跑客运。同年 2 月,王某到保险公司以家庭自用车名义,为长安面包车购买了 1 年期的保险。2016 年 12 月 2 日下午,王某驾驶面包车装载 13 人从城镇开往赵庄乡,因操作不当,翻到河沟中致 1 人死亡,6 人受伤,车辆严重受损。

事故发生后,王某共对死伤人员给予了 20 万余元的赔偿,并要求保险公司按双方签订的保险协议予以赔偿。保险公司是否赔偿?为什么?

本案例保险公司拒绝赔付。根据最大诚信原则,王某在投保时未如实告知保险公司实际情况,违反了保险合同的规定,所以事故发生时保险公司有权拒绝赔付。

1.4.3 保险利益原则

1. 保险利益原则的含义及法律法规

保险利益原则是保险行业中的基本原则,又称"可保利益"或"可保权益"原则。所谓保险利益是指投保人或被保险人对其所保标的具有法律所承认的权益或利害关系。即在保险事故发生时,可能遭受的损失或失去的利益。《保险法》第十二条规定:"保险利益是指投保人对保险标的具有法律上承认的利益。"

英国早在 1745 年的《海商法》中规定:"没有可保利益的,或除保险单以外没有其他合法利益的证明的,或通过赌博方式订立的海上保险合同无效。"1774 年的《人寿保险法》也确立了保险利益原则,该法规定:"人寿保险的投保人与被保险人之间必须具有保险利益,否则合同无效。"1906 年的《海上保险法》将没有保险利益的保险合同视为赌博合同而无效。我国《保险法》第十二条:财产保险的被保险人在保险事故发生时,对保险标的应当具有保险利益。财产保险是以财产及其有关利益为保险标识的保险。

2. 构成保险利益的条件

保险利益是保险合同有效成立的要件,保险合同有效必须建立在投保人对保险标的具有保险利益的基础上,具体构成需满足三个条件:

(1)可保利益必须是合法利益。在英国一般称为"被保险人与保险标的物之间的关系是法律所承认的。"保险利益作为投保人或被保险人享有的利益,必须是符合法律法规,符合社会公共利益,为法律认可并受到法律保护的利益,对不合法利益,如以违反善良风俗所生的利益而为的保险,不管投保人是善意还是恶意,任何人对贪污、盗窃、诈骗等非法手段取得的财产,均无可保利益,如盗抢的汽车,因为这些利益是违反法律和公共利益的,虽然签订了合同,但合同一律无效。

(2)可保利益必须是有经济价值的利益,这种利益可以用货币来计量。正是由于保险标的与被保险人的经济利益息息相关,投保人才会为保险标的投保以转嫁各种可能发生的风险,而保险公司则通过风险分摊来保障被保险人的经济利益。如果损失不是经济上的利益,便无法计算。如所有权、债权、担保物权等,还有精神创伤、政治打击等,难以用货币衡量,因而不构成保险利益。

(3)可保利益必须是可以确定的和能够实现的利益,必须是客观存在的、确定的利益。"确定利益"指被保险人对保险标的的现有利益或因现有利益而产生之期待利益已经确定。所谓"能够实现"是指它是事实上的经济利益或客观的利益。保险利益可以是现有利益和直接利益,也可以是预期利益和间接利益,现有利益较容易确定,期待利益则往往引起争议。

就财产保险而言,投保人应当在投保时对保险标的具有保险利益;合同成立后,被保险人可能因保险标的的买卖、转让、赠予、继承等情况而变更。因此,发生保险事故时,被保险人应当对保险标的具有保险利益,否则就不能得到保险公司的合理赔偿,而投保人是否仍具有保险利益,则无关紧要。

在机动车辆保险实践中,这就要求在车辆转让或交易时一定要办理批改业务,否则,即原有车主投保的机动车辆保单仍然在有效期内,新的车主也不能在得到车辆的所有权的同时获得该保单的所有权。

3. 保险利益原则的重要性

保险利益是一个十分重要的原则。

(1)可以减少道德风险的发生。保险利益原则要求投保人或被保险人对保险标的具有保险利益,保险人的赔付以被保险人遭受损失为前提,这就可以防止投保人或被保险人放任或促使其不具有保险利益的保险标的发生保险事故,以谋取保险赔偿。

(2)可使危险因素相对稳定。危险因素的变化会直接影响保险关系,而保险利益的变动正是导致危险因素发生变化的一个重要原因。

(3)限制赔偿程度。保险利益是保险人所补偿损失的最高限额,被保险人所主张的赔偿金额不得超过其保险利益的金额或价值。如果不坚持这个原则,投保人或被保险人可能会获得与所受损失不相称的高额赔偿,从而损害保险人的利益。

(4)有消除赌博的可能性。保险与赌博的区别就在于保险中存在保险利益,赌博中不存在,如果投保人对于保险标的不具有保险利益,就意味着投保人可以不受损失而得到赔偿。

4. 保险利益案例分析

某粮油储运公司为其车辆在保险公司购买了车辆损失险、第三者责任险等,保险期限自2016年10月25日起至2017年10月24日止,并及时缴纳了保险费。2016年12月,该公司将车转让给个体户李某,并同时在车辆管理所办理了过户手续。2017年9月,李某驾驶该车辆与另一货车相撞,经汽车修理厂进行维修评估,两辆事故车的修理费分别为3.8万元和4.5万元。根据公安交警大队出具的道路交通事故责任认定书,李某应对交通事故负全部责任。2017年10月,粮油储运公司和李某一起向保险公司提出索赔申请,并同时向保险公司出具了该车在车辆管理所过户的证明。保险公司以保险车辆以过户转让但未申请办理保险批改手续为由,向被保险人发出拒赔通知书。

本案争议焦点是:在保险合同有效期限内,保险标的依法转让后未办理保险批改手续,如受损保险公司该不该赔偿?

首先,财产保险标的的转让应当办理保险批改手续,否则,自保险标的的转让之日起,保险合同无效。《保险法》第三十四条规定:"保险标的的转让应当通知保险人,经保险人同意继续承保后,依法变更合同。"同时,本案的保险合同也约定,在保险合同的有效期限内,保险车辆转卖、转让、赠送他人、变更用途或增加危险程度,被保险人应当事书面通知保险人并申请办理批改,否则,保险人有权解除保险合同或者有权拒绝赔偿。本案保险车辆依法过户转让,但双方未去保险公司办理保险合同主体变更的手续,车辆买卖双方违反了《保险法》的规定和保险合同的约定。因此,该保险合同自保险转让之日起就无效。

其次,财产保险的保险利益必须在保险合同订立到损失发生时的全过程中都存在。最为关键的是在保险事故发生时,被保险人必须对保险标的具有保险利益,否则,保险合同无效。

本案的被保险人在投保时具有保险利益,在保险合同有效期内,将保险车辆过户转让,车辆所有权发生转移。保险事故发生时,被保险人对该车辆已不再具有保险利益。因此,该车辆保险合同自转让之日起因被保险人丧失保险利益而无效。

再次，根据权利义务对等的原则，保险公司已收取的保险合同未到期部分的保险费应退还给投保人。本案的保险人在签订保险合同时已向投保人（被保险人）收取了全年保险费，投保人在保险合同的有效期限内，未履行合同约定的义务导致保险合同的效力终止，保险人应将未到期部分的保险费退还给投保人。

1.4.4　损失补偿原则

1. 损失补偿原则含义

损失补偿原则是指保险合同生效后，如果发生保险合同责任范围内的损失，被保险人有权按照合同的约定，获得全面、充分的赔偿；保险赔偿是弥补被保险人由于保险标的遭受损失而失去的经济利益，被保险人不能因保险赔偿而获得额外的利益。

2. 基本内容

1）被保险人请求损失赔偿的条件

（1）被保险人对保险标的必须具有可保利益。

（2）被保险人遭受的损失必须是在保险责任范围之内。

（3）被保险人遭受的损失必须能用货币衡量。

2）保险人履行损失赔偿责任的限度

（1）以实际损失为限。

（2）以保险金额为限。

（3）以可保利益为限。

3. 意义

一是保险合同订立以后，保险标的遭受保险事故而产生损失，被保险人有权按合同的约定，获得全面、充分的补偿。

二是保险人对被保险人的赔偿恰好使保险标的恢复到未出险前的状况，即保险补偿以被保险人的实际损失为限，被保险人不能因保险赔偿而获得额外的经济利益。

损失补偿原则除以受损失为限外，往往还受到保险合同中约定的其他一些限制，如以保险金额为限、按比例投保因而按比例赔偿的限制。另外还受赔偿方法的限制，如某些保险中规定了免赔额或赔偿限额等。

损失补偿原则只适用财产保险及人身保险合同中带有费用报销型的保险。遵循损失补偿原则的目的在于：真正发挥保险的经济补偿职能；避免将保险演变成赌博行为；防止诱发道德风险的发生。补偿原则的实现方式通常有现金赔付、修理、更换和重置。

4. 损失补偿原则的派生原则

1）代位追偿原则

（1）代位追偿原则的含义。

代位追偿原则是指在财产保险中，保险标的发生保险事故造成推定全损，或者保险标的由于第三者责任导致保险损失，保险人按照合同的约定履行赔偿责任后，依法取得对保险标的所有权或对保险标的损失负有责任的第三者的追偿权。

（2）代位追偿原则的主要内容。

①权利代位。权利代位即追偿权的代位，是指在财产保险中，保险标的由于第三者责任导致保险损失，保险人向被保险人支付保险赔款后，依法取得对第三者的索赔权。

②物上代位。物上代位是指保险标的遭受保险责任范围内的损失，保险人按保险金额全数赔付后，依法取得该项标的的所有权。

2）重复保险分摊原则

（1）重复保险分摊原则的含义及构成条件。

①重复保险分摊原则是指在重复保险的情况下，当保险事故发生时，各保险人应采取适当的分摊方法分配赔偿责任，使被保险人既能得到充分的补偿，又不会超过实际损失而获得额外的利益。

②重复保险必须具备的条件：同一保险标的及同一可保利益、同一保险期间、同一保险危险与数个保险人订立数个保险合同，且保险金额总和超过保险标的的价值。

（2）重复保险的分摊方式。

①比例责任分摊方式。各保险人按其所承保的保险金额与总保险金额的比例分摊保险赔偿责任。即将各个保险人的保险金额相加，除各个保险人的保险金额，得出每个保险人应分摊的比例，然后按比例分摊损失金额。在机动车辆保险保险实务中，如机动车损失险的重复保险分摊方法一般采用此种方式赔偿。

计算公式为：

$$赔款 = 损失金额 \times \frac{该保险人的保险金额}{各保险人保险金额总和} \qquad (1-1)$$

②限额责任分摊方式。指假定在没有重复保险的情况下，由各保险人单独应负的责任限额比例分摊赔款。在机动车辆保险保险实务中，如商业第三者责任险的重复保险分摊原则采用此种方式赔偿。

计算公式为：

$$赔款 = 损失金额 \times \frac{该保险人责任限额}{各保险人责任限额总和} \qquad (1-2)$$

③顺序责任分摊方式。指由先出单的保险人首先负责赔偿，后出单的保险人只有在承保的标的损失超过前一保险人承保的保额时，才依次承担超出的部分。在机动车辆保险保险实务中，如交通事故责任强制险的重复保险分摊方法一般采用此种方式赔偿。

（3）案例分析。

某投保人将价值100万元的财产顺序向甲、乙、丙三家保险公司投保同一险种，其中甲保单的保额为80万元，乙保单的保额为40万元，丙保单的保额为40万元，损失额为50万元，则甲、乙、丙保险公司赔偿额依次为多少？

①按比例责任分摊方式赔偿。

甲：
$$50 \times \frac{80}{80 + 40 + 40} = 25（万元）$$

乙：
$$50 \times \frac{40}{80 + 40 + 40} = 12.5（万元）$$

丙：
$$50 \times \frac{40}{80+40+40} = 12.5(万元)$$

②按限额责任分摊方式赔偿。

甲：
$$50 \times \frac{50}{50+40+40} = 19.23(万元)$$

乙：
$$50 \times \frac{40}{50+40+40} = 15.38(万元)$$

丙：
$$50 \times \frac{40}{50+40+40} = 15.38(万元)$$

③按顺序责任分摊方式赔偿。

甲:50 万元；

乙、丙均不赔偿。

1.4.5 近因原则

1.近因原则的含义及法律法规

按照该原则,承担保险责任并不取决于时间上的先后顺序,而是取决于导致保险损失的保险事故是否在承保范围内,如果存在多个原因导致保险损失,其中所起决定性、最有效的,以及不可避免会产生保险事故作用的原因是近因。近因原则作为认定保险事故与保险损失之间是否存在因果关系的重要原则,对认定保险人是否应承担保险责任具有十分重要的意义。

我国《保险法》《海商法》只是在相关条文中体现了近因原则的精神而无明文规定,我国司法实务界也注意到这一问题,在最高人民法院《关于审理保险纠纷案件若干问题的解释(征求意见稿)》第十九条规定了"(近因)人民法院对保险人提出的其赔偿责任限于以承保风险为近因造成损失的主张应当支持"。近因是指造成承保损失起决定性、有效性的原因。

2.近因原则的基本内容

近因:是引起保险标的损失的直接、有效、起决定作用的因素。

反之,引起保险标的损失的间接的、不起决定作用的因素,称为远因。在保险理赔中,近因原则的运用具有普遍的意义。

近因原则:在处理赔案时,赔偿与给付保险金的条件是造成保险标的损失的近因必须属于保险责任,若造成保险标的损失的近因属于保险责任范围内的事故,则保险人承担赔付责任;反之,若造成保险标的损失的近因属于责任免除,则保险人不负赔付责任。只有当保险事故的发生与损失的形成有直接因果关系时,才构成保险人赔付的条件。

3.近因原则的运用

损失与近因存在直接的因果关系,因而,要确定近因,首先要确定损失的因果关系。确定因果关系的基本方法有从原因推断结果和从结果推断原因两种方法。从近因认定和保险责任认定看,可分为下述情况。

1）损失由单一原因所致

若保险标的损失由单一原因所致,则该原因即为近因。若该原因属于保险责任事故,则保险人应负赔偿责任;反之,若该原因属于责任免除项目,则保险人不负赔偿责任。

2）损失由多种原因所致

如果保险标的遭受损失系两个或两个以上的原因,则应区别分析。

（1）多种原因同时发生导致损失。

多种原因同时发生而无先后之分,且均为保险标的损失的近因,则应区别对待。若同时发生导致损失的多种原因均属保险责任,则保险人应负责全部损失赔偿责任;若同时发生导致损失的多种原因均属于责任免除,则保险人不负任何损失赔偿责任;若同时发生导致损失多种原因不全属保险责任,则应严格区分,对能区分保险责任和责任免除的,保险人只负保险责任范围所致损失的赔偿责任;对不能区分保险责任和责任免除的,则不予赔付。

（2）多种原因连续发生导致损失。

如果多种原因连续发生导致损失,前因与后因之间具有因果关系,且各原因之间的因果关系没有中断,则最先发生并造成一连串风险事故的原因就是近因。保险人的责任可根据下列情况来确定:

①若连续发生导致损失的多种原因均属保险责任,则保险人应负全部损失的赔偿责任。如船舶在运输途中因遭雷击而引起火灾,火灾引起爆炸,由于三者均属于保险责任,则保险人对一切损失负全部赔偿责任。

②若连续发生导致损失的多种原因均属于责任免除范围,则保险人不负赔偿责任。

③若连续发生导致损失的多种原因不全属于保险责任,最先发生的原因属于保险责任,而后因不属于责任免除,则近因属保险责任,保险人负赔偿责任。

④最先发生的原因属于责任免除,其后发生的原因属于保险责任,则近因是责任免除项目,保险人不负赔偿责任。

（3）多种原因间断发生导致损失。

致损原因有多个,它们是间断发生的,在一连串连续发生的原因中,有一种新的独立的原因介入,使原有的因果关系链断裂,并导致损失,则新介入的独立原因是近因。近因属于保险责任范围的事故,则保险人应负赔偿责任;反之,若近因不属于保险责任范围,则保险人不负责赔偿责任。

近因原则是指造成保险标的损失的近因是保险责任范围的,保险人承担损失赔偿责任;造成保险标的损失的近因不属于保险责任范围的,保险人不承担损失赔偿责任。在保险业务中,近因原则是认定保险责任的一个重要原则,对判定事故损失是否属于保险赔偿范围具有重要的意义,所以任何一起事故的理赔都必须坚持近因原则。

4. 近因原则案例分析

袁某为自己的轿车购买了车辆损失险,保险金额为 19 万元,保险期自 2016 年 8 月 6 日零时起至 2017 年 8 月 5 日 24 时止。2016 年 8 月 20 日凌晨,市区下了一场倾盆大雨,大多数道路有积水现象。同日上午 9 时,袁某准备开车上班,见停放在其住宅区通道的上述保险车辆轮胎一半被水淹,且驾驶室中有浸水的痕迹,则经简单擦抹后就上车点火起动,发动机发出发动声后熄火,尔后则无法起动。

袁某即将车辆拖至某汽车维修公司,经该公司检查认为故障原因系发动机进气系统入水并被吸进燃烧室,活塞运转时,由于水不可压缩,进而导致连杆折断,缸体破损。

思考:本案例近因是天降暴雨,还是驾驶员起动发动机?

发动机损坏的近因是起动发动机,它是直接导致保险车辆发动机缸体损坏的原因。

依据是:暴雨和起动发动机这两个危险事故先后间断出现,前因与后因之间不具有关联性,后因既不是前因的合理延续,也不是前因自然延长的结果,后因是完全独立于前因之外的一个原因。根据近因原则,起动发动机是直接导致保险车辆发动机缸体损坏的原因,故为发动机缸体损坏的近因。

关于暴雨引发的车辆损失有两类:一类是发动机因进水而导致的金属零件生锈、机油污染等;另一类是发动机因转动时进水而导致的缸体、活塞、曲轴等的损坏。对第一类损失保险公司和客户一般没有任何争议,对第二类损失保险公司和客户经常有争议。

此时必须考虑近因原则:如果发动机进水后又起动导致的损失,一般认定近因为起动发动机,因为保险公司认为作为车辆驾驶人员应该有用车的基本常识,知道发动机进了水又起动,必然会导致损失扩大,所以保险公司对此损失不予赔偿;而如果是汽车在暴雨中行驶时,由于积水进入发动机,导致发动机缸体、活塞、曲轴等损坏,则一般认定暴雨是近因,对所有损失保险公司都给予赔偿。

近因原则是指造成保险标的损失的近因是保险责任范围的,保险人承担损失赔偿责任;造成保险标的损失的近因不属于保险责任范围的,保险人不承担损失赔偿责任。在保险业务中,近因原则是认定保险责任的一个重要原则,对判定事故损失是否属于保险赔偿范围具有重要的意义,所以任何一起事故的理赔都必须坚持近因原则。

1.5 汽车保险的市场与营销

1.5.1 汽车保险的发展

1.汽车保险的起源

自从 1886 年德国的卡尔·本茨试制成功世界上第一辆单缸发动机三轮汽车以来,汽车逐渐成为人们重要的交通工具。然而,19 世纪末 20 世纪初的汽车无法与当今现代化的汽车相比,其内部设施简陋而工艺粗糙,驾驶者大多经验不足,加之道路狭窄,驾驶汽车在当时是非常冒险和不安全的行为。精明的保险商充分的把握了这次商机,因此,汽车保险便应运而生。

1896,英国法律事故保险公司首先开办了汽车保险,成为汽车保险"第一人"。当时,签发了保费为 10～100 英镑的第三者责任保险单,另外,可以增加购买汽车火险。

1899 年,汽车保险责任扩展到与其他车辆发生碰撞所造成的损失。这些保险单是由意外险部的综合第三者责任险组签发的。1901 年开始,保险公司提供的汽车险保单,已具备了现在综合责任险的条件,在上述承保的责任险范围内,增加了碰撞、盗窃和火灾等险种。1906 年,英国成立了汽车保险有限公司,每年该公司的工程技术人员免费检查保险车辆一次,其防灾防损意识领先于其他保险大国。

2. 汽车保险的发展及成熟

20 世纪初期,汽车保险在欧美部分国家得到了迅速发展。以英国为例,第一次世界大战后,英国机动车辆的流行加重了公路运输的负担,交通事故层出不穷,有些事故中受害的第三者不知道应找哪一方赔偿损失。针对这种情况,政府发起了机动车辆第三者强制保险的宣传,并在《1930 年公路交通法令》中纳入强制保险条款。在实施机动车辆第三者责任强制保险的过程中,政府又针对实际情况对规定作了许多修改,如颁发保险许可证,取消保险费缓付期限,修改保险合同款式等,以其强制保险业务与法令完全吻合。强制保险的实施使在车祸中死亡或受到伤害的第三方可以得到一笔数额不定的赔偿金。1945 年,英国成立了汽车保险局。汽车保险局依协议运作,其基金由各保险人按年度汽车保费收入的比例分担。当肇事者没有依法投保强制汽车责任保险或保单失效,受害者无法获得赔偿时,由汽车保险局承担保险责任,该局支付赔偿后,可依法向肇事者追偿。

此外,进入 20 世纪,美国汽车业迅速发展,与此同时,美国汽车保险大力发展,极大地推动汽车保险的普及。20 世纪 50 年代,汽车保险得到了广泛的发展,并成为各国财产保险中最重要的业务险种。到 20 世纪 70 年代末期,汽车保险已占整个财产保险的 50% 以上。

进入 21 世纪,汽车保险业务量已居世界第一。以美国为例,2000 年汽车保险保费总量为 1 360 亿美元,车险保费收入占财险保费收入的 45.12%。其中,机动车辆责任保险保费收入为 820 亿美元,占 60.3%,机动车辆财产损失保险保费收入为 540 亿美元,占 39.7%。美国车险市场准入和市场退出都相对自由,激烈的市场竞争,较为完善的法律法规,使美国成为目前世界上最成熟的车险市场。

3. 中国汽车保险的发展

我国的汽车保险业务的发展经历了一个曲折的历程。

1)萌芽阶段

鸦片战争以后,汽车保险进入我国,但由于我国保险市场处于外国保险公司的垄断与控制之下,加之新中国成立前的工业不发达,我国的汽车保险实质上处于萌芽状态,其作用与地位十分有限。

2)试办阶段

1950 年,创建不久的中国人民保险公司就开办了汽车保险。但是,经营不久就出现对此项保险的争议,有人认为汽车保险以及第三者责任保险对于肇事者予以经济补偿,会导致交通事故的增加,对社会产生负面影响。于是,中国人民保险公司于 1955 年停止了汽车保险业务。

直到 20 世纪 70 年代中期为了满足各国驻华使领馆等外国人拥有的汽车保险的需要,开始办理以涉外业务为主的汽车保险业务。

随着交通运输业迅速发展,以适应国内企业和单位对于汽车保险的需要,1980 年,中国人民保险公司逐步全面恢复中断了近 25 年之久的汽车保险业务。

1983 年将汽车保险改为机动车辆保险,使其具有更广泛的适应性,在此后的近 20 年过程中,机动车辆保险在我国保险市场,尤其在财产保险市场中始终发挥着尤为重要的作用。

到 1988 年,汽车保险的保费收入超过了 20 亿元,从此以后,汽车保险一直是财产保险的第一大险种,并保持高增长率,我国的汽车保险业务进入了高速发展的时期。

3)调整与完善阶段

进入 21 世纪,我国汽车保险进入调整与完善时期。

2003 年 1 月 1 日前,我国在全国范围内施行统一车险费率。2002 年 8 月,原中国保险监督管理委员会(简称保监会)下发《关于改革机动车辆保险条款费率管理制度的通知》,规定自 2003 年 1 月 1 日起,在全国范围实施新的车险条款和费率管理制度。此后,各家保险公司纷纷调整汽车保险产品的价格,展开价格竞争。

2006 年 7 月,我国推出机动车交通事故责任强制保险(以下简称"交强险"),并实行全国统一费率。同时推出商业险 A、B、C 三套条款,各保险公司从中选择一套执行,并自行开发附加险条款,所以此后各公司主险的费率基本一致,附加险的费率差别较大。

2007 年 4 月,保险行业协会对已有的商业险 A、B、C 三套条款进行完善,主要的附加险也给予了统一,此时主险、主要的附加险费率都基本一致,只有其他的附加险费率由各公司自行制定;2007 年 6 月,保监会发布《机动车交通事故责任强制保险费率浮动暂行办法》,规定自 2007 年 7 月 1 日起交强险费率实行浮动费率;2008 年 2 月,交强险责任限额进行调整,价格做了一定幅度的降低,与此相同时,商业车险的价格也进行了调整。总之,我国汽车保险费率不断调整的目的在于维护汽车保险市场稳定的同时积极探索市场化方式运作。

2016 年,保监会发布《中国保险行业协会机动车综合商业保险示范条款》,规范了汽车商业保险的保险条例和收费标准。2017 年,中国保监会关于商业车险费率调整及管理等有关问题的通知(2017 车险二次费改),保监产险〔2017〕145 号,自 2017 年 6 月 8 日起执行。

1.5.2　汽车保险市场

1.保险市场概述

1)保险市场的含义

保险市场是指保险商品交换关系的总和,它既可以指固定的交易场所(狭义的定义),也可以是所有实现保险商品交换关系的总和(广义的定义)。现代保险市场已经突破了传统的有形市场的概念,即保险市场核心内容的交换关系通过确定的地理场所实现,也可以通过各种现代媒介,包括电话、因特网等实现。

2)保险市场的主体

保险市场的主体是指保险市场交易活动的参与者,包括保险商品的供给者、需求方和充当供需双方媒介的中介方。

(1)保险商品的供给方:是指保险市场上提供各类保险产品,承担、分散和转移风险的各类保险人,包括国有保险公司、保险股份有限公司和个人保险公司。

(2)保险产品的需求方:是指保险市场上所有现实和潜在的保险商品的购买者,包括个人投保人和团体投保人、企业投保人和独立投保人、私营企业投保人和国有企业投保人等。

(3)保险市场的中介方:主要是指活动于保险人与投保人之间充当保险供需双方媒介,把保险人和投保人联系起来并建立保险合同关系的人,主要有保险代理人和保险经济人。

保险市场的中介方还包括公证人、公估人、律师、精算师等。

3）保险市场的客体

保险市场的客体是指保险市场上供求双方具体交易的对象，这个交易对象就是保险商品。保险商品是一种特殊形态的商品：首先，这种商品是一种无形商品；其次，这种商品是一种"非渴求商品"；再次，保险商品具有灾难的联想性。

4）保险市场机制

保险市场机制是指将市场机制一般应用于保险经济活动中所形成的价值规律、供求规律及竞争规律之间相互制约、相互作用的关系。现代意义的市场是以市场机制为主体进行经济活动的系统和体系，市场机制的具体内容包括价值规律、供求规律和竞争规律及其相互关系。

由于保险市场具有不同于一般市场的独有特性，市场机制在保险市场上表现出特殊的作用。

（1）价值规律。

价值规律在流通领域中要求等价交换，即要求价格与价值相一致。价值规律在流通领域中的运动，表现为价格的运动。价格既反映价值量，又反映供求状况，它既不能时时处处与价值相一致，又不能过久低于或高于价值，而是以价值为中心，围绕着价值上下波动。保险商品是一种特殊商品，这种商品的价值一方面体现为保险人提供的保险保障（包括有形的补偿和无形的心理保障）所对应的等价劳动的价值，另一方面体现为保险从业人员社会必要劳动时间的凝结。保险费即为保险商品的价格。投保人所交纳的保险费是为换取保险人的保险保障而付出的代价，无论是从个体还是总体角度，都表现为等价交换。但是，由于保险费率的主要构成是根据过去的、历史的经验测算出来的未来损失概率，所以，价值规律对于保险费率的自发调节作用只能限于凝结在费率中的附加费率部分的社会必要劳动时间，因此保险人只能通过改进经营技术、提高服务效率来降低附加费率。

我最国汽车保险行业曾一度出现一些公司为追求短期利润和局部利益，置价值规律于不顾，盲目降低费率、向投保人支付高额回扣、无限提高代理费用、随意放宽赔偿条件等，这些做法严重背离了市场经济的价值规律，最终受到了经济规律的惩罚，整个保险市场也为此付出了极大的代价。

（2）供求规律。

供求规律是流通领域的一条重要规律。供求规律表现为供给与需求之间的关系，这种关系是供给总是追随需求。但是在商品经济条件下，供给不是大于需求就是需求大于供给，二者很难正好相等。然而，供给不能过久、过多地大于或小于需求。从发展趋势看，供给量与需求量是大致相等。

供求规律通过对供需双方力量的调节达到市场均衡，从而决定均衡价格。就一般商品而言，其价格的形成直接取决于市场供需状况。但是，在保险市场上的商品价格即保险费并不完全取决于市场供求的力量对比。保险市场保险费率的形成，一方面取决于风险发生的频率，另一方面取决于保险商品的供求情况。汽车保险的费率也是如此。因此，保险市场的保险费不是完全由市场供求情况决定的，而需要由专门的精算技术确定。尽管保险费的确定需要考虑供求情况，但是供求本身并不是确立保险费的主要因素。

（3）竞争规律。

竞争包括供给者之间的竞争、需求者之间的竞争以及供求之间的竞争。在竞争过程中，优胜劣汰。竞争的结果，是供给和需求、社会生产和社会消费总是在相互脱离又相互一致的两种状态间运动。但从总的趋势看，二者是趋向平衡的。

价格竞争是任何市场的重要特征。一般的商品竞争，就其手段而言，价格是最有利的竞争手段。而在保险市场上，由于交易的对象与风险直接相关，使得保险商品费率的形成并不完全取决于供求力量的对比，相反风险发生的频率即保险金额损失率才是决定费率的主要因素，因此，一般商品价格竞争机制，在保险市场受到了某种程度的限制。

随着社会的进步，人们对于竞争已经有了较为理性的认识，市场竞争已从单纯的价格竞争转变为服务等非价格竞争。

5）保险市场功能

保险市场的功能主要包括：

（1）合理安排风险，维护社会稳定的功能。保险市场通过保险商品交易合理分散风险，提供经济补偿，在维护社会稳定方面发挥着积极的作用。

（2）聚集、调节资金，优化资源配置的功能。保险资金收入和支出之间有一个时间差，保险市场通过保险交易对资金进行再分配，从而充分发挥资金的时间，为国民经济的发展提供动力。

（3）实现均衡消费，提高人民生活水平的功能。保险市场为减轻居民消费的后顾之忧提供了便利，使之能够妥善安排生命期间的消费，提升人民生活的整体水平。

（4）促进科技进步，推动社会发展的功能。保险市场运用科学的风险管理技术，为社会的高新技术风险提供保障，由此促进新技术的推广应用，加快科技现代化的发展进程。

6）保险市场模式

（1）完全竞争模式。

完全竞争型保险市场的市场份额是由众多规模相对偏小的保险公司共享的市场模式，资源自由流动，但公司利润微薄。保险市场上存在数量众多的保险公司，任何公司都可以自由进入保险市场，它们对市场的信息充分了解，市场实行完全开放政策，保险公司数量没有严格规定，公司数量由市场自行调节，市场秩序没有保证。很显然，自由竞争型的保险市场在当今已经不具有任何现实性，没有一个国家、一个地区的保险市场是自由竞争型。因此，这种保险市场模式只具有理论上的研究价值，而无任何现实意义。

（2）完全垄断模式。

完全垄断型保险市场模式又称独家垄断型模式。它是指在一个保险市场上只有数个保险公司垄断所有保险业务，保险市场上没有竞争。完全垄断型保险市场上的保险是国有保险公司，也可以是私营保险公司。在实践中，完全垄断型保险市场模式有两种变通形式：一种是专业型完全垄断模式，即在一个保险市场上同时存在两家或两家以上的保险公司，各个保险公司垄断不同的保险业务，相互间业务不交叉，从而保持完全垄断模式的基本性质；另一种是地区型完全垄断模式，即在一个保险市场上存在两家或两家以上的保险公司，它们分别垄断不同地区的保险业务，相互间业务没有交叉。完全垄断型保险市场模式目前在世界几乎不复存在。

（3）垄断竞争模式。

垄断竞争模式指在一个保险市场上存在大量的保险公司，并且大型公司与小型公司并存，少量大型保险公司占有大量市场份额的保险市场模式。以大、小保险公司混合存在的垄断竞争型模式则较为普遍，如美国和以英国为主的大多数欧洲国家都采用这一模式，1998年德国、英国、美国前10家非寿险公司的市场份额分别为59%、55%、45%，至于寿险市场，则集中度更高。

（4）寡头垄断模式。

寡头垄断型保险市场，是指在一个保险市场上，只存在少数相互竞争的保险公司。在这种模式的市场中，保险业经营依然以市场为基础，但保险市场具有较高的垄断程度，保险市场上的竞争是国内保险垄断企业之间的竞争，形成相对封闭的国内保险市场。这种保险市场模式有一个十分明显的特点，即国家保险监管机关对市场规模控制得非常严格，新公司难以进入市场，保险市场的结构较为稳定。近年来，我国保险公司的数量明显增加，这说明我国多主体的市场格局虽然已基本形成，但市场结构属于寡头垄断型市场。

7）保险市场营销模式

保险市场营销是指保险人为了充分满足保险市场上存在的风险保障需求而开展的总体和系统性的活动，具体包括保险市场的调查和预测、保险市场营销分析、投保人行为研究、新险种开发、保险营销渠道选择、保险商品推销以及售后服务等一系列活动。

保险市场营销模式是指保险公司获得业务的渠道和模式。各家保险公司可以根据本公司的具体情况和市场特点，选择市场营销模式。

（1）直接业务模式。直接业务模式是指保险公司利用自己的职工进行市场营销获得业务的模式。这种模式可以通过保险公司的员工拜访客户，或是接待客户上门获得业务，或是采用电话营销。

（2）代理业务模式。代理业务模式是指保险公司通过其代理人，包括专业代理人、兼业代理人和个人代理人等渠道获得业务。

（3）经纪人业务模式。经纪人业务模式是指保险公司通过经纪人或经纪公司的渠道获得业务。

2. 汽车保险市场的地位

汽车保险在保险市场中有其特殊性，不应该将其简单地视为一种普通的经济合同，它对于人们生产和生活的影响已经超出了合同双方的范围，而成为一种具有一定意义的经济制度。

汽车保险在保险市场中地位的认识，是指导这一业务健康发展的关键，应当明确汽车保险在保险市场，特别是在财产保险市场中的重要地位，这种重要地位体现在以下几方面：

（1）被保险人具有广泛性。汽车保险不再是以企业和单位为主要对象的业务，而逐步发展成为以个人为主要对象的业务，汽车保险正在成为与人们生活息息相关的一种保险。

（2）汽车保险，尤其是第三者责任保险，在稳定社会关系和维护社会秩序方面的特殊作用，使其从合同双方的单一经济活动，逐渐上升成为社会法制体系的一个重要组成部分。

（3）与其他保险不同，汽车保险的出险率高，保险人的理赔技术和服务将成为一个十分突出的问题,并将直接影响保险业的健康发展。

(4)汽车保险业务在财产保险市场所占的比例已经对整个市场起到了"举足轻重"的作用,无论是从保险公司经营管理的角度,还是从监管部门对于市场的监督与管理的角度,汽车保险均具有突出的地位。

1.5.3 汽车保险的营销

1.汽车保险经营状况

2000 年以来,我国汽车保险(简称车险)保险费占财产险保险费收入的比重一直维持在 60% 以上,车险市场的发展状况对财产保险市场起着举足轻重的作用。

2001 年以来,车险市场赔付率增大速度远远大于保险费收入的增长速度,导致保险公司的赔付压力过大,盈利水平下降。营运车辆的高赔付,是车险赔付率高的主要原因。长期以来,营运车辆的赔付率都在80%左右,出租车赔付率几乎达到100%,5~10t 载货汽车赔付率超过150%,10t 以上载货汽车赔付率在 200% 左右。2003 年是国内汽车保险费率市场化的改革年,当年汽车保险费约 545 亿元,但汽车保险经营几乎是行业性亏损;2004 年是汽车保险价格理性回归年,实现汽车保险保费 750 亿元,各家公司汽车保险赔付状况稍有好转;2007~2011 年车险保费收入逐年迅速增长,特别是 2011 年比上一年增长了 34%。这与中国汽车工业的快速发展密不可分。横向来看车辆保险,在财产保险中有着明显的重要地位。其保费收入近 5 年来一直维持在财产保险的 65% 以上。尤其是 2011 年达到了 72%。由此可见车辆保险在财产保险中占据重要地位。

2.汽车保险经营的创新

自 2003 年 1 月 1 日实行汽车保险费率市场化改革以来,国内汽车保险产品呈现百花齐放的局面,各家公司纷纷推出个性化的汽车保险产品。但仔细研究后就会发现,真正具有较强个性特色、市场拓展的前瞻性和市场效益较好的汽车保险产品不是很多,更多的是产品责任和费率结构的雷同,因此,面对市场竞争的不断加剧,对于国内经营汽车保险的产险公司来说,不断开发个性化的汽车保险产品仍然是汽车保险经营创新的重要任务。

对于具体的汽车保险产品创新,建议完善产品的研究、开发、创新机制,坚持引进和消化、吸收、创新相结合,在现有汽车保险经营数据的基础上,结合即将推出的第三者强制保险,设计独特合理的条款,厘定科学公平的费率,力争形成汽车保险产品系列化、系统化和规模化。

1)汽车保险产品责任的创新

目前,汽车保险责任的创新有两个途径:一个是扩展,一个是细分。鉴于当前国内汽车保险产品涵盖的责任比较广泛,单纯汽车保险本身的责任扩展已经不会有很大潜力,只需要一些局部的完善即可。例如是否可以考虑对非专人驾驶提供附加保险,是否可以提供间接损失保障,另外在事故赔偿的额度方面也可以提供多种方式。

从细分的途径来看,有不少值得思考的地方:其一,目前这种"大包大揽"式的产品的直接后果就是产品组合的单一,由于少数产品就可以涵盖几乎全部的责任,这样保险公司创新组合的动力就会降低;其二,某些责任可以考虑拆分,例如在车损险主险中的"雷击、暴风、龙卷风、暴雨、洪水、海啸、地陷、冰陷、崖崩、雪崩、雹灾、泥石流、滑坡"等责任条款,可否根据不同的地理环境进行有选择地剔除,这样可以减少保户实际上并不需要的保障,适当降低费率,有利于产品的销售;其三,应该考虑不同层次、不同特点客户的需求,制定更加细致的保障责任,如开发经济型和豪华型条款和费率适应低高端客户的需要。

2)设计科学的费率体系

国内现有汽车保险费率体系大多根据"从车、从人、从用"原则,考虑是否为续保业务、销售渠道来源、车龄、行驶区域、有无防盗装置、有无固定停放场所、驾驶员、绝对免赔率、绝对免赔额等各种因素,采用基准费率和浮动费率模式。怎样博采众长,并借用国外先进经验,运用精算技术和经营数据,准确估算保额损失率、责任准备金、未决赔款准备金和经营费用,设计出既操作灵活又便于管理、既通俗易懂又科学严谨,具有很好的适应性、可塑性和精确性的费率体系显然是产品定价必须认真思考的问题。

3)汽车保险单证的创新

传统的车险保单为单期保单,保险合同期间通常为一年,需要不断年复一年地续保。这为保险人控制承保风险带来了一定的好处,但也存在着很多弊端。可以从以下几个方面考虑,将单期保单转为复式保单。

(1)单期保单操作烦琐。这种年复一年的续保,保单责任方面几乎没有任何改动,但是每次都需要投保方出示大量的证件、证明,对投保方来说费时费力。

(2)单期保单增大保险公司管理成本。每年的续保,都需要保险公司花费大量人力物力来进行,这大大提高了保险公司的管理成本,降低了保险公司的利润。

(3)将单期保单转为复式保单,仍可以采用其他方式来合理地控制承保风险,如免赔或无赔款优待等。

4)将车险与家财险捆绑销售

从公司经营的角度考虑,目前车险需求量很大,但是几乎处于全行业亏损的境地;而家财险的保费收入并不大,却可以给保险公司带来一定的利润。如果将两者结合起来,则可以达到一种相互补充,既能提高家财险在财产保险中的份额,又能弥补车险给公司带来的亏损。对于两者的销售方式,则可以采用组合销售的方式。例如,购买一定险别的车险,可以搭售一定保额的家财险,而且在费率上给予一定的优惠。

从保户的角度考虑,对于个人保户来说,拥有私家车的个人家庭经济状况一般比较好,在我国,汽车还基本属于奢侈品的范畴,一般还是先有房后有车,因此这些保户的家庭财产安全也是至关重要的,这些人对家财险的潜在需求是很大的。通过这样一种搭配方式,既可以得到车辆的保障,又能同时得到对家庭财产的保障。

5)将车险与寿险相结合

车险与寿险的结合,主要是从信息共享的角度来考虑。随着我国国民生活水平的提高,拥有私家车的家庭也会越来越多,形成一个大的"驾驶人"群体。从死亡率的角度来考虑,经常驾车的人的死亡率比不经常驾车的人的死亡率要高。车险产品通过承保、理赔会不断积累被保险人的个人信息及出险状况,这可以为寿险公司提供"驾驶人"群体的死亡、伤残数据,有利于寿险公司调整保险责任和费率;同时,寿险公司也可以提供被保险人的个人信息、健康状况等资料,为车险产品的核保提供方便。

另一方面,可以考虑在寿险的基础上附加车险"因素"。例如,可以在责任中加入"如果由于交通事故死亡,可以支付额外的保险金",也可以采用在投保人寿保险的同时可以低价投保车险的办法来吸引客户,增加保费收入。

6)将车险与投资相结合

将车险与投资相结合,可以使得保户在得到车辆保障的同时,获得投资收益,这也有助于保险公司吸引客户。但是需要注意以下问题:

(1)具有一定的需求。个人保户基本上属于高收入阶层,对投资收益的追求一定不在少数,在车险中加入投资因素,正好可以满足这些人的投资需求。

(2)需要考虑保单的长度。一般公认的观点是:具有投资功能的保单,要求具有长期性,而目前车险市场上的产品几乎全部为短期险种,这就限制了投资与车险的结合。为解决这个问题,需要将车险保单由单期保单向复式保单转变。

(3)需要考虑车辆的使用寿命。由于汽车到期报废,车险责任终结,保单的长期投资就不能得到保障。针对这个问题,可以考虑增加适当的条款来解决,例如,可以在合同中注明,在车辆报废后,只有重新购买机动车辆,并适当调整保费后,投资账户才能继续有效,否则扣除一部分费用后,退还投资账户价值。

(4)考虑短期投资。不改变保单长度,而将其同短期投资账户结合,不保证最低收益,一年一结算。如果当期期满仍继续投保的保户,可以给予适当优惠。

7)在服务中考虑投保人独特的需求

当前的车险经营仍然属于粗放型,没有从人性化的角度考虑少数人的需求。在与汽车保险相关的领域,保险公司同样可以提供服务。

例如购车服务,由于保险公司掌握大量的车损数据,因此购车者可以到保险公司咨询,掌握相关的车辆损毁原因,车辆的安全性能等多方面的信息,帮助购车者买到称心如意的车辆,同时也可借此机会,销售公司的车险产品。

再如路况信息服务。保险公司实行差别化费率,在各个不同的地区费率是不同的。只有充分了解当地的路况、气候、自然条件的情况,才能在此基础上制定相关的系数。而保险公司可以凭借其对各地区路况、气候、自然条件的了解,为到外地行车的驾驶人提供相关服务。

3.汽车保险发展方向

1)险种多元化

我国地域辽阔,保险产品的需求在不同地区、不同环境、不同类型的消费者中有着较大的差异,为满足不同需求,需推进险种多元化车险。

险种多元化可主要针对特种车辆展开,如消防车、吊车、救护车、公交车、农林专用车等,专门针对特种车中的某类开发合适的险种;也可针对特殊行业,如车行、修理厂、汽车制造厂、驾驶学校等经营户,开发专门适合他们自身风险特征的保险产品。

2)费率合理化

目前,我国对车险费率的监管政策仍处于不断调整过程中,总体方向是引导保险公司之间展开理性竞争,推进费率进一步合理化。

另外,我国虽然在费率管理模式上已由从车费率模式逐步转变到从车和从人相结合的费率模式,但考虑人的因素非常简单,一般只考虑驾驶人的年龄、性别、驾龄等因素,而对其他因素还应制定风险修正系数。从发展趋势看,应增加对驾驶人的因素考虑,同时合理拉开不同人员的费率档次,以进一步促进费率的人性化、合理化。

3)无赔款优待明显

无赔款优待制度是汽车保险业中所特有的制度,其目的是解决由于风险的不均匀分布使保险费与实际损失相联系的问题,使保险人实际收取的保费能够更加真实地反映风险的实际情况,充分体现了经营中对于风险个性特征的考虑。

由于汽车风险受驾驶人员主观影响程度较大,因此在汽车保险中应用无赔款优待制度具有明显的优越性。主要表现为:一是可以使保险人收取的保险费更接近于真正单一和均匀的风险;二是可以鼓励被保险人增强安全意识,谨慎驾驶,以减少交通事故;三是可以使被保险人在损失小于折扣额时不会报案,可以减少保险人小额赔偿的处理成本和管理费用。因此,在各国的汽车业务中均采用了无赔款优待制度。

4)营销电子化

随着计算机网络的普及以及电子商务的流行,保险可以最大限度地发挥网络优势,促进市场营销电子化,扩大客户群和业务量。网络保险作为一种全新模式,具有成本低、业务时间和空间不受约束的优点。由于汽车保险的风险较为规范,相应的保险产品及其定价也较为清晰明了,这些特点为车险开展营销电子化提供了有利条件。

本章小结

本章主要内容包括风险与风险管理、保险概述、汽车保险、汽车保险原则、汽车保险的市场与营销等内容。

下列的总体概要覆盖了本章的主要学习内容,可以利用以下线索对所学内容进行一次简要的回顾,以便归纳、总结和关联相应的知识点。

1. 风险与风险管理

介绍了风险的基本概念及特性、风险管理的常用方法等。

2. 保险概述

介绍了保险的起源与发展、保险的基本概念等。

3. 汽车保险

介绍了汽车保险的含义及种类、汽车保险的特点、汽车保险原则、汽车保险的职能和作用。

4. 汽车保险原则

介绍了保险与防灾减损相结合的原则、最大诚信原则、保险利益原则、损失补偿原则和近因原则等内容。

5. 汽车保险的市场与营销

介绍了汽车保险的市场与营销、汽车保险的发展、汽车保险市场、汽车保险的营销。

自测题

一、单项选择题(下列各题的备选答案中,只有一个选项是正确的,请把正确答案的序号填写在括号内)

1.在财产保险中,对于重复保险的损失赔偿实行损失分摊原则,对于不足额保险实行比例赔付原则,它体现财产保险的(   )。

A.有偿性   B.无偿性

C.给付性   D.补偿性

2.合理的施救、保护费用的最高赔偿金额为(   )。

A.保险车辆的市场价值   B.保险车辆的投保金额

C.保险车辆的保险价值   D.保险车辆的保险金额

3.在下列各种保险方式中,适用损失补偿原则的是(   )。

A.定值保险   B.重置价值保险

C.不定值保险   D.人身保险

4.保险损失的近因,是指在保险事故发生时(   )。

A.时间上最接近损失的原因   B.引起损失发生的第一个原因

C.空间上最接近损失的原因   D.最直接、起主导和支配作用的原因

5.投保人将市价为 150 万元的财产同时向甲、乙两家保险公司投保,保险金额分别为 50 万元和 150 万元,若一次保险事故造成实际损失为 80 万元,则按照比例责任分摊原则,甲、乙两家保险公司应分别承担的赔款是(   )。

A.20 万元和 60 万元   B.30 万元和 50 万元

C.40 万元和 40 万元   D.60 万元和 20 万元

二、判断题(在括号内正确的打√、错误的打×)

1.可保风险应具备的条件风险不一定是纯粹风险。   (   )

2.风险必须具有现实的可测性,这是保险公司能够经营风险、立定费率的基础。(   )

3.我国在费率管理模式上是从车费率模式。   (   )

4.权利代位是指在财产保险中,保险标的由于第三者责任导致保险损失,保险人向被保险人支付保险赔款后,依法取得对第三者的索赔权。   (   )

三、简答题

1.风险的定义和构成要素有哪些?

2.保险有哪些特征?

3.汽车保险的含义是什么?汽车保险有哪些作用?

4.简述汽车保险的基本原则及其含义。

第2章　汽车保险合同

导言

本章主要介绍了汽车保险合同概述、汽车保险合同的主体、客体和内容、汽车保险合同的一般性法律规定等内容。通过本章内容的学习,力求使学生掌握汽车保险合同的主体和客体、汽车保险合同的一般性法律规定、理解汽车保险合同的含义和特征等知识,为继续学习相关章节打下坚实的基础。

学习目标

1.认知目标

(1)掌握汽车保险合同的主体和客体。

(2)掌握汽车保险合同的一般性法律规定。

(3)理解汽车保险合同的含义和特征。

2.技能目标

(1)能够识别汽车保险合同的主体和客体。

(2)能够解释汽车保险合同的一般性法律规定。

(3)能够识别汽车保险合同的含义和特征。

(4)熟悉汽车保险合同的签订与变更的要求。

(5)熟悉汽车保险合同的解除与终止的条件。

3.情感目标

(1)培养学生对汽车保险的学习兴趣。

(2)发挥自主学习的能力和团队合作精神,养成良好的工作作风。

(3)能在能快速辨别不同形式的保险合同并进行案例分析。

2.1　汽车保险合同概述

2.1.1　汽车保险合同的含义

保险合同,是保险人与投保人双方经过要约和承诺程序,在自愿基础上订立的一种在法律上具有约束力的协议。即根据当事人双方约定,投保人向保险人缴纳保险费,保险人在保险标的遭受约定的事故时,承担经济补偿或给付保险金的一种经济行为。

保险合同按保险人承担的责任,可将其分为财产保险合同和人身保险合同。财产保险合同是以财产及其有关利益为保险标的的保险合同。人身保险合同是以人的寿命和身体为保险 标的的保险合同。财产保险合同与人身保险合同的最大区别在于各自的保险标的不同。

汽车保险合同是财产保险合同的一种,是指以汽车及其有关利益作为保险标的的保险合同。由于汽车保险业务在财产保险公司的所有业务中占据绝对地位,因而汽车保险合同是财产保险公司经营过程中的重要合同。

2.1.2　汽车保险合同的特征

1. 汽车保险合同是当事人双方的一种法律行为

汽车保险合同是投保人提出保险要求,经保险人同意,并双方意见一致才告成立。汽车保险合同是双方当事人在社会地位平等的基础上产生的一项经济活动,是双方当事人平等、等价的一项民事法律行为。

2. 汽车保险合同是有偿合同

汽车保险合同的生效是以投保人缴纳保险费为条件,换句话说是以缴纳保险费为换取保险人承担危险的代价。

3. 汽车保险合同是射幸合同

射幸合同是相对于"等价合同"而言的,通俗地讲,射幸合同是一种不等价合同,也就是说,由于汽车保险事故发生的频率及损失发生率的不确定性,倘若发生了汽车保险事故,对单个的被保险人而言,他获得的汽车保险赔款,远远大于他所缴纳的保险费;倘若没有发生汽车保险事故,被保险人虽然缴纳了保险费,仍然不能得到保险赔款。但是从全体被保险人的整体来观察,保险费的总和总是与汽车保险赔款支出趋于一致,所以从汽车保险关系的整体上看,这种合同内容的有偿交换却是等价的。汽车保险合同的这种在特定条件下的等价与不等价特征,我们将之称为汽车保险合同的射幸性。

4. 汽车保险合同是最大诚信合同

任何合同的订立,都应本着诚实、信用的原则。汽车保险合同自投保人正式向保险人提出签订合同的要约后,就必须将汽车保险合同中规定的要素如实告知保险人,这一点是所有投保汽车保险的投保人应当明白的规则。因为作为保险人的保险公司如果发现投保人对汽车本身的主要危险情况没有告知、隐瞒或者做错误告知,即便汽车保险合同已经生效,保险人也有权不负赔偿责任。汽车保险合同的诚信原则不仅是针对投保人而言的,也是针对保险人而言的。也就是说,汽车保险合同双方当事人都应共同遵守诚信原则。作为投保人,应当将汽车本身的情况,如是否是营运车、是否重复保险等情况如实告知保险人,或者如实回答保险公司提出的问题,不得隐瞒;而保险人也应将保险合同的内容及特别约定事项、免赔责任如实向投保人进行解释,不得误导或引诱投保人参加汽车保险。因此,最大诚信原则对投保人与保险人是同样适用的。

5.汽车保险合同是对人的合同

在汽车保险中,保险车辆的过户、转让或者出售,必须事先通知保险人,经保险人同意并将保险单或保证凭证批改后方可有效,否则从保险车辆过户、转让、出售时起,保险责任即行终止。保险车辆的过户、转让、出售行为是其所有权的转移,必然带来被保险人的变更,而过户、转让或者出售汽车的原被保险人在其投保前已经履行了告知义务,承担了支付保险费等义务,保险人对其资信情况也有一定了解,如果被保险人的汽车发生所有权转移,势必导致保险人对新的车辆所有者的资信情况一无所知。众所周知,在汽车保险中保险事故的发生,除了客观自然因素外,还与投保人、被保险人的责任心及道德品质有关,倘若汽车新的所有者妄想以保险图取索赔,那么汽车保险事故就成为一种必然危险。因此保险车辆的所有权转移行为必须通知保险人,否则,保险人有据此解除保险合同关系的权利。

6.汽车保险合同是双务合同

双务合同是指合同当事人双方互相承担义务、互相享有权利。投保人承担缴纳保险费义务,保险人承担约定事故出现后的赔款义务;投保人或被保险人在约定事故发生后有权向保险人索赔,而保险人也有权要求投保人缴纳保险费。

2.2 汽车保险合同的主体、客体和内容

2.2.1 汽车保险合同的主体

所谓汽车保险合同的主体是指具有权利能力和行为能力的保险关系双方,包括当事人、关系人和社会中介组织三方面内容。

与汽车保险合同订立直接发生关系的是保险合同的当事人,包括保险人和投保人;与汽车保险合同间接发生关系是合同的关系人,它仅指被保险人。由于在保险业务中涉及的面较广,通常存在社会中介组织,如保险代理人、经纪人、公估人等。

1.汽车保险合同的当事人

汽车保险合同的当事人包括保险人和投保人。所谓保险人是指与投保人订立汽车保险合同,对于合同约定的可能发生的事故因其发生造成汽车本身损失及其他损失承担赔偿责任的财产保险公司。投保人是指与保险人(即保险公司)订立保险合同,并按照保险合同负有缴纳保险费义务的人。作为汽车保险合同当事人之一的保险人有权决定是否承保,有权要求投保人履行如实告知义务,有权代位追偿、处理赔偿后损余物资。同时也有按规定及时赔偿的义务。

投保人必须对汽车具有可保利益,也就是说,汽车的损毁或失窃,都将影响投保人的利益。换句话讲,可保利益是指投保人对保险标的具有法律上承认的利益。同时,投保人要向保险人申请订立保险合同,并负有缴纳保险费义务。投保汽车保险应具备下列3个条件:

(1)投保人是具有权利能力和行为能力的自然人或法人,反之,不能作为投保人。

(2)投保人对汽车具有利害关系,存在可保利益。

（3）投保人负有缴纳保险费的义务。

2. 汽车保险合同的关系人

在财产保险合同中，合同的关系人仅仅指被保险人，而人身保险合同中的关系人除了被保险人外，还有受益人。通常被保险人是一个，而受益人可以为多个。汽车保险合同是财产保险合同的一种，应当具有财产保险合同的一般特征，因而，汽车保险合同的关系人是被保险人。

所谓被保险人是指其财产或者人身受保险合同保障，享有保险金请求权的人。被保险人是因保险事故发生而遭受损失的人，在汽车保险合同中，被保险人是保险标的即保险车辆的所有人或具有利益的人。被保险人是享有赔偿请求权的人。因为被保险人是保险事故发生而遭受损失的人，所以享有赔偿请求的权利，投保人不享有赔偿请求的权利。

投保人与被保险人的相等关系。在汽车保险中，投保人以自己的汽车投保，投保人同时也就是被保险人。

投保人与被保险人的不相等关系。投保人以他人的汽车投保，保险合同一经成立，投保人与被保险人分属两者。在这种情况下，要求投保人对于被保险人的财产损失具有直接的或间接的利益关系。

3. 中介组织

由于汽车保险在承保与理赔中涉及的面广，中间环节较多，因而在汽车保险合同成立及其理赔过程中存在众多的社会中介组织，如保险代理人、保险经纪人、保险公估行等。

2.2.2　汽车保险合同的客体

保险标的是指作为保险对象的财产及其有关利益或者人的寿命和身体，它是保险合同双方当事人权利与义务所指的对象。在财产保险合同中，保险标的是指财产本身或与财产相关的利益与责任；人身保险合同的保险标的是指人的生命或身体。

汽车保险合同的保险标的是指汽车及其相关利益。投保人与保险人订立汽车保险合同的主要目的不是保障保险标的不发生损失，而是保障汽车发生损失后的补偿。因此保险人保障的是被保险人对保险标的所具有的利益，即保险利益。

保险利益是汽车保险合同的客体。汽车保险利益是指投保人对汽车所产生的实际或法律上的利益，如果这种利益丧失将使之蒙受经济损失。

1. 汽车保险利益的特点

（1）汽车保险利益是投保人对汽车具有经济上的价值。

（2）汽车保险利益得到法律上所允许或承认。

（3）汽车保险利益是能够用货币进行估价或约定的。

2. 汽车保险利益的表现形式

汽车保险利益具体表现在财产利益、收益利益、责任利益与费用利益4个方面。

（1）财产利益包括汽车的所有利益、占有利益、抵押利益、留置利益、担保利益及债权利益。

（2）收益利益包括对汽车的期待利益、营运收入利益、租金利益等。

（3）责任利益包括汽车的民事损害赔偿责任利益。

（4）费用利益是指施救费用利益及救助费用利益等内容。

2.2.3　汽车保险合同的内容

汽车保险合同的内容主要用来规定保险关系双方当事人所享有的权利和承担的义务，它通过保险条款使这种权利义务具体化，包括基本条款和附加条款。

基本条款是汽车保险合同中不可缺少的条款，没有基本条款也就没有汽车保险合同。基本条款中包括以下内容：保险人名称和住所、投保人及被保险人名称和住所、保险标的、保险责任和责任免除、保险期限和保险责任开始时间、保险价值、保险金额、保险费、保险赔偿办法、违约责任和争议处理等内容。上述内容构成了汽车保险合同的基本条款。

附加条款是按投保人的要求而增加承保危险的条款。相当于扩大了承保范围，满足部分投保人的特殊要求。

在汽车保险的具体实务工作中，汽车保险合同主要有以下几种形式。

1. 投保单

汽车保险投保单又称"要保单"或者称为"投保申请书"，是投保人申请保险的一种书面形式。通常，投保单由保险人事先设计并印制，上面列明了保险合同的具体内容，投保人只需在投保单上按列明的项目逐项填写即可。投保人填写好投保单后，保险人审核同意签章承保，这意味保险人接受了投保人的书面要约，说明汽车保险合同已告成立。

汽车投保单的主要内容包括：①被保险人、投保人的名称；②保险车辆的名称；③投保的险别；④保险金额；⑤保险期限等内容。上述投保单的内容经保险人签章后，保险合同即告成立，保险人按照约定的时间开始承担保险责任。在保险双方当事人约定的时间后，保险人仍未签发保险单，投保单仍具法律效力。

2. 暂保单

暂保单是保险人出立正式保单以前签发的临时保险合同，用以证明保险人同意承保。暂保单的内容较为简单，仅包括保险标的、保险责任、保险金额以及保险关系当事人的权利义务等。

暂保单具有与正式保单同等的法律效力。同正式保单相比，暂保单的内容相对简单、保险期限短，可由保险人或兼业保险代理机构签发；而正式保单尽管法律效力与暂保单相同，但其内容较为复杂，保险期限通常为一年，保险单只能由保险人签发。

3. 保险单

保险单简称"保单"，是保险人和投保人之间订立保险合同的正式书面凭证。它根据汽车投保人申请，在保险合同成立之后，由保险人向投保人签发。保险单上列明了保险合同的所有内容，它是保险双方当事人确定权利、义务和在发生保险事故遭受经济损失后，被保险人向保险人索赔的重要依据。

4. 保险凭证

保险凭证是保险人发给被保险人证明保险合同已经订立的一种凭证，它也是保险合同的一种存在形式。凡凭证没有记载的内容,均以同类险种的保险单为准,是一种简化的保险单。

在汽车保险业务中,保险人除签发保险单外,还需出立保险凭证,用以证明被保险人已经投保汽车损失险及第三者责任险,便于交通事故的处理。

5. 批单

批单是更改保险合同某些内容的更改说明书。在汽车保险业务的过程中,往往涉及车辆过户、转让、出售等变更车辆所有权的行为,因而也带来汽车保险单中的某些要素如被保险人发生变更;或者保险金额、保险期限等内容变更,这些变更内容需要用某种形式将其记载下来,或者重新出具保险单。但是在实际业务中,这样的变更行为是非常烦琐的,因而重新出具保险单往往成了一种烦琐的工作,批单的出现及广泛使用便成为顺理成章的事情。投保人或被保险人在保险有效期内如果需要对保单内容作部分更改,需向保险人提出申请,保险人如同意更改则批改的内容在保单或保险凭证上批注或附贴便条。凡经批改过的内容均以批单为准,批单是保险单中的一个重要组成部分。

6. 书面协议

保险人经与投保人协商同意,可将双方约定的承保内容及彼此的权利义务关系以书面协议形式明确下来。这种书面协议也是保险合同的一种形式。同正式保单相比,书面协议的内容不事先拟订,而是根据保险关系双方当事人协商一致的结果来签订,具有较大的灵活性和针对性,是一种不固定格式的保险单,因而它与保险单具有同等法律效力。

2.3　汽车保险合同的一般性法律规定

2.3.1　汽车保险合同的签订与变更

1. 汽车保险合同的订立

汽车保险合同的订立是指被保险人与保险人就汽车保险合同的内容进行协商,达成一致的过程。其实务操作过程一般包括:投保、核保、保险单证缮制与签发、保险单证清分与归类等环节。详见第 5 章。

保险合同必须经过投保人提出要求和保险人同意两个阶段,这两个阶段即合同实践中的要约与承诺。

1) 要约

要约又称"提议",它是指当事人一方以订立合同为目的而向对方作出的意思表示。有效的要约应具备三个条件:

(1)要约须明确表示订约愿望。

(2)要约须具备合同的主要内容。

(3)要约在其有效期内对要约人具有约束力。

2）承诺

承诺，又称"接受订约提议"，是承诺人向要约人表示同意与其缔结合同的意思表示。承诺的人称为承诺人或受约人。承诺满足下列条件时有效：

（1）承诺不能附带任何条件，是对要约的完全接受。

（2）承诺须由受约人本人或其合法代理人作出。

（3）承诺须在要约的有效期内作出。

保险合同的承诺又称承保，通常由保险人或其代理人作出。

2. 汽车保险合同的生效

保险合同的生效是指保险合同对当事人双方发生约束力，即合同条款产生法律效力。保险合同的生效与成立的时间不一定一致。保险合同双方当事人可以对合同的效力约定附生效条件或附生效期限。保险合同多为附条件合同。

保险合同的有效是指保险合同是由当事人双方依法订立，并受国家法律保护。中国人民财产保险公司在家庭自用汽车损失保险的条款中明确规定："投保人应当在本保险合同成立时缴清保险费；保险费缴清前发生的保险事故，保险人不承担赔偿责任。"对于第三者责任保险以及非营业车辆和营业车辆损失保险虽然没有如此严格的规定，但是也规定："除另有约定外，投保人应当在保险合同成立时缴清保险费；保险费缴清前发生的保险事故，保险人不承担赔偿责任。"

平安财产保险公司规定："除保险合同另有约定外，投保人应在保险合同成立时一次缴清保险费。保险费缴清前发生的保险事故，保险人不承担保险责任。"

太平洋财产保险公司规定："除本保险合同另有约定外，投保人应在保险合同成立时一次缴清保险费。保险费缴清前发生的保险事故，保险人不承担保险责任。"

我国保险公司普遍推行"零时起保制"，把保险合同生效的时间放在合同成立日的次日零时，所以保险合同的成立和生效时间往往不一致。保险合同生效前发生的保险事故，保险人一般不承担保险责任，这一做法容易引发纠纷。对此，保监会于2009年3月25日下发了《关于加强机动车交强险承保工作管理的通知》，规定以后投保人购买交强险可享受"即时生效"的政策，不必担心在投保生效前发生事故。

3. 汽车保险合同的变更

保险合同的变更是指在保险合同的有效期内，当事人根据主、客观情况的变化，依据法律规定的条件和程序，在协商一致的基础上，对保险合同的某些条款进行修改或补充。我国《保险法》第二十条规定："投保人和保险人可以协商变更合同内容。变更保险合同的，应当由保险人在保险单或者其他保险凭证上批注或者附贴批单，或者由投保人和保险人订立变更的书面协议。"

在车险实务中，应根据《机动车辆保险监制单证管理办法》第十三条的规定："保险单签发后，内容如需变更，应使用机动车辆保险批单。"

4. 合同主体变更

1）保险人变更

通常情况下，保险人是不会变更的。但在特殊情况下，例如保险人破产、被责令停业、公司合并或分立时,也有可能会导致保险人的变更。这种情况,为了维护被保险人的权益,各国都制定了相关法律严格保险人的准入制度,加强日常管理和监督,必要时由政府出面协调保险合同的转移以保证被保险人的利益。

2)投保人变更

由于汽车保险合同属于短期合同(一般为一年),且多为一次性缴足保险费,所以汽车保险合同中一般不会出现变更投保人的情况。但在人身保险合同中,由于合同期限较长,保险费一般分多年缴纳,可能会出现投保人死亡或不愿继续承担缴费义务的情况,所以会出现为使保险合同继续而有效变更投保人的情况。

3)被保险人变更

变更被保险人的情况在汽车保险合同中经常出现。由于目前我国二手汽车市场的繁荣,随着车辆的转让保险标的的所有权也发生转移,原被保险人已失去对保险标的的保险利益,被保险人必须变更为保险标的的新所有者。

5. 合同客体变更

保险合同的客体是保险利益,保险利益的载体是保险标的,因此,保险合同客体的变更是指在保险合同有效期内,投保人和保险人通过协商,变更保险标的的保险范围。在汽车保险合同中,保险标的出现数量增减、保险价值改变等导致保险利益明显变化时,被保险人应向保险人提出保险合同客体变更申请。

6. 合同内容变更

保险合同内容的变更是指在主体不变的情况下,改变合同中约定的当事人双方的权利和义务。

汽车保险中,合同内容变更常见的情况有:车辆用途改变、危险程度增加、扩大或缩小保险责任范围和条件、延长或缩短保险期限等,这些都会影响保险人所承担的风险大小,都会导致保险费的增减,所以必须变更保险合同内容。

7. 保险合同变更流程

保险车辆在保险期限内,发生变更事项,投保人应提出书面申请,办理变更手续,变更流程为授保人提出书面变更申请;然后保险人对原保险单和有关情况进行核对,按规定验车并提出处理意见,或是增加保险费或是减少保险费;最后保险人签发批单,合同变更生效。

2.3.2 汽车保险合同的解除与终止

1. 汽车保险合同的解除

投保人与保险人订立保险合同或在保险合同执行过程中,如果出现了某些特定情况,保险人、投保人或被保险人有权解除保险合同关系。这些特定情况包含以下几方面内容:

(1)投保人故意隐瞒事实,不履行如实告知义务的,或者因过失未履行如实告知义务,足以影响保险人决定是否同意承保或者提高保险费率的,保险人有权解除保险合同。投保人故意隐瞒事实,不履行如实告知义务,保险人不仅不承担保险合同解除之前的保险事故赔偿与给付责任,而且也不退还所缴保险费。因过失造成未向保险人如实告知的,保险人同样不承担在保险合同解除前发生保险事故的赔偿与给付责任,但可以退还所缴保险费。因为故意隐瞒与过失行为对投保人而言,其主观意愿有显著区别。

(2)投保人或被保险人未按照合同约定履行其对保险标的的安全应尽的责任,保险人有权解除保险合同。

(3)合同执行过程中,由于保险标的危险程度增加,被保险人应当及时通知保险人,否则,保险人有权解除保险合同。

(4)保险责任开始前,也就是说保险合同成立前,投保人可以要求解除合同。但是投保人应当向保险人支付手续费,保险人应当退还保险费。保险责任开始后,投保人也可以要求解除保险合同。不过,投保人应当支付自保险责任开始之日起至合同解除之日止期间的保险费,保险人退还投保人剩余保险费。除了上述几种情形外,保险人在保险合同成立后,不能解除保险合同;投保人可以解除保险合同。但是在货物运输保险合同和运输工具航程保险合同中,保险责任开始后,保险人、被保险人均不能解除保险合同。

2.汽车保险合同的终止

保险合同的终止是指保险合同双方当事人消灭保险合同确定的权利和义务的行为。合同终止后,保险合同当事人失去了原来享有的权利,同时也无需再履行其应承担的责任。导致保险合同终止的原因很多,除前面的保险合同解除会导致合同效力终止外,还包括以下几种情况:

(1)因期满而终止。保险合同因期限届满而终止,是最普遍、最基本的情况。保险合同签订后,虽然未发生任何保险事故,但如果合同的有效期已满,则保险人的保险责任亦告终止。

(2)因义务履行而终止。若保险期内发生保险事故,保险人依合同规定履行了赔付保险金的全部责任,即保险人完成了合同的全部义务,保险合同即告终止。这里的全部责任,是指发生了保险事故并且保险人按约定的保险金额进行了全部赔付。

(3)因当事人行使终止权而终止。当事人行使终止权是指保险标的部分受损,在保险人赔偿后,双方当事人都可终止合同的情况。我国《保险法》第五十八条规定:"保险标的发生部分损失的,自保险人赔偿之日起三十日内,投保人可以解除合同;除合同另有约定外,保险人也可以解除合同,但应当提前十五日通知投保人。合同解除的,保险人应当将保险标的未受损失部分的保险费,按照合同约定扣除自保险责任开始之日起至合同解除之日止应收的部分后,退还投保人。"

(4)因非保险事故造成保险标的全部灭失而导致保险合同终止。保险标的因非保险事故而灭失后,保险合同失去了保障对象,导致无法履行其责任,保险合同不得不终止。

3.《保险法》对汽车保险合同与保险业务的规定

汽车保险合同是保险合同的一种,《保险法》关于保险合同的一般规定,包括合同订立、变更、解除以及保险合同双方当事人的权利义务关系等基本内容对汽车保险合同的订立、变更等行为同样是适用的,这一点是毫无疑问的。不过,汽车保险业务活动毕竟与其他的具体险种合同行为存在差别,知道并掌握这些差别,对于正确投保汽车保险具有十分重要的意义。

　　(1)汽车的保险价值,可以由投保人和保险人约定并在保险合同中载明,也可以按照保险事故发生时,汽车的实际价值确定。投保汽车保险时,车辆损失险的保险金额不能超过保险价值,超过保险价值的,超过部分无效;保险金额低于保险价值,保险人按照保险金额与保险价值的比例承担赔偿责任。这就是说,汽车保险金额定得太高,超出了保险价值,多投保的那一部分,投保人也不能多得;如果保险金额定得太低,投保人的损失将得不到足额补偿。

　　(2)如果汽车的损毁因第三者造成的保险事故引起,保险人自向被保险人赔偿保险赔款之日起,在赔款金额范围内代位行使被保险人对第三者请求赔偿的权利。如果被保险人已经从第三者取得损害赔偿的,保险人在赔偿保险赔款时,可以相应扣减被保险人从第三者已取得的赔款金额。汽车的损毁是因第三者造成的事故引起,被保险人均不能放弃对第三者的请求赔偿权利。如果放弃了这种请求赔偿权利,这种行为不仅无效,而且保险人不承担赔偿保险金责任,或者保险人可以相应扣减保险赔偿金。在汽车保险实际业务中,被保险人碍于情面,或者认为反正有保险公司的赔偿,轻率地放弃对事故责任方的索赔权,而导致保险人拒赔或引发保险纠纷的事例,不胜枚举。因此,被保险人对《保险法》的内容不可等闲视之。

本章小结

　　本章主要内容包括汽车保险合同的含义和特征、汽车保险合同的主体、客体和内容、汽车保险合同的一般性法律规定等内容。

　　下列的总体概要覆盖了本章的主要学习内容,可以利用以下线索对所学内容进行一次简要的回顾,以便归纳、总结和关联相应的知识点。

　　1.汽车保险合同概述

　　介绍了汽车保险合同的含义和特征等。

　　2.汽车保险合同的主体、客体和内容

　　介绍了汽车保险合同的主体、客体和内容。

　　3.汽车保险合同的一般性法律规定

　　介绍了汽车保险合同的签订与变更、汽车保险合同的解除与终止。

自测题

　　一、单项选择题(下列各题的备选答案中,只有一个选项是正确的,请把正确答案的序号填写在括号内)

　　1.保险双方当事人协商修改和变更保险单内容的一种单证是(　　　)。

　　　A.保险凭证　　　　　　　　　　B.小保单

　　　C.暂保单　　　　　　　　　　　D.批单

　　2.在财产保险合同中,保险标的的转让应当通知(　　　),经其同意继续承保后,依法变更合同。

　　　A.投保人　　　　　　　　　　　B.保险人

　　　C.受益人　　　　　　　　　　　D.被保险人

3.代位追偿权的产生必须具备的条件之一是损害事故发生的原因及受损的标的,都属于( )范围。

    A.保险合同   B.保险利益

    C.保险责任   D.保险条款

4.通常,大多数财产保险业务均采用( )的形式。

    A.定值保险合同   B.定额保险合同

    C.不定值保险合同   D.不定额保险合同

二、判断题(在括号内正确的打√、错误的打×)

1.保险标的是保险保障的目标和实体,即投保人要求保险人提供保险保障的对象。

                                                  ( )

2.我国保险公司普遍推行"零时起保制",把保险合同生效的时间放在合同成立日的次日零时,所以保险合同的成立和生效时间往往不一致。   ( )

3.保险合同的终止是指保险合同双方当事人取消全部或部分保险合同确定的权利和义务的行为。   ( )

三、简答题

1.汽车保险合同的特征有哪些?

2.汽车保险合同的"要约"与"承诺"的生效条件有哪些?

3.汽车保险合同的生效要注意什么问题?

4.汽车保险合同变更的内容主要有哪些?什么情况下需要变更?

5.在哪些情况下保险人可以解除汽车保险合同?

第3章　机动车交通事故责任强制保险

导言

本章主要介绍了机动车交通事故责任强制保险的国内外发展历程、我国机动车交通事故责任保险细则、机动车交通事故责任强制保险承保、理赔实务等内容。通过本章内容的学习，力求使学生掌握机动车交通事故责任强制保险的相关基础知识，为继续学习相关章节打下坚实的基础。

学习目标

1. 认知目标
(1)熟悉机动车交通事故责任强制保险的发展历程。
(2)理解交强险的特征和作用。
(3)掌握交强险的概念、保险责任、赔偿办法。
(4)熟悉交强险的操作规程。
(5)掌握交强险互碰自陪处理办法。
(6)掌握保费计算方法。

2. 技能目标
(1)能准确作出交强险赔付方案。
(2)能迅速计算交强险保费。
(3)熟练掌握各种事故中的赔款计算。

3. 情感目标
(1)启发学生对汽车交通事故责任强制保险的学习兴趣。
(2)发挥自主学习的能力和团队合作精神，养成良好的工作作风。
(3)能熟练运用交通事故责任强制保险细则，进行保险的投保与理赔计算。

3.1　机动车交通事故责任保险概述

3.1.1　国外强制汽车责任保险

第一次世界大战以后，随着汽车的大量生产和分期付款促销方式的出现，普通平民开始拥有汽车,汽车迅速在大众中普及,为汽车保险业的迅速发展创造了条件。

然而,当时的汽车价格不菲,购车时几乎花费了所有积蓄,出现了无力购买车险或无相应财产做担保的驾车人。当事故发生时不仅自己的损失无法弥补,而且意外事故的受害人的损害也无法得到及时有效的赔偿。同时,有的驾车人虽然购买了汽车保险,但因保险责任限额很低,也无法弥补受害人的经济损失。为了改变这种状况,许多国家和地区相继制定有关法令,强制实行汽车责任保险,以确保受害人能够得到及时的补偿。

世界上最初将车辆损害视为社会问题的是美国的马萨诸塞州。之后,英国于 1931 年实施了强制汽车责任保险;日本于 1956 年实施了强制汽车责任保险;法国于 1959 年起实施;德国于 1965 年强制汽车所有人投保。目前,世界上绝大部分国家或地区都实行了强制汽车责任保险制度。

3.1.2　我国的强制汽车责任保险

1. 我国交强险的发展历程

2004 年 5 月 1 日,我国在《中华人民共和国道路交通安全法》首次提出“建立机动车第三者责任强制保险制度,设立道路交通事故社会救助基金”。

2006 年 3 月 21 日国务院颁布《机动车交通事故责任强制保险条例》,随后中国保监会陆续发布《机动车交通事故责任强制保险业务单独核算管理暂行办法》《机动车交通事故责任强制保险费率浮动暂行办法》等配套措施。2007 年 7 月 1 日机动车交通事故责任强制保险最终普遍实行。

在随后的实行过程中,对《机动车交通事故责任强制保险条例》的部分内容作了修改与调整,2012 国务院决定对《机动车交通事故责任强制保险条例》作如下修改:第五条第一款修改为:保险公司经保监会批准,可以从事机动车交通事故责任强制保险业务。2012 年 12 月 17 日,国务院决定对《机动车交通事故责任强制保险条例》作如下修改:增加一条,作为第四十三条:“挂车不投保机动车交通事故责任强制保险。发生道路交通事故造成人身伤亡、财产损失的,由牵引车投保的保险公司在机动车交通事故责任强制保险责任限额范围内予以赔偿;不足的部分,由牵引车方和挂车方依照法律规定承担赔偿责任。”决定自 2013 年 3 月 1 日起施行。

中国目前正式向外资保险公司开放机动车交通事故责任强制保险市场,中国保险业进入全面开放阶段。机动车交通事故责任强制保险的实行在帮扶居于弱势地位的车祸受害人,解决机动车保有者与车祸受害人之间的紧张关系,预防和减少机动车交通事故,缓和社会矛盾和维护社会稳定等方面发挥了重要作用。

2. 我国“交强险”的含义及强制性相关规定

我国机动车交通事故责任强制保险,简称“交强险”,是根据《中华人民共和国道路交通安全法》推出的针对机动车的车辆险种,于 2006 年 7 月 1 日起正式施行,根据配套措施的最终确立,于 2007 年 7 月 1 日正式普遍推行。

按照《机动车交通事故责任强制保险条例》(简称《交强险条例》)的规定,“交强险”是由保险公司对被保险机动车发生道路交通事故造成本车人员、被保险人以外的受害人的人身伤亡、财产损失,在责任限额内予以赔偿的强制性责任保险,属于责任保险的一种。

根据《交强险条例》的规定,在中华人民共和国境内道路上行驶的机动车的所有人或者管理人都应当投保"交强险",机动车所有人、管理人未按照规定投保"交强险"的,公安机关交通管理部门有权扣留机动车,通知机动车所有人、管理人依照规定投保,并处应缴纳的保险费的 2 倍罚款。

"交强险"的保险期间为 1 年,仅有四种情形下投保人可以投保 1 年以内的短期"交强险":境外机动车临时入境的;机动车临时上道路行驶的;机动车距规定的报废期限不足 1 年的;保监会规定的其他情形。

根据《中华人民共和国道路交通安全法》和《交强险条例》的规定,公安机关交通管理部门、管理拖拉机的农业机械管理部门对"交强险"实施监督制度,在受理机动车注册登记、变更登记、改装和安全技术检验时,对符合要求的机动车辆均需具备有效的"交强险"保险,否则不能办理相关登记。

"交强险"的承办机构为经保监会批准授权的中资保险公司及其代办机构,每辆机动车只需投保一份"交强险",投保人可以根据自身需要决定或选择购买不同责任限额的商业险。

3. 强制汽车责任保险的特征

1) 强制汽车责任保险具有强制性

一般的汽车责任保险都依据自愿原则办理,而强制汽车责任保险根据强制保险的相应法规开办,汽车拥有者必须购买,否则属于违法行为,因此它具有强制性的特点。

2) 强制汽车责任保险对第三者的利益具有基本保障性

一般的汽车责任保险,投保人可以自愿选择责任限额,主要是依据个人的需要和缴费能力确定,一般情况下,投保人会选择稍高限额,以获得保险的充足保障。而强制汽车责任保险的责任限额是固定的,不能自愿选择,正因为这点,各国在制定责任限额时都定得比较低,以使大多数投保人都有购买能力,因此较低的限额只是对事故受害者的一个基本保障。

3) 强制汽车责任保险以无过失责任为基础

一般汽车责任保险依据保险合同的规定,以被保险人在事故中所负的责任比例确定损害赔偿的范围和大小,因此它是以过失责任为归责原则。而强制汽车责任保险根据相关法律的规定,大多基于损害的存在对受害者予以补偿,因此它多采用以无过失责任为归责原则。我国的"交强险"采用过失责任和无过失责任相结合的原则。

4) 强制汽车责任保险具有公益性

一般汽车责任保险的费率厘定是考虑公司盈利的,而强制汽车责任保险的费率由政府统一定制,且不考虑盈利,所以保险费率相对较低,具有公益性。

4. 强制汽车责任保险的实施方式

1) 混合实施

英国的强制汽车责任保险就是这种实施类型。在英国,汽车保险被设计分为四个层次的类型:法定最低要求的汽车责任保险;第三者责任保险;第三者责任、火灾和盗窃保险;综合保险。

每个层次类型都包括法定最低要求的汽车责任保险的内容。投保何种保险,由投保人自由决定。

2)分离实施

分离实施方式表现为强制汽车责任保险与一般汽车责任保险分别实施。此种实施方式下,强制汽车责任保险是最基本保险,汽车所有人或驾驶员必须办理。同时设有汽车保险的主要险和附加险,供投保人自愿选择。

3.2 我国机动车交通事故责任保险细则

机动车交通事故责任强制保险简称"交强险"。国务院第 630 号文件关于修改《机动车交通事故责任强制保险条例》的决定,自 2013 年 3 月 1 日起施行。国务院决定对《机动车交通事故责任强制保险条例》作如下修改:

增加一条,作为第四十三条:"挂车不投保机动车交通事故责任强制保险。发生道路交通事故造成人身伤亡、财产损失的,牵引车投保的保险公司在机动车交通事故责任强制保险责任限额范围内予以赔偿;不足的部分,由牵引车方和挂车方依照法律规定承担赔偿责任。"

本决定自 2013 年 3 月 1 日起施行。

《机动车交通事故责任强制保险条例》根据本决定作相应的修改并对条文顺序作相应调整,重新公布。

(2006 年 3 月 21 日中华人民共和国国务院令第 462 号公布,根据 2012 年 3 月 30 日《国务院关于修改〈机动车交通事故责任强制保险条例〉的决定》第 1 次修订;根据 2012 年 12 月 17 日《国务院关于修改〈机动车交通事故责任强制保险条例〉的决定》第 2 次修订)

1. 总则

第一条　为了保障机动车道路交通事故受害人依法得到赔偿,促进道路交通安全,根据《中华人民共和国道路交通安全法》《中华人民共和国保险法》,制定本条例。

第二条　在中华人民共和国境内道路上行驶的机动车的所有人或者管理人,应当依照《中华人民共和国道路交通安全法》的规定投保机动车交通事故责任强制保险。

机动车交通事故责任强制保险的投保、赔偿和监督管理,适用本条例。

第三条　本条例所称机动车交通事故责任强制保险,是指由保险公司对被保险机动车发生道路交通事故造成本车人员、被保险人以外的受害人的人身伤亡、财产损失,在责任限额内予以赔偿的强制性责任保险。

第四条　国务院保险监督管理机构(以下简称保监会)依法对保险公司的机动车交通事故责任强制保险业务实施监督管理。

公安机关交通管理部门、农业(农业机械)主管部门(以下统称机动车管理部门)应当依法对机动车参加机动车交通事故责任强制保险的情况实施监督检查。对未参加机动车交通事故责任强制保险的机动车,机动车管理部门不得予以登记,机动车安全技术检验机构不得予以检验。

公安机关交通管理部门及其交通警察在调查处理道路交通安全违法行为和道路交通事故时,应当依法检查机动车交通事故责任强制保险的保险标志。

2. 投保

第五条 保险公司经保监会批准,可以从事机动车交通事故责任强制保险业务。

为了保证机动车交通事故责任强制保险制度的实行,保监会有权要求保险公司从事机动车交通事故责任强制保险业务。

未经保监会批准,任何单位或者个人不得从事机动车交通事故责任强制保险业务。

第六条 机动车交通事故责任强制保险实行统一的保险条款和基础保险费率。保监会按照机动车交通事故责任强制保险业务总体上不盈利不亏损的原则审批保险费率。

保监会在审批保险费率时,可以聘请有关专业机构进行评估,可以举行听证会听取公众意见。

第七条 保险公司的机动车交通事故责任强制保险业务,应当与其他保险业务分开管理,单独核算。

保监会应当每年对保险公司的机动车交通事故责任强制保险业务情况进行核查,并向社会公布;根据保险公司机动车交通事故责任强制保险业务的总体盈利或者亏损情况,可以要求或者允许保险公司相应调整保险费率。

调整保险费率的幅度较大的,保监会应当进行听证。

第八条 被保险机动车没有发生道路交通安全违法行为和道路交通事故的,保险公司应当在下一年度降低其保险费率,在此后的年度内,被保险机动车仍然没有发生道路交通安全违法行为和道路交通事故的,保险公司应当继续降低其保险费率,直至最低标准。被保险机动车发生道路交通安全违法行为或者道路交通事故的,保险公司应当在下一年度提高其保险费率。多次发生道路交通安全违法行为、道路交通事故,或者发生重大道路交通事故的,保险公司应当加大提高其保险费率的幅度。在道路交通事故中被保险人没有过错的,不提高其保险费率。降低或者提高保险费率的标准,由保监会会同国务院公安部门制定。

第九条 保监会、国务院公安部门、国务院农业主管部门以及其他有关部门应当逐步建立有关机动车交通事故责任强制保险、道路交通安全违法行为和道路交通事故的信息共享机制。

第十条 投保人在投保时应当选择具备从事机动车交通事故责任强制保险业务资格的保险公司,被选择的保险公司不得拒绝或者拖延承保。

保监会应当将具备从事机动车交通事故责任强制保险业务资格的保险公司向社会公示。

第十一条 投保人投保时,应当向保险公司如实告知重要事项。

重要事项包括机动车的种类、厂牌型号、识别代码、牌照号码、使用性质和机动车所有人或者管理人的姓名(名称)、性别、年龄、住所、身份证或者驾驶证号码(组织机构代码)、续保前该机动车发生事故的情况以及保监会规定的其他事项。

第十二条 签订机动车交通事故责任强制保险合同时,投保人应当一次支付全部保险费;保险公司应当向投保人签发保险单、保险标志。保险单、保险标志应当注明保险单号码、车牌号码、保险期限、保险公司的名称、地址和理赔电话号码。

被保险人应当在被保险机动车上放置保险标志。

保险标志式样全国统一。保险单、保险标志由保监会监制。任何单位或者个人不得伪造、变造或者使用伪造、变造的保险单、保险标志。

第十三条　签订机动车交通事故责任强制保险合同时,投保人不得在保险条款和保险费率之外,向保险公司提出附加其他条件的要求。

签订机动车交通事故责任强制保险合同时,保险公司不得强制投保人订立商业保险合同以及提出附加其他条件的要求。

第十四条　保险公司不得解除机动车交通事故责任强制保险合同;但是,投保人对重要事项未履行如实告知义务的除外。

投保人对重要事项未履行如实告知义务,保险公司解除合同前,应当书面通知投保人,投保人应当自收到通知之日起5日内履行如实告知义务;投保人在上述期限内履行如实告知义务的,保险公司不得解除合同。

第十五条　保险公司解除机动车交通事故责任强制保险合同的,应当收回保险单和保险标志,并书面通知机动车管理部门。

第十六条　投保人不得解除机动车交通事故责任强制保险合同,但有下列情形之一的除外:

(一)被保险机动车被依法注销登记的;

(二)被保险机动车办理停驶的;

(三)被保险机动车经公安机关证实丢失的。

第十七条　机动车交通事故责任强制保险合同解除前,保险公司应当按照合同承担保险责任。

合同解除时,保险公司可以收取自保险责任开始之日起至合同解除之日止的保险费,剩余部分的保险费退还投保人。

第十八条　被保险机动车所有权转移的,应当办理机动车交通事故责任强制保险合同变更手续。

第十九条　机动车交通事故责任强制保险合同期满,投保人应当及时续保,并提供上一年度的保险单。

第二十条　机动车交通事故责任强制保险的保险期间为1年,但有下列情形之一的,投保人可以投保短期机动车交通事故责任强制保险:

(一)境外机动车临时入境的;

(二)机动车临时上道路行驶的;

(三)机动车距规定的报废期限不足1年的;

(四)保监会规定的其他情形。

3. 赔偿

第二十一条　被保险机动车发生道路交通事故造成本车人员、被保险人以外的受害人人身伤亡、财产损失的,由保险公司依法在机动车交通事故责任强制保险责任限额范围内予以赔偿。

道路交通事故的损失是由受害人故意造成的,保险公司不予赔偿。

第二十二条　有下列情形之一的,保险公司在机动车交通事故责任强制保险责任限额范围内垫付抢救费用,并有权向致害人追偿:

（一）驾驶人未取得驾驶资格或者醉酒的；

（二）被保险机动车被盗抢期间肇事的；

（三）被保险人故意制造道路交通事故的。

有前款所列情形之一，发生道路交通事故的，造成受害人的财产损失，保险公司不承担赔偿责任。

第二十三条 机动车交通事故责任强制保险在全国范围内实行统一的责任限额。责任限额分为死亡伤残赔偿限额、医疗费用赔偿限额、财产损失赔偿限额以及被保险人在道路交通事故中无责任的赔偿限额。

机动车交通事故责任强制保险责任限额由保监会会同国务院公安部门、国务院卫生主管部门、国务院农业主管部门规定。

第二十四条 国家设立道路交通事故社会救助基金（以下简称救助基金）。有下列情形之一时，道路交通事故中受害人人身伤亡的丧葬费用、部分或者全部抢救费用，由救助基金先行垫付，救助基金管理机构有权向道路交通事故责任人追偿：

（一）抢救费用超过机动车交通事故责任强制保险责任限额的；

（二）肇事机动车未参加机动车交通事故责任强制保险的；

（三）机动车肇事后逃逸的。

第二十五条 救助基金的来源包括：

（一）按照机动车交通事故责任强制保险的保险费的一定比例提取的资金；

（二）对未按照规定投保机动车交通事故责任强制保险的机动车的所有人、管理人的罚款；

（三）救助基金管理机构依法向道路交通事故责任人追偿的资金；

（四）救助基金孳息；

（五）其他资金。

第二十六条 救助基金的具体管理办法，由国务院财政部门会同保监会、国务院公安部门、国务院卫生主管部门、国务院农业主管部门制定试行。

第二十七条 被保险机动车发生道路交通事故，被保险人或者受害人通知保险公司的，保险公司应当立即给予答复，告知被保险人或者受害人具体的赔偿程序等有关事项。

第二十八条 被保险机动车发生道路交通事故的，由被保险人向保险公司申请赔偿保险金。保险公司应当自收到赔偿申请之日起1日内，书面告知被保险人需要向保险公司提供的与赔偿有关的证明和资料。

第二十九条 保险公司应当自收到被保险人提供的证明和资料之日起5日内，对是否属于保险责任作出核定，并将结果通知被保险人；对不属于保险责任的，应当书面说明理由；对属于保险责任的，在与被保险人达成赔偿保险金的协议后10日内，赔偿保险金。

第三十条 被保险人与保险公司对赔偿有争议的，可以依法申请仲裁或者向人民法院提起诉讼。

第三十一条 保险公司可以向被保险人赔偿保险金，也可以直接向受害人赔偿保险金。但是，因抢救受伤人员需要保险公司支付或者垫付抢救费用的，保险公司在接到公安机关交通管理部门通知后，经核对应当及时向医疗机构支付或者垫付抢救费用。

因抢救受伤人员需要救助基金管理机构垫付抢救费用的,救助基金管理机构在接到公安机关交通管理部门通知后,经核对应当及时向医疗机构垫付抢救费用。

第三十二条　医疗机构应当参照国务院卫生主管部门组织制定的有关临床诊疗指南,抢救、治疗道路交通事故中的受伤人员。

第三十三条　保险公司赔偿保险金或者垫付抢救费用,救助基金管理机构垫付抢救费用,需要向有关部门、医疗机构核实有关情况的,有关部门、医疗机构应当予以配合。

第三十四条　保险公司、救助基金管理机构的工作人员对当事人的个人隐私应当保密。

第三十五条　道路交通事故损害赔偿项目和标准依照有关法律的规定执行。

4. 罚则

第三十六条　未经保监会批准,非法从事机动车交通事故责任强制保险业务的,由保监会予以取缔;构成犯罪的,依法追究刑事责任;尚不构成犯罪的,由保监会没收违法所得,违法所得 20 万元以上的,并处违法所得 1 倍以上 5 倍以下罚款;没有违法所得或者违法所得不足 20 万元的,处 20 万元以上 100 万元以下罚款。

第三十七条　保险公司未经保监会批准从事机动车交通事故责任强制保险业务的,由保监会责令改正,责令退还收取的保险费,没收违法所得,违法所得 10 万元以上的,并处违法所得 1 倍以上 5 倍以下罚款;没有违法所得或者违法所得不足 10 万元的,处 10 万元以上 50 万元以下罚款;逾期不改正或者造成严重后果的,责令停业整顿或者吊销经营保险业务许可证。

第三十八条　保险公司违反本条例规定,有下列行为之一的,由保监会责令改正,处 5 万元以上 30 万元以下罚款;情节严重的,可以限制业务范围、责令停止接受新业务或者吊销经营保险业务许可证:

(一)拒绝或者拖延承保机动车交通事故责任强制保险的;

(二)未按照统一的保险条款和基础保险费率从事机动车交通事故责任强制保险业务的;

(三)未将机动车交通事故责任强制保险业务和其他保险业务分开管理,单独核算的;

(四)强制投保人订立商业保险合同的;

(五)违反规定解除机动车交通事故责任强制保险合同的;

(六)拒不履行约定的赔偿保险金义务的;

(七)未按照规定及时支付或者垫付抢救费用的。

第三十九条　机动车所有人、管理人未按照规定投保机动车交通事故责任强制保险的,由公安机关交通管理部门扣留机动车,通知机动车所有人、管理人依照规定投保,处依照规定投保最低责任限额应缴纳的保险费的 2 倍罚款。

机动车所有人、管理人依照规定补办机动车交通事故责任强制保险的,应当及时退还机动车。

第四十条　上道路行驶的机动车未放置保险标志的,公安机关交通管理部门应当扣留机动车,通知当事人提供保险标志或者补办相应手续,可以处警告或者 20 元以上 200 元以下罚款。

当事人提供保险标志或者补办相应手续的,应当及时退还机动车。

第四十一条　伪造、变造或者使用伪造、变造的保险标志,或者使用其他机动车的保险标志,由公安机关交通管理部门予以收缴,扣留该机动车,处 200 元以上 2000 元以下罚款;构成犯罪的,依法追究刑事责任。

当事人提供相应的合法证明或者补办相应手续的,应当及时退还机动车。

5. 附则

第四十二条　本条例下列用语的含义:

(一)投保人,是指与保险公司订立机动车交通事故责任强制保险合同,并按照合同负有支付保险费义务的机动车的所有人、管理人;

(二)被保险人,是指投保人及其允许的合法驾驶人;

(三)抢救费用,是指机动车发生道路交通事故导致人员受伤时,医疗机构参照国务院卫生主管部门组织制定的有关临床诊疗指南,对生命体征不平稳和虽然生命体征平稳但如果不采取处理措施会产生生命危险,或者导致残疾、器官功能障碍,或者导致病程明显延长的受伤人员,采取必要的处理措施所发生的医疗费用。

第四十三条　挂车不投保机动车交通事故责任强制保险。发生道路交通事故造成人身伤亡,财产损失的,由牵引车投保的保险公司在机动车交通事故责任强制保险责任限额范围内予以赔偿;不足的部分,由牵引车方和挂车方依照法律规定承担赔偿责任。

第四十四条　机动车在道路以外的地方通行时发生事故,造成人身伤亡、财产损失的赔偿,比照适用本条例。

第四十五条　中国人民解放军和中国人民武装警察部队在编机动车参加机动车交通事故责任强制保险的办法,由中国人民解放军和中国人民武装警察部队另行规定。

第四十六条　机动车所有人、管理人自本条例施行之日起 3 个月内投保机动车交通事故责任强制保险;本条例施行前已经投保商业性机动车第三者责任保险的,保险期满,应当投保机动车交通事故责任强制保险。

第四十七条　本条例自 2006 年 7 月 1 日起施行。

3.3　机动车交通事故责任强制保险承保、理赔实务

3.3.1　机动车交通事故责任强制保险承保

1. 说明和告知

1)保险人向投保人介绍条款、履行明确说明义务

(1)向投保人介绍条款,主要包括:保险责任、各项赔偿限额、责任免除、投保人义务、被保险人义务、赔偿处理等内容。

特别对责任免除事项,要向投保人明确说明。

(2)向投保人明确说明机动车交通事故责任强制保险(以下简称交强险)各分项赔偿限额。

（3）向投保人明确说明,保险人按照国务院卫生主管部门组织制定交通事故人员创伤临床诊疗指南和国家基本医疗保险标准进行审核医疗费用。

（4）告知投保人不要重复投保交强险,即使投保多份也只能获得一份保险保障。

（5）提醒有风窗玻璃的机动车的投保人将保险标志贴在车内风窗玻璃右上角;摩托车、拖拉机的驾驶人要随身携带。

（6）告知投保人如何查询交通安全违法行为、交通事故记录。

2）提醒投保人履行如实告知义务

（1）投保人应提供以下资料。

①首次投保交强险的,投保人应提供投保机动车行驶证和驾驶证复印件。

②对于续保业务,投保人需要提供上期交强险保险单原件或其他能证明上年已投保交强险的书面文件。未建立交通事故责任交强险信息平台的地区,投保人不能提供机动车上年交通安全违法行为、交通事故记录的,保险人不给予相应的费率优惠;建立交通事故责任交强险信息平台的地区,根据信息平台记录的信息相应浮动费率。

（2）要求投保人对重要事项履行如实告知义务。

重要事项包括以下内容:

①机动车种类、厂牌型号、识别代码、牌照号码、使用性质。

②机动车所有人或者管理人的姓名(名称)、性别、年龄、住址、身份证或驾驶证号码(组织机构代码)。

③续保前该机动车交通安全违法行为、交通事故记录等影响费率水平的事项(交强险实施第一年不需要提供)。

④保监会规定的其他事项。

（3）要求投保人提供联系电话、地址、邮政编码等,以便于保险人提供保险服务。

（4）交强险合同解除后,投保人应当及时将保险单、保险标志交还保险人核销(若标志残损只要可辨认,即可核销)。

2. 投保单填写

（1）保险人应指导投保人正确填写投保单,投保单至少应当载明机动车的种类、厂牌型号、识别代码、号牌号码、使用性质,投保机动车所有人或者管理人的姓名(名称)、性别、年龄、住所、身份证或者驾驶证号码(组织机构代码),以及续保前投保机动车交通安全违法行为、交通事故记录等影响费率水平的事项。

（2）要求投保人真实、准确填写交强险投保单的各项信息,并在投保单上签字或加盖公章。

（3）投保人提供的资料复印件附贴于投保单背面。

（4）保险期间的起期必须在保险人接受投保人的投保申请日之后,保险期间开始前保险人不承担赔偿责任。

（5）交强险的保险期间为 1 年,但有下列情形之一的,投保人可以投保短期保险:

①临时入境的境外机动车;

②距报废期限不足一年的机动车;

③临时上道路行驶的机动车(例如:领取临时牌照的机动车,临时提车,到异地办理注册

登记的新购机动车等）；

④保监会规定的其他情形。

3. 保险费计算

(1)保险人必须按照保监会审批的机动车交通事故责任强制保险费率方案(以下简称交强险费率方案)计算、收取保险费。

(2)投保短期保险的，按照短期月费率计算保费。

(3)保险费必须一次全部收取，不得分期收费。

(4)除保监会审批的交强险费率方案中费率浮动办法规定的优惠外，保险人不得给予投保人任何返还、折扣和额外优惠。

(5)保险费率与被保险机动车交通违法行为、事故记录相联系的浮动机制开始执行后，保险公司应当在完成保险费计算后、出具保险单以前，向投保人出具《机动车交通事故责任强制保险费率浮动告知书》，经投保人签章确认后，再出具保险单、保险标志。

交通事故包括经公安交通管理部门认定的交通事故，以及虽未经公安交通管理部门认定，但保险人已经在交强险项下承担赔偿责任的事故。

4. 出具保险单、保险标志

(1)保险人必须在收取保险费后方可出具保险单、保险标志。

(2)保险单必须单独编制保险单号码并通过业务处理系统出具。

(3)交强险必须单独出具保险单、保险标志、发票。保险单、保险标志必须使用保监会监制的交强险保险单、保险标志，不得使用商业保险单证代替。

(4)投保人因交强险保险单、保险标志发生损毁或者遗失申请补办的，保险人应在收到补办申请及报失认定证明后的5个工作日内完成审核，补发相应的交强险保险单、保险标志；并通过业务系统重新打印保险单、保险标志，新保险单、保险标志的印刷流水号码与原保险单号码能够通过系统查询到对应关系。

(5)对于业务分散的摩托车、农用型拖拉机业务可以使用定额保险单。定额保险单可以手工出单，但必须在出具保险单后的7个工作日内，准确补录到业务处理系统中。

对于运输型拖拉机不使用定额保险单。

5. 保险合同变更和终止

(1)保险人解除合同。投保人对重要事项未履行如实告知义务，保险人解除合同前，应当书面通知投保人，投保人应当自收到通知之日起5日内履行如实告知义务；投保人在上述期限内履行如实告知义务的，保险人不得解除合同。

保险人解除合同的，保险人应收回保险单、保险标志，并书面通知机动车管理部门。

(2)除下列情况外，不得接受投保人解除合同的申请：

①被保险机动车被依法注销登记的；

②被保险机动车办理停驶的；

③被保险机动车经公安机关证实丢失的；

④投保人重复投保交强险的。

办理合同解除手续时，投保人应提供相应的证明材料，保险人应收回交强险保险单、保险标志后,方可办理交强险退保手续,并书面通知机动车管理部门。

投保人因重复投保解除交强险合同的,只能解除保险期间的起期在后面的保险合同,保险人全额退还起期在后面的保险合同的保险费,出险时由起期在前的保险合同负责赔偿。

(3)发生以下变更事项时,保险人应对保险单进行批改,并根据变更事项增加或减少保险费:

①被保险机动车转卖、转让、赠送他人;

②被保险机动车变更使用性质;

③变更其他事项。

禁止批改交强险的保险期间。

上述批改按照日费率增加或减少保险费。

(4)发生下列情形时,保险人应对保险单进行批改,并按照保单年度重新核定保险费计收:

①投保人未如实告知重要事项,对保险费计算有影响的,并造成按照保单年度重新核定保险费上升的;

②在保险合同有效期限内,被保险机动车因改装、加装、使用性质改变等导致危险程度增加,未及时通知保险人,且未办理批改手续的。

3.3.2　机动车交通事故责任强制保险理赔

1.接报案和理赔受理

(1)接到被保险人或者受害人报案后,应询问有关情况,并立即告知被保险人或者受害人具体的赔偿程序等有关事项。涉及人员伤亡或事故一方没有投保交强险的,应提醒事故当事人立即向当地交通管理部门报案。

(2)保险人应对报案情况进行详细记录,并录入业务系统统一管理。

(3)被保险机动车发生交通事故的,应由被保险人向保险人申请赔偿保险金。根据被保险人的请求,保险人应当直接向该第三者(受害人)赔偿保险金。被保险人怠于请求的,第三者(受害人)有权就其应获赔偿部分直接向保险人请求赔偿保险金。保险人应增加专门单证,或在《索赔申请书》中设置项目,要求被保险人确认是否需要保险人直接向第三者(受害人)赔偿保险金。被保险人与第三者(受害人)协商一致后,由被保险人现场亲笔签字确认。

(4)书面一次性告知索赔单证。保险人应当在收到赔偿申请时立即以索赔须知的方式,一次性书面告知被保险人需要向保险人提供的与赔偿有关的证明和资料。索赔须知必须通俗、易懂,并根据《交强险索赔单证规范》勾选与赔偿有关的证明和资料。各公司可以减少交强险索赔单证,不得以任何理由增加索赔单证种类和要求。

2.查勘和定损

(1)事故各方机动车的保险人在接到客户报案后,有责方车辆的保险公司应进行查勘,对受害人的损失进行核定。无责方车辆涉及人员伤亡赔偿的,无责方保险公司也应进行查勘定损。

（2）事故任何一方的估计损失超过交强险各分项赔偿限额的,应提醒事故各方当事人依法进行责任划分。

（3）事故涉及多方保险人,但存在一方或多方保险人未能进行查勘定损的案件,未能进行查勘定损的保险人,可委托其他保险人代为查勘定损;受委托方保险人可与委托方保险人协商收取一定费用。接受委托的保险人,应向委托方的被保险人提供查勘报告、事故/损失照片和由事故各方签字确认的损失情况确认书。

3.垫付和追偿

1）抢救费用垫付条件

同时满足以下条件的,可垫付受害人的抢救费用。

（1）符合《机动车交通事故责任强制保险条例》第二十二条规定的情形。

（2）接到公安机关交通管理部门要求垫付的通知书。

（3）受害人必须抢救,且抢救费用已经发生,抢救医院提供了抢救费用单据和明细项目。

（4）不属于应由道路交通事故社会救助基金垫付的抢救费用。

2）垫付标准

（1）按照交通事故人员创伤临床诊疗指南和抢救地的国家基本医疗保险的标准,在交强险医疗费用赔偿限额或无责任医疗费用赔偿限额内垫付抢救费用。

（2）被抢救人数多于一人且在不同医院救治的,在医疗费用赔偿限额或无责任医疗费用赔偿限额内按人数进行均摊;也可以根据医院和交警的意见,在限额内酌情调整。

3）垫付方式

自收到交警部门出具的书面垫付通知、伤者病历/诊断证明、抢救费用单据和明细之日起,及时向抢救受害人的医院出具《承诺垫付抢救费用担保函》,或将垫付款项划转至抢救医院在银行开立的专门账户,不进行现金垫付。

4）追偿

对于所有垫付的案件,保险人垫付后有权向致害人追偿。追偿收入在扣减相关法律费用（诉讼费、律师费、执行费等）、追偿费用后,全额冲减垫付款。

4.抢救费用支付

1）抢救费用支付必须同时满足的条件

（1）接到交警部门签署的书面支付通知书。

（2）属于交强险保险责任范围内。

（3）受害人被抢救,且抢救费用已经发生。医院提供了病历/诊断证明、抢救费用明细清单。

（4）抢救所用药品、检查费用等必须与本次事故有关,并符合国务院卫生主管部门组织制定的有关临床诊疗指南和国家基本医疗保险标准。

2）不予支付抢救费用的情况

（1）事故不构成保险责任,如受害人的故意行为等。

（2）应由道路交通事故社会救助基金垫付的抢救费用:

①抢救费用超过交强险医疗费用赔偿限额的;

②肇事机动车未参加机动车交通事故责任强制保险的;

③机动车肇事后逃逸的。

(3)非抢救费用或抢救费用不符合国务院卫生主管部门组织制定的有关临床诊疗指南和国家基本医疗保险标准的费用。

(4)非本次事故交强险受害人的抢救费用。

3)抢救费用的支付流程

(1)接到公安机关交通管理部门抢救费用支付的书面通知后,及时核实承保、事故情况,在1个工作日之内出具《承诺支付/垫付抢救费用担保函》,将被保险人送至伤者抢救所在医院,并提供医院接受支付抢救费的划转账户的开户行及账号。

(2)对伤者病历/诊断证明、抢救费用单据和明细进行审核。

(3)满足以下条件之一,及时将款项划至救治医院指定账户:

①抢救费用总额达到或超过交强险医疗费用赔偿限额;

②抢救过程结束。

(4)抢救费用不得进行现金支付。

(5)向医院出具《交强险抢救费用支付/垫付说明书》。

5. 赔偿处理

1)赔偿原则

(1)保险人在交强险责任范围内负责赔偿被保险机动车因交通事故造成的对受害人的损害赔偿责任,赔偿金额以交强险条款规定的分项责任限额为限。

在上述损害赔偿责任中,被保险人未向受害人赔偿的部分,不得向保险人提出索赔。

(2)被保险人书面请求保险人直接向第三者(受害人)赔偿保险金的,保险人应向第三者(受害人)就其应获赔偿部分直接赔偿保险金。

被保险人未书面请求保险人向第三者(受害人)赔偿保险金,且接保险人通知后,无故不履行赔偿义务超过15日的,保险人有权就第三者(受害人)应获赔偿部分直接向第三者(受害人)赔偿保险金。

(3)交强险的案件应与其他保险业务分开立案、分开记录、分开结案。

(4)道路交通事故肇事方(被保险人)、受害人等对交强险赔偿以上部分存在争议的,不影响其及时获得交强险的赔偿。道路交通事故肇事方(被保险人)、受害人等对交强险某分项责任赔偿存在争议的,不影响其及时获得交强险其他分项责任的赔偿。

2)赔偿时限

(1)保险责任核定时限。对涉及财产损失的,保险公司应当自收到被保险人提供的证明和资料之日起1日内,对是否属于保险责任作出核定,并将结果通知被保险人。对涉及人身伤亡的,保险公司应当自收到被保险人提供的证明和资料之日起3日内,对是否属于保险责任作出核定,并将结果通知被保险人。

(2)拒赔通知时限。对不属于保险责任的,保险公司应当自作出核定之日起3日内向被保险人或者受益人发出拒绝或拒绝给付保险金通知书,并书面说明理由。

(3)赔偿保险金时限。

①对属于保险责任在2000元以下的仅涉及财产损失赔偿案件,被保险人索赔单证齐全

的,保险公司应在当日给付保险金。

②对属于保险责任在 10000 元以下的人身伤亡赔偿案件,被保险人索赔单证齐全的,保险公司应当在 3 日内给付保险金。

③对属于保险责任在 50000 元以下的人身伤亡赔偿案件,被保险人索赔单证齐全的,保险公司应当 5 日内给付保险金。

④对属于保险责任的交强险赔偿案件,被保险人索赔单证齐全的,保险公司应当在被保险人提出索赔申请不超过 7 日内给付保险金。

(4)先予支付保险金承诺。保险人自收到赔偿或者给付保险金的请求和有关证明、资料之日起 20 日内,对其赔偿或者给付保险金的数额不能确定的,应当根据已有证明和资料可以确定的数额先予支付;保险人最终确定赔偿或者给付保险金的数额后,应当支付相应的差额。

3)赔款计算

(1)基本计算公式。保险人在交强险各分项赔偿限额内,对受害人死亡伤残费用、医疗费用、财产损失分别计算赔偿:

①总赔款 = ∑各分项损失赔款 = 死亡伤残费用赔款 + 医疗费用赔款 + 财产损失赔款。

②各分项损失赔款 = 各分项核定损失承担金额,即:

死亡伤残费用赔款 = 死亡伤残费用核定承担金额;

医疗费用赔款 = 医疗费用核定承担金额;

财产损失赔款 = 财产损失核定承担金额。

③各分项核定损失承担金额超过交强险各分项赔偿限额的,各分项损失赔款等于交强险各分项赔偿限额。

注:"受害人"为被保险机动车的受害人,不包括被保险机动车本车、车上人员、被保险人,下同。

(2)当保险事故涉及多个受害人时。

①基本计算公式中的相应项目表示为:

各分项损失赔款 = ∑各受害人各分项核定损失承担金额,即:

死亡伤残费用赔款 = ∑各受害人死亡伤残费用核定承担金额;

医疗费用赔款 = ∑各受害人医疗费用核定承担金额;

财产损失赔款 = ∑各受害人财产损失核定承担金额。

②各受害人各分项核定损失承担金额之和超过被保险机动车交强险相应分项赔偿限额的,各分项损失赔款等于交强险各分项赔偿限额。

③各受害人各分项核定损失承担金额之和超过被保险机动车交强险相应分项赔偿限额的,各受害人在被保险机动车交强险分项赔偿限额内应得到的赔偿为:

被保险机动车交强险对某一受害人分项损失的赔偿金额 = 交强险分项赔偿限额 ×

[事故中某一受害人的分项核定损失承担金额/(∑各受害人分项核定损失承担金额)]

(3)当保险事故涉及多辆肇事机动车时。

①各被保险机动车的保险人分别在各自的交强险各分项赔偿限额内,对受害人的分项损失计算赔偿。

②各方机动车按其适用的交强险分项赔偿限额占总分项赔偿限额的比例,对受害人的各分项损失进行分摊。

$$某分项核定损失承担金额 = 该分项损失金额 \times [适用的交强险该分项赔偿限额/(\sum 各致害方交强险该分项赔偿限额)]$$

a. 肇事机动车中的无责任车辆,不参与对其他无责车辆和车外财产损失的赔偿计算,仅参与对有责方车辆损失或车外人员伤亡损失的赔偿计算。

b. 无责方车辆对有责方车辆损失应承担的赔偿金额,由有责方在本方交强险无责任财产损失赔偿限额项下代赔。

一方全责,一方无责的,无责方对全责方车辆损失应承担的赔偿金额为全责方车辆损失,以交强险无责任财产损失赔偿限额为限。

一方全责,多方无责的,无责方对全责方车辆损失应承担的赔偿金额为全责方车辆损失,以各无责方交强险无责任财产损失赔偿限额之和为限。

多方有责,一方无责的,无责方对各有责方车辆损失应承担的赔偿金额以交强险无责任财产损失赔偿限额为限,在各有责方车辆之间平均分配。

多方有责,多方无责的,无责方对各有责方车辆损失应承担的赔偿金额以各无责方交强险无责任财产损失赔偿限额之和为限,在各有责方车辆之间平均分配。

c. 肇事机动车中应投保而未投保交强险的车辆,视同投保机动车参与计算。

d. 对于相关部门最终未进行责任认定的事故,统一适用有责任限额计算。

③肇事机动车均有责任且适用同一限额的,简化为各方机动车对受害人的各分项损失进行平均分摊:

a. 对于受害人的机动车、机动车上人员、机动车上财产损失:

$$某分项核定损失承担金额 = 受害人的该分项损失金额 \div (N-1)$$

b. 对于受害人的非机动车、非机动车上人员、行人、机动车外财产损失:

$$某分项核定损失承担金额 = 受害人的该分项损失金额 \div N$$

注:N 为事故中所有肇事机动车的辆数;肇事机动车中应投保而未投保交强险的车辆,视同投保机动车参与计算。

④初次计算后,如果有致害方交强险限额未赔足,同时有受害方损失没有得到充分补偿,则对受害方的损失在交强险剩余限额内再次进行分配,在交强险限额内补足。对于待分配的各项损失合计没有超过剩余赔偿限额的,按分配结果赔付各方;超过剩余赔偿限额的,则按每项分配金额占各项分配金额总和的比例乘以剩余赔偿限额分摊;直至受损各方均得到足额赔偿或应赔付方交强险无剩余限额。

(4)受害人财产损失需要施救的,财产损失赔款与施救费累计不超过财产损失赔偿限额。

(5)主车和挂车在连接使用时发生交通事故,主车与挂车的交强险保险人分别在各自的责任限额内承担赔偿责任。

若交通管理部门未确定主车、挂车应承担的赔偿责任,主车、挂车的保险人对各受害人的各分项损失平均分摊,并在对应的分项赔偿限额内计算赔偿。

主车与挂车由不同被保险人投保的,在连接使用时发生交通事故,按互为三者的原则处理。

（6）被保险机动车投保一份以上交强险的，保险期间，起期在前的保险合同承担赔偿责任，起期在后的不承担赔偿责任。

（7）对被保险人依照法院判决或者调解承担的精神损害抚慰金，原则上在其他赔偿项目足额赔偿后，在死亡伤残赔偿限额内赔偿。

（8）死亡伤残费用和医疗费用的核定标准。按照《最高人民法院〈关于审理人身损害赔偿案件适用法律若干问题的解释〉》规定的赔偿范围、项目和标准，公安部颁布的《道路交通事故受伤人员伤残评定》（GB18667—2002），以及交通事故人员创伤临床诊疗指南和交通事故发生地的基本医疗标准核定人身伤亡的赔偿金额。

6. 特殊案件处理

1）满限额提前结案处理机制

（1）适用条件。同时满足以下条件，属于交强险赔偿责任的事故。

①涉及人员伤亡，医疗费用支出已超过交强险医疗费用赔偿限额或估计死亡伤残费用明显超过交强险死亡伤残赔偿限额。

②被保险人申请并提供必要的单据。

（2）基本原则。对于涉及人员伤亡的事故，损失金额明显超过保险车辆适用的交强险医疗费用赔偿限额或死亡伤残赔偿限额的，保险公司可以根据被保险人的申请及相关证明材料，在交强险限额内先予赔偿结案，待事故处理完毕、损失金额确定后，再对剩余部分在商业险项下赔偿。

相关证明材料包括：

①索赔申请书，机动车行驶证，机动车驾驶证，被保险人身份证明，领取赔款人身份证明。

②交通事故责任认定书。

③人员费用证明：医院诊断证明，医疗费报销凭证，死亡证明，被扶养人证明等。

（3）基本流程。

①被保险人提出索赔申请。

②被保险人提供必要单证。

③保险公司在收到索赔申请和相关单证后进行审核，对于根据现有材料能够确定赔款金额明显超过医疗费用限额或死亡伤残限额的案件，应由医疗审核人员签署意见，在5日内先予支付赔款。不再涉及交强险赔付的，对交强险进行结案处理。

2）交通事故责任未确定案件的抢救费用支付

保险公司收到受害人抢救费用支付申请时，被保险人在交通事故中是否有责任尚未明确的，在无责任医疗费用赔偿限额内支付抢救费用。

在道路交通管理部门能够确认被保险人在交通事故中负有责任后，保险公司应及时在交强险医疗费用赔偿限额内补充应垫付的抢救费用。

3）交通事故中死者为无名氏的交强险赔偿

交通事故死亡人员身份无法确认的，其交强险赔偿金由道路交通事故社会救助基金管理机构提存保管。

无法由道路交通事故社会救助基金管理机构提存的,保险公司可以对已产生的费用如医疗费、丧葬费按照交强险赔偿标准凭票据赔偿,其他项目原则上不应向无赔偿请求权的个人或机构赔偿,可以根据法律文书另行处理。

7. 支付赔款

1)支付赔款

有关赔付情况应按规定及时上传至机动车事故责任交强险信息平台。未建立机动车交通事故责任交强险信息平台的,保险人支付赔款后应在保险单正本上加盖"×年×月×日出险,负××(全部、主要、同等、次要)责任,××(有无)造成死亡"条形章。

2)单证分割

如果交强险和商业三者险在不同的保险公司投保,如损失金额超过交强险责任限额,由交强险承保公司留存已赔偿部分发票或费用凭据原件,将需要商业保险赔付的项目原始发票或发票复印件,加盖保险人赔款专用章,交被保险人办理商业险索赔事宜。

8. 直接向受害人支付赔款的赔偿处理

(1)发生受害人人身伤亡或财产损失,且符合下列条件之一的,保险人可以受理受害人的索赔:

①被保险人出具书面授权书。

②人民法院签发的判决书或执行书。

③被保险人死亡、失踪、逃逸、丧失索赔能力或书面放弃索赔权利。

④被保险人拒绝向受害人履行赔偿义务。

⑤法律规定的其他情形。

(2)受害人索赔时应当向保险人提供以下材料:

①人民法院签发的判决书或执行书,或交警部门出具的交通事故责任认定书和调解书原件。

②受害人的有效身份证明。

③受害人人身伤残程度证明以及有关损失清单和费用单据。

④其他与确认保险事故的性质、原因、损失程度等有关的证明和资料。

经被保险人书面授权的,还应提供被保险人书面授权书。

(3)赔款计算。保险事故涉及多个受害人的,在所有受害人均提出索赔申请,且受害人所有材料全部提交后,保险人方可计算赔款。

①事故中所有受害人的分项核定损失之和在交强险分项赔偿限额之内的,按实际损失计算赔偿。

②各受害人各分项核定损失承担金额之和超过被保险机动车交强险相应分项赔偿限额的,各受害人在被保险机动车交强险分项赔偿限额内应得到的赔偿为:

被保险机动车交强险对某一受害人分项损失的赔偿金额 = 交强险分项赔偿限额 × [事故中某一受害人的分项核定损失承担金额/(∑各受害人分项核定损失承担金额)]

9. 结案和归档

保险人向被保险人或受害人支付赔款后,将赔案所有单证按赔案号进行归档。必备单证包括：

(1)保单抄件。

(2)报案记录、被保险人书面索赔申请。

(3)查勘报告、现场照片及损失项目照片、损失情况确认书、医疗费用原始票据及费用清单、赔款计算书(以上原始票据,由查勘定损公司留存)。

(4)行驶证及驾驶证复印件,被保险人和受害人的身份证明复印件(如直接支付给受害人)。

(5)公安机关交通管理部门或法院等机构出具的合法事故证明、有关法律文件及其他证明,当事人自行协商处理的协议书。

(6)其他能够确认保险事故性质、原因、损失程度等的有关证明、协议及文字记录。

(7)赔款收据、领取赔款授权书。

注:本规程如无特别说明,均为工作日。

3.3.3 机动车交通事故责任强制保险财产损失"互碰自赔"处理办法

机动车交通事故责任强制保险"互碰自赔",是建立在交通事故快速处理基础上的一种交强险快速理赔机制,即对于事故各方均有责任,各方车辆损失均在交强险财产损失赔偿限额以内,不涉及人员伤亡和车外财产损失的两车或多车互碰事故,由各保险公司在本方机动车交强险财产损失限额内对本车损失进行赔付。

1. 适用条件

同时满足以下条件,适用"互碰自赔"方式处理:

(1)两车或多车互碰,各方均投保交强险。

(2)仅涉及车辆损失(包括车上财产和车上货物)、不涉及人员伤亡和车外财产损失,各方损失金额均在2000元以内。

(3)由交警认定或当事人根据出险地关于交通事故快速处理的法律法规自行协商确定各方均有责任(包括同等责任、主次责任)。

(4)当事人各方对损失确定没有争议,并同意采用"互碰自赔"方式处理。

单方肇事事故、涉及人员伤亡的事故、涉及车外财产损失的事故,以及任何一方损失金额超过交强险财产损失赔偿限额的事故,都不适用"互碰自赔"方式处理。

2. 处理原则

(1)满足"互碰自赔"条件的,由各保险公司分别对本方车辆进行查勘定损,并在交强险财产损失赔偿限额内,对本方车辆损失进行赔偿。

①事故经交警处理的,被保险人可凭交警事故责任认定书、调解书,直接到各自的保险公司索赔。

②双方根据法律法规规定自行协商处理交通事故的,经保险公司查勘现场,核对碰撞痕迹。

③出险地建有行业交通事故集中定损中心的,由各方当事人共同到就近的定损中心进

行查勘、定损。

(2)原则上,任何一方车辆损失金额超过 2000 元的,不适用"互碰自赔"方式,按一般赔案处理。即对三者车辆损失 2000 元以内部分,在交强险限额内赔偿;其他损失在商业险项下按事故责任比例计算赔偿。

特殊情况下(如当地行业对损失金额限定标准有其他规定的,或事后发现损失金额超过限定标准、已无法勘验第三方损失等),可参照《机动车交强险互碰赔偿处理规则(2009 版)》中,"交警调解各方机动车承担本方车辆损失"的相关规定处理。即对被保险机动车的车辆损失在本方机动车交强险赔偿限额内计算赔偿,超过限额部分在本方机动车商业车险项下按条款规定计算赔偿。

(3)各保险公司对"互碰自赔"机制下支付的赔款,不进行清算追偿。

3. 基本流程

1)接报案

出险后,各方当事人均应向各自的承保公司报案。

(1)接报案时应详细记录出险时间、出险地点、事故双方当事人、损失情况、责任划分等内容,并根据客户提供的事故原因、事故性质等基本信息初步判断是否满足"互碰自赔"条件。

(2)初步判断可能满足"互碰自赔"条件的,应主动告知客户"互碰自赔"的适用条件、处理程序和注意事项。请客户在事故现场等待或到指定地点进行查勘、定损。

(3)接报案时不能够确定是否满足"互碰自赔"条件的,可引导客户查勘后确定。

(4)提示双方当事人按照出险地有关交通事故快速处理的相关规定,通知交警处理或依据有关法律法规规定自行协商处理。

2)查勘定损

查勘人员要注意核实事故的真实性,填写查勘记录,并拍摄事故现场照片或损失照片。查勘时初步估计满足"互碰自赔"条件的,应告知客户"互碰自赔"的适用条件、处理程序和注意事项。发现不满足"互碰自赔"条件的,应协助各方当事人通知本方保险公司参与处理。

(1)交警参与事故处理并出具《事故责任认定书》,或当事人依据有关法律法规规定自行协商处理交通事故的,如果各方损失明显低于 2000 元,满足"互碰自赔"条件,可由各事故方保险公司直接对本方保险车辆进行查勘、定损。查勘人员事后发现痕迹不符或存在疑问的,应向对方保险公司调查取证,必要时对各方车辆进行复勘。

(2)当事人自行协商处理交通事故时不能确定是否满足"互碰自赔"条件的,可共同到一方保险公司进行查勘估损。满足"互碰自赔"条件的,由各方保险公司分别对本方车辆进行定损。进行查勘的公司应向对方保险公司提供事故现场照片或车辆损失照片。

(3)出险地建有行业交通事故集中定损中心的,由各方当事人共同到就近的定损中心进行查勘、定损。由各方保险公司分别对本方车辆进行查勘、定损。

(4)对于当事人自行协商处理,但未及时报案,也未经保险公司同意撤离事故现场的交通事故,应勘验双方车辆,核实事故情况。

3)赔偿处理

满足"互碰自赔"条件的,事故各方分别凭交警《事故责任认定书》或《机动车交通事故快速处理协议书》等单证,直接到本方保险公司进行索赔。承保公司在交强险财产损失限额内赔偿本方车辆损失。

索赔材料:索赔申请书;责任认定书、调解书或自行协商处理协议书;查勘记录、事故照片、损失情况确认书(定损单);车辆修理费发票;驾驶证和行驶证(复印件或照片)。

4. 注意事项

(1)各保险公司应加强对事故真实性的勘查。事故双方自行协商处理交通事故的,应尽可能对双方车辆进行查勘、比对碰撞痕迹;有条件的地区要利用交强险信息平台进行监控,以防范道德风险。

(2)保险车辆在异地发生互碰事故,适用出险地保险行业协会、交管部门出台的相关规定。应由当地交警处理,并出具《事故责任认定书》,或由保险公司查勘第一现场,方可按"互碰自赔"方式赔偿。

(3)双方车号、交强险保险人需明确。事故对方车辆不明确的,应按找不到第三方处理。

(4)建立交强险信息平台的地区,应及时将相关出险、赔付数据上传至交强险信息平台。

3.3.4　机动车交通事故责任强制保险费率

1. 首年全国统一价格的机动车交通事故责任强制保险基础费率

机动车交通事故责任强制保险的基础费率共分42种,家庭自用车、非营业客车、营业客车、非营业货车、营业货车、特种车、摩托车和拖拉机等8大类42小类车型保险费率各不相同。但对同一车型,全国执行统一价格,见表3-1。

机动车交通事故责任强制保险基础费率表(2014版)(金额单位:元)　　表3-1

交强险基础费率表			
车辆大类	序号	车辆明细分类	保　费
一、家庭自用车	1	家庭自用汽车6座以下	950
	2	家庭自用汽车6座及以上	1100
二、非营业客车	3	企业非营业汽车6座以下	1000
	4	企业非营业汽车6~10座	1130
	5	企业非营业汽车10~20座	1220
	6	企业非营业汽车20座以上	1270
	7	机关非营业汽车6座以下	950
	8	机关非营业汽车6~10座	1070
	9	机关非营业汽车10~20座	1140
	10	机关非营业汽车20座以上	1320
三、营业客车	11	营业出租租赁6座以下	1800
	12	营业出租租赁6~10座	2360
	13	营业出租租赁10~20座	2400
	14	营业出租租赁20~36座	2560

续上表

车 辆 大 类	序号	车辆明细分类	保 费
		交强险基础费率表	
	15	营业出租租赁36座以上	3530
	16	营业城市公交6~10座	2250
	17	营业城市公交10~20座	2520
	18	营业城市公交20~36座	3020
	19	营业城市公交36座以上	3140
	20	营业公路客运6~10座	2350
	21	营业公路客运10~20座	2620
	22	营业公路客运20~36座	3420
	23	营业公路客运36座以上	4690
四、非营业货车	24	非营业货车2t以下	1200
	25	非营业货车2~5t	1470
	26	非营业货车5~10t	1650
	27	非营业货车10t以上	2220
五、营业货车	28	营业货车2t以下	1850
	29	营业货车2~5t	3070
	30	营业货车5~10t	3450
	31	营业货车10t以上	4480
六、特种车	32	特种车一	3710
	33	特种车二	2430
	34	特种车三	1080
	35	特种车四	3980
七、摩托车	36	摩托车50CC及以下	80
	37	摩托车50~250CC(含)	120
	38	摩托车250CC以上及侧三轮	400
八、拖拉机	39	兼用型拖拉机14.7kW及以下	按保监产险〔2007〕53号实行地区差别费率
	40	兼用型拖拉机14.7kW以上	
	41	运输型拖拉机14.7kW及以下	
	42	运输型拖拉机14.7kW以上	

注:1. 座位和吨位的分类都按照"含起点不含终点"的原则来解释。

2. 特种车一:油罐车、汽罐车、液罐车。

　　特种车二:专用净水车、特种车一以外的罐式货车,以及用于清障、清扫、清洁、起重、装卸、升降、搅拌、挖掘、推土、冷藏、保温等的各种专用机动车。

　　特种车三:装有固定专用仪器设备从事专业工作的监测、消防、运钞、医疗、电视转播等的各种专用机动车。

　　特种车四:集装箱拖头。

3. 挂车根据实际的使用性质并按照对应吨位货车的30%计算。

4. 低速载货汽车参照运输型拖拉机14.7kW以上的费率执行。

2. 交强险费率浮动办法

根据国务院《机动车交通事故责任强制保险条例》有关规定,自 2007 年 7 月 1 日交强险开始实行费率与道路交通事故相联系浮动的"奖优罚劣"机制,逐步实现费率的差异化。

(1)交强险费率浮动因素及比率见表 3-2。

交强险费率浮动因素及比率　　　　　　　　　　　　　　　　表 3-2

浮 动 因 素			浮动比率(%)
与道路交通事故相联系的浮动 A	A1	上一个年度未发生有责任道路交通事故	-10
	A2	上两个年度未发生有责任道路交通事故	-20
	A3	上三个及以上年度未发生有责任道路交通事故	-30
	A4	上一个年度发生一次有责任不涉及死亡的道路交通事故	0
	A5	上一个年度发生两次及两次以上有责任道路交通事故	10
	A6	上一个年度发生有责任道路交通死亡事故	30

(2)交强险最终保险费计算方法是:

交强险最终保险费 = 交强险基础保险费 × (1 + 与道路交通事故相联系的浮动比率 A)

(3)在计算过程中需注意以下事项:

①交强险费率浮动标准根据被保险机动车所发生的道路交通事故计算。摩托车和拖拉机暂不浮动。

②与道路交通事故相联系的浮动比率 A 为 A1 ~ A6 其中之一,不累加。同时满足多个浮动因素的,按照向上浮动或者向下浮动比率的高者计算。

③仅发生无责任道路交通事故的,交强险费率仍可享受向下浮动。

④浮动因素计算区间为上期保单出单日至本期保单出单日之间。

⑤与道路交通事故相联系浮动时,应根据上年度交强险已赔付的赔案浮动。上年度发生赔案但还未赔付的,本期交强险费率不浮动,直至赔付后的下一年度交强险费率向上浮动。

(4)几种特殊情况的交强险费率浮动方法:

①首次投保交强险的机动车费率不浮动。

②在保险期限内,被保险机动车所有权转移,应当办理交强险合同变更手续,且交强险费率不浮动。

③机动车临时上道路行驶或境外机动车临时入境投保短期交强险的,交强险费率不浮动。其他投保短期交强险的情况下,根据交强险短期基准保险费并按照上述标准浮动。

④被保险机动车经公安机关证实丢失后追回的,根据投保人提供的公安机关证明,在丢失期间发生道路交通事故的,交强险费率不向上浮动。

⑤机动车上一期交强险保单满期后未及时续保的,浮动因素计算区间仍为上期保单出单日至本期保单出单日之间。

⑥在全国车险信息平台联网或全国信息交换前,机动车跨省变更投保地时,如投保人能提供相关证明文件的,可享受交强险费率向下浮动。不能提供的,交强险费率不浮动。

（5）交强险保单出单日距离保单起期最长不能超过三个月。

（6）除投保人明确表示不需要的，保险公司应当在完成保险费计算后、出具保险单以前，向投保人出具《机动车交通事故责任强制保险费率浮动告知书》，经投保人签章确认后，再出具交强险保单、保险标志。投保人有异议的，应告知其有关道路交通事故的查询方式。

（7）已经建立车险联合信息平台的地区，通过车险联合信息平台实现交强险费率浮动。除当地保险监管部门认可的特殊情形以外，《机动车交通事故责任强制保险费率浮动告知书》（表3-2）和交强险保单必须通过车险信息平台出具。

未建立车险信息平台的地区，通过保险公司之间相互报盘、简易理赔共享查询系统或者手工方式等，实现交强险费率浮动。

3.4　案例分析

1. 均投保了交强险的两辆或多辆机动车互碰，不涉及车外财产损失和人员伤亡

1）两辆机动车互碰，两车均有责

双方机动车交强险均在交强险财产损失赔偿限额内，按实际损失承担对方机动车的损害赔偿责任。

【例3-1】　A、B两车互碰，各负同等责任。A车损失3500元，B车损失3200元，则两车交强险赔付结果为：

A车保险公司在交强险项下赔偿B车损失2000元；B车保险公司在交强险项下赔偿A车损失2000元。

对于A车剩余的1500元损失，按商业险条款规定，根据责任比例在商业车险项下赔偿。即如A车投保了车损险、B车投保了商业三者险，则在B车的商业三者险项下赔偿750元，在A车的车损险项下赔偿750元。

同时满足以下条件的事故，适用《机动车交强险财产损失互碰自赔处理办法》中规定的方式处理：

（1）两车或多车互碰，各方均投保交强险。

（2）仅涉及车辆损失（包括车上财产和车上货物）、不涉及人员伤亡和车外财产损失，各方损失金额均在2000元以内。

（3）由交警认定或当事人根据出险地关于交通事故快速处理的法律法规自行协商确定各方均有责任（包括同等责任、主次责任）。

（4）当事人各方对损失确定没有争议，并同意采用"互碰自赔"方式处理。

2）两辆机动车互碰，一方全责、一方无责

无责方机动车交强险在无责任财产损失赔偿限额内承担全责方机动车的损害赔偿责任，全责方机动车交强险在财产损失赔偿限额内承担无责方机动车的损害赔偿责任。无责方车辆对全责方车辆损失应承担的赔偿金额，由全责方在本方交强险无责任财产损失赔偿限额项下代赔。

【例3-2】　A、B两车互碰造成双方车损，A车全责（损失1000元），B车无责（损失1500元）。设B车适用的交强险无责任赔偿限额为100元，则两车交强险赔付结果为：

A 车交强险赔付 B 车 1500 元,B 车交强险赔付 A 车 100 元。

B 车对 A 车损失应承担的 100 元赔偿金额,由 A 车保险公司在本方交强险无责任财产损失赔偿限额项下代赔。

3)多辆机动车互碰,部分有责(含全责)、部分无责

(1)一方全责,多方无责。所有无责方视为一个整体,在各自交强险无责任财产损失赔偿限额内,对全责方车辆损失按平均分摊的方式承担损害赔偿责任;全责方对各无责方在交强险财产损失赔偿限额内承担损害赔偿责任,无责方之间不互相赔偿。无责方车辆对全责方车辆损失应承担的赔偿金额,由全责方在本方交强险相应无责任财产损失赔偿限额内代赔。

【例 3-3】 A、B、C 三车互碰造成三方车损,A 车全责(损失 600 元),B 车无责(损失 600 元),C 车无责(损失 800 元)。设 B、C 车适用的交强险无责任赔偿限额为 100 元,则赔付结果为:

A 车交强险赔付 B 车 600 元,赔付 C 车 800 元。

B 车、C 车交强险分别赔付 A 车 100 元,共赔付 200 元。由 A 车保险公司在本方交强险两个无责任财产损失赔偿限额内代赔。

(2)多方有责,一方或多方无责。所有无责方视为一个整体,在各自交强险无责任财产损失赔偿限额内,对有责方损失按平均分摊的方式承担损害赔偿责任;有责方对各方车辆损失在交强险财产损失赔偿限额内承担损害赔偿责任,无责方之间不互相赔偿。无责方车辆对有责方车辆损失应承担的赔偿金额,由各有责方在本方交强险无责任财产损失赔偿限额内代赔。

多方有责,一方无责的,无责方对各有责方车辆损失应承担的赔偿金额以交强险无责任财产损失赔偿限额为限,在各有责方车辆之间平均分配。

多方有责,多方无责的,无责方对各有责方车辆损失应承担的赔偿金额以各无责方交强险无责任财产损失赔偿限额之和为限,在各有责方车辆之间平均分配。

【例 3-4】 A、B、C、D 四车互碰造成各方车损,A 车主责(损失 1000 元),B 车次责(损失 600 元),C 车无责(损失 800 元)、D 车无责(损失 500 元)。设 C、D 两车适用的交强险无责任赔偿限额为 100 元,则赔付结果为:

C 车、D 车交强险共应赔付 200 元,对 A 车、B 车各赔偿 (100 + 100)/2 = 100(元),由 A 车、B 车保险公司在本方交强险无责任财产损失赔偿限额内代赔。

A 车交强险赔偿金额 = B 车损核定承担金额 + C 车损核定承担金额 + D 车损核定承担金额
= (600 - 100) + 800/2 + 500/2 = 1150(元)

B 车交强险赔偿金额 = A 车损核定承担金额 + C 车损核定承担金额 + D 车损核定承担金额
= (1000 - 100) + 800/2 + 500/2
= 1550(元)

2.均投保了交强险的两辆或多辆机动车互碰,涉及车外财产损失

有责方在其适用的交强险财产损失赔偿限额内,对各方车辆损失和车外财产损失承担相应的损害赔偿责任。

所有无责方视为一个整体,在各自交强险无责任财产损失赔偿限额内,对有责方损失按平均分摊的方式承担损害赔偿责任。无责方之间不互相赔偿,无责方也不对车外财产损失进行赔偿。

无责方车辆对有责方车辆损失应承担的赔偿金额,由各有责方在本方交强险无责任财产损失赔偿限额内代赔。

【例3-5】 A、B、C 三车互碰造成三方车损,A 车主责(损失600元),B 车无责(损失500元),C 车次责(损失300元),车外财产损失400元。则 A 车、B 车、C 车的交强险赔付计算结果为:

(1)先计算出无责方对有责方的赔款。

B 车交强险应赔付 A 车、C 车各 100/2 = 50(元)。由 A 车、C 车在各自交强险无责任财产损失赔偿限额内代赔。

(2)有责方再对车外财产、各方车损进行分摊。

$$A 车交强险赔款 = (500 + 400)/2 + (300 - 50) = 700(元)$$
$$C 车交强险赔款 = (500 + 400)/2 + (600 - 50) = 1000(元)$$

(3)计算有责方交强险和代赔款之和。

$$A 车交强险赔款 + 代赔款 = 700 + 50 = 750(元)$$
$$C 车交强险赔款 + 代赔款 = 1000 + 50 = 1050(元)$$

3. 均投保了交强险的两辆或多辆机动车发生事故,造成人员伤亡

(1)肇事机动车均有责且适用相同责任限额的,各机动车按平均分摊的方式,在各自交强险分项赔偿限额内计算赔偿。

【例3-6】 A、B 两机动车发生交通事故,两车均有事故责任,A、B 车损分别为2000元、5000元,B 车车上人员医疗费用7000元,死亡伤残费用6万元,另造成路产损失1000元。则 A 车交强险初次赔付计算结果为:

$$B 车车上人员死亡伤残费用核定承担金额 = 60000/(2 - 1) = 60000(元)$$
$$B 车车上人员医疗费用核定承担金额 = 7000/(2 - 1) = 7000(元)$$

财产损失核定承担金额 = $1000/2 + 5000/(2 - 1) = 5500$(元)(超过财产损失赔偿限额,按限额赔偿,赔偿金额为2000元)。

$$A 车交强险赔偿金额 = 60000 + 7000 + 2000 = 69000(元)$$

其中:

$$A 车交强险对 B 车损的赔款 = 2000 \times [5000/(500 + 5000)] = 1818.18(元)$$
$$A 车交强险对路产损失的赔款 = 2000 \times [500/(500 + 5000)] = 181.82(元)$$

(2)肇事机动车中有部分适用无责任赔偿限额的,按各机动车交强险赔偿限额占总赔偿限额的比例,在各自交强险分项赔偿限额内计算赔偿。

【例3-7】 A、B、C 三车发生交通事故,造成第三方人员甲受伤,A、B 两车各负50%的事故责任,C 车和受害人甲无事故责任,受害人支出医疗费用4500元。设适用的交强险医疗费用赔偿限额为10000元,交强险无责任医疗费用赔偿限额为1000元,则 A、B、C 三车对受害人甲应承担的赔偿金额分别为:

A 车交强险医疗费用赔款 = $4500 \times [10000/(10000 + 10000 + 1000)] = 2142.86$(元)
B 车交强险医疗费用赔款 = $4500 \times [10000/(10000 + 10000 + 1000)] = 2142.86$(元)
C 车交强险医疗费用赔款 = $4500 \times [1000/(10000 + 10000 + 1000)] = 214.28$(元)

4. 综合案例

【例3-8】 A、B 两机动车发生交通事故,两车均有责任。A、B 两车车损分别为2000

元、5000 元, B 车车上人员医疗费用 7000 元, 死亡伤残费用 6 万元, 另造成路产损失 1000元。设两车适用的交强险财产损失赔偿限额为 2000 元, 医疗费用赔偿限额为 1 万元, 死亡伤残赔偿限额为 11 万元, 则:

(1) A 车交强险赔偿计算。

A 车交强险赔偿金额 = 受害人死亡伤残费用赔款 + 受害人医疗费用赔款 + 受害人财产损失赔款 = B 车车上人员死亡伤残费用核定承担金额 + B 车车上人员医疗费用核定承担金额 + 财产损失核定承担金额

B 车车上人员死亡伤残费用核定承担金额 = 60000 ÷ (2 − 1) = 60000(元)

B 车车上人员医疗费用核定承担金额 = 7000 ÷ (2 − 1) = 7000(元)

财产损失核定承担金额 = 路产损失核定承担金额 + B 车损核定承担金额 = 1000 ÷ 2 + 5000 ÷ (2 − 1) = 5500(元), 超过财产损失赔偿限额, 按限额赔偿, 赔偿金额为 2000 元。

其中, A 车交强险对 B 车损的赔款 = 财产损失赔偿限额 × B 车损核定承担金额 ÷ (路产损失核定承担金额 + B 车损核定承担金额) = 2000 × [5000 ÷ (1000 ÷ 2 + 5000)] = 1818.18(元)。

其中, A 车交强险对路产损失的赔款 = 财产损失赔偿限额 × 路产损失核定承担金额 ÷ (路产损失核定承担金额 + B 车损核定承担金额) = 2000 × [(1000 ÷ 2) ÷ (1000 ÷ 2 + 5000)] = 181.82(元)。

A 车交强险赔偿金额 = 60000 + 7000 + 2000 = 69000(元)

(2) B 车交强险赔偿计算。

B 车交强险赔偿金额 = 路产损失核定承担金额 + A 车损核定承担金额 = 1000 ÷ 2 + 2000 ÷ (2 − 1) = 2500(元), 超过财产损失赔偿限额, 按限额赔偿, 赔偿金额为 2000 元。

本章小结

本章主要内容包括国内外汽车交通事故责任强制保险的发展历程、我国机动车交通事故责任保险细则、机动车交通事故责任强制保险承保、理赔实务等内容。

下列的总体概要覆盖了本章的主要学习内容, 可以利用以下线索对所学内容进行一次简要的回顾, 以便归纳、总结和关联相应的知识点。

1. 机动车交通事故责任保险概述

介绍了国外强制汽车责任保险发展历程、我国的强制汽车责任保险的发展历程、相关规定、特征、实施方式等内容。

2. 我国机动车交通事故责任保险细则

介绍了机动车交通事故责任强制保险的总则、定义、保险责任、垫付与追偿、责任免除、保险期间、投保人和被保险人义务、赔偿处理、合同变更与终止、附则等内容。

3. 机动车交通事故责任强制保险承保、理赔实务

介绍了机动车交通事故责任保险承保、机动车交通事故责任保险理赔、交强险财产损失"互碰自赔"处理办法和交强险费率等内容。

自测题

一、单项选择题(下列各题的备选答案中,只有一个选项是正确的,请把正确答案的序号填写在括号内)

1. 在机动车辆保险中,保险车辆撞倒路旁电杆,电杆随即又砸伤行人和砸坏建筑物,其损失的性质属于(　　)。

　A. 财产直接损失　　　　　　　　B. 财产间接损失

　C. 人身损害　　　　　　　　　　D. 公共财物损害

2. 车损赔案在立案时要求录入的估损金额是指(　　)。

　A. 实际车损金额　　　　　　　　B. 三者人伤费用

　C. 事故总损失　　　　　　　　　D. 估计赔偿金额

3. 以下说法正确的是(　　)。

　A. 交强险在赔偿处理时保险人依据被保险机动车驾驶人在事故中所负的事故责任比例,承担相应的赔偿责任

　B. 驾驶人饮酒、吸食或注射毒品、被药物麻醉后使用保险车辆,保险人应按交警的事故认定书中其所承担的责任赔偿

　C. 违章搭乘人员的人身伤亡属于车上人员责任险的保险责任

　D. 受害人死亡后其亲属办理丧葬事宜时的交通费,应由保险公司负责

二、判断题(在括号内正确的打√、错误的打×)

1. 交强险合同中的责任限额是指保险人对保险事故所有受害人的人身伤亡和财产损失所承担的累计最高赔偿金额。　　　　　　　　　　　　　　　　　　　　(　　)

2. 被保险人故意制造交通事故的,保险人在医疗费用赔偿限额内不进行垫付。(　　)

3. 在保险合同有效期内,被保险机动车因改装、加装、使用性质改变等导致危险程度增加的,被保险人应当及时通知保险人,并办理批改手续。　　　　　　　　　　(　　)

三、简答题

1. 简要说明交强险有哪些特征。

2. 目前我国机动车交强险的费率如何确定?

3. 2011 年春节,李某一家 3 人驾车出游,在经过一转弯路段时,与对面×车相撞。导致×车驾驶人死亡,×车车上人员小王重伤,李某一家 3 人重伤。两车均只购买了交强险,都在保险期间。思考:各家保险公司分别为哪些人赔付?

4. 2012 年 7 月 1 日,A 车在去往秦皇岛的途中被 B 车碰撞,B 车负事故全部责任,两车均只有交强险。两车的维修费如下:A 车 3000 元;B 车 1000 元。

思考:

(1)若事故中 B 车负全部责任,A、B 各在的保险公司如何赔偿对方的损失?

(2)若事故中 A 负责 40% 的责任,B 负责 60% 的责任,如何赔偿?

第4章 汽车商业保险

导言

本章主要介绍了汽车商业保险的机动车损失险、机动车第三者责任险、车上人员责任险、机动车盗抢险和附加险条款及其解释等内容。通过本章内容的学习,力求使学生掌握机动车损失险、机动车第三者责任险、车上人员责任险、机动车盗抢险等基本险,了解附加险条款及其解释,为继续学习相关章节打下坚实的基础。

学习目标

1.认知目标

(1)了解汽车商业险的发展历程。

(2)掌握机动车第三者责任险、机动车损失险、机动车盗抢险、机动车车上人员责任险的概念。

(3)掌握典型主险的赔款计算方法。

2.技能目标

(1)能熟练分析车险赔款案例。

(2)能准确计算赔款。

(3)能为投保人制定商业车险投保方案。

(4)熟悉典型汽车商业险条款内容。

(5)熟悉汽车附加险的类型及定义。

3.情感目标

(1)培养学生对汽车保险的学习兴趣。

(2)发挥自主学习的能力和团队合作精神,养成良好的工作作风。

(3)能正确解释机动车第三者责任险、机动车损失险、机动车盗抢险、机动车车上人员责任险的概念并能为投保人制定商业车险投保方案。

4.1 汽车商业保险概述

汽车商业保险与机动车交通事故责任强制保险不同,是车主自愿购买的保险。

2003年以前,我国各保险公司统一实行由中国保监会制定的《机动车辆保险条款》(保监发〔2000〕16号)。

　　后来随着机动车保有量的不断增长以及我国加入 WTO 等情况的变化,同时为促进机动车保险业务的发展,提高保险公司经营管理水平和服务质量,保监会于 2002 年 3 月 4 日发布《改革机动车辆保险条款费率管理办法有关问题的通知》(保监发〔2002〕26 号),规定机动车辆保险条款费率由各保险公司自主制定、修改和调整,经保监会备案后,向社会公布。同年 8 月 15 日保监会又发布《关于改革机动车辆保险条款费率管理制度的通知》(保监发〔2002〕87 号),规定自 2003 年 1 月 1 日起在全国范围内实施新的机动车辆保险条款费率管理制度。

　　在新的制度下,各家保险公司为吸引客户纷纷使用各种策略,于是,出现了一些不正常的竞争现象,严重干扰了汽车保险市场的秩序。

　　为规范市场行为,促进汽车保险行业的有序竞争和良性发展,我国在 2006 年上半年又由保险行业协会统一制定了包括车辆损失保险和第三者责任保险的 A、B、C 三款条款,各保险公司任选其一(天平汽车保险公司除外),其他条款再由各保险公司自己制定,报保险监督管理部门备案即可。

　　2007 年 4 月 1 日起,全国又启动了由保险行业协会牵头开发的 2007 版 A、B、C 三款条款,国内经营机动车保险的保险公司都必须从这三款条款中选择一款经营(天平汽车保险公司除外)。如中国人民保险公司经营为 A 款,中国平安保险公司经营 B 款、太平洋保险公司经营 C 款。

　　2007 版 A、B、C 条款与 2006 版相比,2007 版条款涵盖险种增多,主要包括车辆损失保险、第三者责任保险、车上人员责任险、全车盗抢险、不计免赔率特约险、玻璃单独破碎险、车身划痕损失险和可选免赔额特约险等,这些主要险种的条款基本类似。因此,我国现行的机动车辆商业保险险种是由基本统一的主险险种和主要的附加险险种以及各家保险公司自主制定的其他附加险险种组成。

　　此后,由于我国的机动车辆保险市场正处于不断发展、完善的过程之中,保险公司还存在承保理赔服务不到位等各种问题。为促进保险市场健康有序发展,保监会针对市场上出现的新情况、新问题,在广泛开展调查研究的基础上,决定对机动车辆商业保险相关制度作进一步修改和完善,系统地规范保险公司拟订商业车险条款费率的原则、条件及配套监管办法,从制度层面上更好地解决社会公众关心的热点、焦点问题,全面推动保险公司的发展。

　　2012 年 2 月 23 日,保监会推出《关于加强机动车辆商业保险条款费率管理的通知》保监发〔2012〕16 号(以下简称《通知》),《通知》是保险公司制定车险条款费率的指导原则和监管部门依法监管车险产品的重要依据,明晰了保险监管部门、保险行业协会和保险公司三者的关系,保险公司作为主体,应当对拟订的商业车险条款费率承担相应的法律责任。这就要求保险公司应当依据法律、行政法规和保监会的有关规定,拟订商业车险条款和费率。标志着我国机动车辆商业车险的条款和费率的管理向市场化方向不断改革的趋势。

　　2016 年,保监会又出文《中国保险行业协会机动车综合商业保险示范条款》,对机动车商业保险进行规范。以下为中国保险行业协会机动车综合商业保险示范条款的总则。

　　第一条　本保险条款分为主险、附加险。

　　主险包括机动车损失保险、机动车第三者责任保险、机动车车上人员责任保险、机动车全车盗抢保险共四个独立的险种,投保人可以选择投保全部险种,也可以选择投保其中部分险种。保险人依照本保险合同的约定,按照承保险种分别承担保险责任。

　　附加险不能独立投保。附加险条款与主险条款相抵触之处,以附加险条款为准,附加险条款未尽之处,以主险条款为准。

　　第二条　本保险合同中的被保险机动车是指在中华人民共和国境内(不含港、澳、台地区)行驶,以动力装置驱动或者牵引,上道路行驶的供人员乘用或者用于运送物品以及进行专项作业的轮式车辆(含挂车)、履带式车辆和其他运载工具,但不包括摩托车、拖拉机、特种车。

　　第三条　本保险合同中的第三者是指因被保险机动车发生意外事故遭受人身伤亡或者财产损失的人,但不包括被保险机动车本车车上人员、被保险人。

　　第四条　本保险合同中的车上人员是指发生意外事故的瞬间,在被保险机动车车体内或车体上的人员,包括正在上下车的人员。

　　第五条　本保险合同中的各方权利和义务,由保险人、投保人遵循公平原则协商确定。保险人、投保人自愿订立本保险合同。

　　除本保险合同另有约定外,投保人应在保险合同成立时一次缴清保险费。保险费未缴清前,本保险合同不生效。

4.2　机动车损失险

4.2.1　机动车损失险的含义

　　机动车损失险,又称车辆损失险,指保险车辆遭受保险责任范围内的自然灾害(不包括地震)或意外事故,造成保险车辆本身损失,以及发生的合理施救费用,保险人依据保险合同的规定给予赔偿。由于使用汽车的意外事故很多,各国为扩大对被保险人的保障,方便投保人的购买,车辆损失险一般提供较综合的保险责任,涵盖碰撞损失危险和非碰撞损失危险。后来,各国又针对一些损失频率很高的危险事故,从综合的保险责任中剔除,被单独开发成独立险种。

4.2.2　机动车损失险细则及解释

1.保险责任

　　第六条　保险期间内,被保险人或其允许的驾驶人在使用被保险机动车过程中,因下列原因造成被保险机动车的直接损失,且不属于免除保险人责任的范围,保险人依照本保险合同的约定负责赔偿:

　　(一)碰撞、倾覆、坠落;

　　(二)火灾、爆炸;

　　(三)外界物体坠落、倒塌;

　　(四)雷击、暴风、暴雨、洪水、龙卷风、冰雹、台风、热带风暴;

（五）地陷、崖崩、滑坡、泥石流、雪崩、冰陷、暴雪、冰凌、沙尘暴；

（六）受到被保险机动车所载货物、车上人员意外撞击；

（七）载运被保险机动车的渡船遭受自然灾害（只限于驾驶人随船的情形）。

第七条　发生保险事故时，被保险人或其允许的驾驶人为防止或者减少被保险机动车的损失所支付的必要的、合理的施救费用，由保险人承担；施救费用数额在被保险机动车损失赔偿金额以外另行计算，最高不超过保险金额的数额。

2.责任免除

第八条　在上述保险责任范围内，下列情况下，不论任何原因造成被保险机动车的任何损失和费用，保险人均不负责赔偿：

（一）事故发生后，被保险人或其允许的驾驶人故意破坏现场、伪造现场、毁灭证据；

（二）驾驶人有下列情形之一者：

（1）事故发生后，在未依法采取措施的情况下驾驶被保险机动车或者遗弃被保险机动车离开事故现场；

（2）饮酒、吸食或注射毒品、服用国家管制的精神药品或者麻醉药品；

（3）无驾驶证，驾驶证被依法扣留、暂扣、吊销、注销期间；

（4）驾驶与驾驶证载明的准驾车型不相符合的机动车；

（5）实习期内驾驶公共汽车、营运客车或者执行任务的警车、载有危险物品的机动车或牵引挂车的机动车；

（6）驾驶出租机动车或营业性机动车无交通运输管理部门核发的许可证书或其他必备证书；

（7）学习驾驶时无合法教练员随车指导；

（8）非被保险人允许的驾驶人。

（三）被保险机动车有下列情形之一者：

（1）发生保险事故时被保险机动车行驶证、号牌被注销的，或未按规定检验或检验不合格；

（2）被扣押、收缴、没收、政府征用期间；

（3）在竞赛、测试期间，在营业性场所维修、维护、改装期间；

（4）被保险人或其允许的驾驶人故意或重大过失，导致被保险机动车被利用从事犯罪行为。

第九条　下列原因导致的被保险机动车的损失和费用，保险人不负责赔偿：

（一）地震及其次生灾害；

（二）战争、军事冲突、恐怖活动、暴乱、污染（含放射性污染）、核反应、核辐射；

（三）人工直接供油、高温烘烤、自燃、不明原因火灾；

（四）违反安全装载规定；

（五）被保险机动车被转让、改装、加装或改变使用性质等，被保险人、受让人未及时通知保险人，且因转让、改装、加装或改变使用性质等导致被保险机动车危险程度显著增加；

（六）被保险人或其允许的驾驶人的故意行为。

第十条　下列损失和费用，保险人不负责赔偿：

（一）因市场价格变动造成的贬值、修理后因价值降低引起的减值损失；

（二）自然磨损、朽蚀、腐蚀、故障、本身质量缺陷；

（三）遭受保险责任范围内的损失后，未经必要修理并检验合格继续使用，致使损失扩大的部分；

（四）投保人、被保险人或其允许的驾驶人知道保险事故发生后，故意或者因重大过失未及时通知，致使保险事故的性质、原因、损失程度等难以确定的，保险人对无法确定的部分，不承担赔偿责任，但保险人通过其他途径已经及时知道或者应当及时知道保险事故发生的除外；

（五）因被保险人违反本条款第十六条约定，导致无法确定的损失；

（六）被保险机动车全车被盗窃、被抢劫、被抢夺、下落不明，以及在此期间受到的损坏，或被盗窃、被抢劫、被抢夺未遂受到的损坏，或车上零部件、附属设备丢失；

（七）车轮单独损坏，玻璃单独破碎，无明显碰撞痕迹的车身划痕，以及新增设备的损失；

（八）发动机进水后导致的发动机损坏。

3. 免赔率与免赔额

第十一条　保险人在依据本保险合同约定计算赔款的基础上，按照下列方式免赔：

（一）被保险机动车一方负次要事故责任的，实行5%的事故责任免赔率；负同等事故责任的，实行10%的事故责任免赔率；负主要事故责任的，实行15%的事故责任免赔率；负全部事故责任或单方肇事事故的，实行20%的事故责任免赔率。

（二）被保险机动车的损失应当由第三方负责赔偿，无法找到第三方的，实行30%的绝对免赔率。

（三）违反安全装载规定、但不是事故发生的直接原因的，增加10%的绝对免赔率。

（四）对于投保人与保险人在投保时协商确定绝对免赔额的，本保险在实行免赔率的基础上增加每次事故绝对免赔额。

4. 保险金额

第十二条　保险金额按投保时被保险机动车的实际价值确定。

投保时被保险机动车的实际价值由投保人与保险人根据投保时的新车购置价减去折旧金额后的价格协商确定或其他市场公允价值协商确定。

折旧金额可根据本保险合同列明的参考折旧系数表确定，见表4-1。

机动车参考折旧系数表　　　　　　　　　　　　表4-1

车辆种类	月折旧系数（%）			
	家庭自用	非营业	营业	
			出租	其他
9座以下客车	0.6	0.6	1.10	0.9
10座以上客车	0.9	0.9	1.10	0.9
微型载货汽车	—	0.9	1.10	1.10
带拖挂的载货汽车		0.9	1.10	1.10
低速货车和三轮汽车	—	1.10	1.40	1.40
其他车辆	—	0.9	1.10	0.9

折旧按月计算,不足一个月的部分,不计折旧。最高折旧金额不超过投保时被保险机动车新车购置价的 80%。

$$折旧金额 = 新车购置价 \times 被保险机动车已使用月数 \times 月折旧系数$$

5. 赔偿处理

第十三条 发生保险事故时,被保险人或其允许的驾驶人应当及时采取合理的、必要的施救和保护措施,防止或者减少损失,并在保险事故发生后 48 小时内通知保险人。被保险人或其允许的驾驶人根据有关法律法规规定选择自行协商方式处理交通事故的,应当立即通知保险人。

第十四条 被保险人或其允许的驾驶人根据有关法律法规规定选择自行协商方式处理交通事故的,应当协助保险人勘验事故各方车辆、核实事故责任,并依照《道路交通事故处理程序规定》签订记录交通事故情况的协议书。

第十五条 被保险人索赔时,应当向保险人提供与确认保险事故的性质、原因、损失程度等有关的证明和资料。

被保险人应当提供保险单、损失清单、有关费用单据、被保险机动车行驶证和发生事故时驾驶人的驾驶证。

属于道路交通事故的,被保险人应当提供公安机关交通管理部门或法院等机构出具的事故证明、有关的法律文书(判决书、调解书、裁定书、裁决书等)及其他证明。被保险人或其允许的驾驶人根据有关法律法规规定选择自行协商方式处理交通事故的,被保险人应当提供依照《道路交通事故处理程序规定》签订记录交通事故情况的协议书。

第十六条 因保险事故损坏的被保险机动车,应当尽量修复。修理前被保险人应当会同保险人检验,协商确定修理项目、方式和费用。对未协商确定的,保险人可以重新核定。

第十七条 被保险机动车遭受损失后的残余部分由保险人、被保险人协商处理。如折归被保险人的,由双方协商确定其价值并在赔款中扣除。

第十八条 因第三方对被保险机动车的损害而造成保险事故,被保险人向第三方索赔的,保险人应积极协助;被保险人也可以直接向本保险人索赔,保险人在保险金额内先行赔付被保险人,并在赔偿金额内代位行使被保险人对第三方请求赔偿的权利。

被保险人已经从第三方取得损害赔偿的,保险人进行赔偿时,相应扣减被保险人从第三方已取得的赔偿金额。

保险人未赔偿之前,被保险人放弃对第三方请求赔偿的权利的,保险人不承担赔偿责任。

被保险人故意或者因重大过失致使保险人不能行使代位请求赔偿的权利的,保险人可以扣减或者要求返还相应的赔款。

保险人向被保险人先行赔付的,保险人向第三方行使代位请求赔偿的权利时,被保险人应当向保险人提供必要的文件和所知道的有关情况。

第十九条 机动车损失赔款按以下方法计算:

(一)全部损失:

赔款 =(保险金额 – 被保险人已从第三方获得的赔偿金额)×
　　　(1 – 事故责任免赔率)×(1 – 绝对免赔率之和)– 绝对免赔额

(二)部分损失:

被保险机动车发生部分损失,保险人按实际修复费用在保险金额内计算赔偿:

$$赔款 = (实际修复费用 - 被保险人已从第三方获得的赔偿金额) \times$$
$$(1 - 事故责任免赔率) \times (1 - 绝对免赔率之和) - 绝对免赔额$$

(三)施救费:

施救的财产中,含有本保险合同未保险的财产,应按本保险合同保险财产的实际价值占总施救财产的实际价值比例分摊施救费用。

第二十条　保险人受理报案、现场查勘、核定损失、参与诉讼、进行抗辩、要求被保险人提供证明和资料、向被保险人提供专业建议等行为,均不构成保险人对赔偿责任的承诺。

第二十一条　被保险机动车发生本保险事故,导致全部损失,或一次赔款金额与免赔金额之和(不含施救费)达到保险金额,保险人按本保险合同约定支付赔款后,本保险责任终止,保险人不退还机动车损失保险及其附加险的保险费。

4.3　机动车第三者责任险

4.3.1　机动车第三者责任险的含义

机动车第三者责任险是指保险车辆因意外事故,致使他人遭受人身伤亡或财产直接损失时,保险人依照保险合同的规定给予赔偿。它对于维护受害者的合法权益具有重要作用。前一章的交强险属于强制第三者责任险,而本节介绍的商业第三者责任险属于自愿购买的险种,作为交强险的补充赔偿保险。所以,这里所说的第三者是指在保险合同中遭受人身伤害或财产损失的受害人,为第三方;保险人或投保人为第二方,即第二者;保险公司作为一方,即第一者。

4.3.2　机动车第三者责任险细则及解释

1. 保险责任

第二十二条　保险期间内,被保险人或其允许的驾驶人在使用被保险机动车过程中发生意外事故,致使第三者遭受人身伤亡或财产直接损毁,依法应当对第三者承担的损害赔偿责任,且不属于免除保险人责任的范围,保险人依照本保险合同的约定,对于超过机动车交通事故责任强制保险各分项赔偿限额的部分负责赔偿。

第二十三条　保险人依据被保险机动车一方在事故中所负的事故责任比例,承担相应的赔偿责任。

被保险人或被保险机动车一方根据有关法律法规规定选择自行协商或由公安机关交通管理部门处理事故未确定事故责任比例的,按照下列规定确定事故责任比例:

被保险机动车一方负主要事故责任的,事故责任比例为70%;

被保险机动车一方负同等事故责任的,事故责任比例为50%;

被保险机动车一方负次要事故责任的,事故责任比例为30%。

涉及司法或仲裁程序的,以法院或仲裁机构最终生效的法律文书为准。

2. 责任免除

第二十四条 在上述保险责任范围内,下列情况下,不论任何原因造成的人身伤亡、财产损失和费用,保险人均不负责赔偿:

(一)事故发生后,被保险人或其允许的驾驶人故意破坏现场、伪造现场、毁灭证据;

(二)驾驶人有下列情形之一者:

(1)事故发生后,在未依法采取措施的情况下驾驶被保险机动车或者遗弃被保险机动车离开事故现场;

(2)饮酒、吸食或注射毒品、服用国家管制的精神药品或者麻醉药品;

(3)无驾驶证,驾驶证被依法扣留、暂扣、吊销、注销期间;

(4)驾驶与驾驶证载明的准驾车型不相符合的机动车;

(5)实习期内驾驶公共汽车、营运客车或者执行任务的警车、载有危险物品的机动车或牵引挂车的机动车;

(6)驾驶出租机动车或营业性机动车无交通运输管理部门核发的许可证书或其他必备证书;

(7)学习驾驶时无合法教练员随车指导;

(8)非被保险人允许的驾驶人。

(三)被保险机动车有下列情形之一者。

(1)发生保险事故时被保险机动车行驶证、号牌被注销的,或未按规定检验或检验不合格;

(2)被扣押、收缴、没收、政府征用期间;

(3)在竞赛、测试期间,在营业性场所维修、维护、改装期间;

(4)全车被盗窃、被抢劫、被抢夺、下落不明期间。

第二十五条 下列原因导致的人身伤亡、财产损失和费用,保险人不负责赔偿:

(一)地震及其次生灾害、战争、军事冲突、恐怖活动、暴乱、污染(含放射性污染)、核反应、核辐射;

(二)第三者、被保险人或其允许的驾驶人的故意行为、犯罪行为,第三者与被保险人或其他致害人恶意串通的行为;

(三)被保险机动车被转让、改装、加装或改变使用性质等,被保险人、受让人未及时通知保险人,且因转让、改装、加装或改变使用性质等导致被保险机动车危险程度显著增加。

第二十六条 下列人身伤亡、财产损失和费用,保险人不负责赔偿:

(一)被保险机动车发生意外事故,致使任何单位或个人停业、停驶、停电、停水、停气、停产、通信或网络中断、电压变化、数据丢失造成的损失以及其他各种间接损失;

(二)第三者财产因市场价格变动造成的贬值,修理后因价值降低引起的减值损失;

(三)被保险人及其家庭成员、被保险人允许的驾驶人及其家庭成员所有、承租、使用、管理、运输或代管的财产的损失,以及本车上财产的损失;

(四)被保险人、被保险人允许的驾驶人、本车车上人员的人身伤亡;

（五）停车费、保管费、扣车费、罚款、罚金或惩罚性赔款；

（六）超出《道路交通事故受伤人员临床诊疗指南》和国家基本医疗保险同类医疗费用标准的费用部分；

（七）律师费，未经保险人事先书面同意的诉讼费、仲裁费；

（八）投保人、被保险人或其允许的驾驶人知道保险事故发生后，故意或者因重大过失未及时通知，致使保险事故的性质、原因、损失程度等难以确定的，保险人对无法确定的部分，不承担赔偿责任，但保险人通过其他途径已经及时知道或者应当及时知道保险事故发生的除外；

（九）因被保险人违反本条款第三十四条约定，导致无法确定的损失；

（十）精神损害抚慰金；

（十一）应当由机动车交通事故责任强制保险赔偿的损失和费用。

保险事故发生时，被保险机动车未投保机动车交通事故责任强制保险或机动车交通事故责任强制保险合同已经失效的，对于机动车交通事故责任强制保险责任限额以内的损失和费用，保险人不负责赔偿。

3. 免赔率

第二十七条　保险人在依据本保险合同约定计算赔款的基础上，在保险单载明的责任限额内，按照下列方式免赔：

（一）被保险机动车一方负次要事故责任的，实行5%的事故责任免赔率；负同等事故责任的，实行10%的事故责任免赔率；负主要事故责任的，实行15%的事故责任免赔率；负全部事故责任的，实行20%的事故责任免赔率；

（二）违反安全装载规定的，实行10%的绝对免赔率。

4. 责任限额

第二十八条　每次事故的责任限额，由投保人和保险人在签订本保险合同时协商确定。

第二十九条　主车和挂车连接使用时视为一体，发生保险事故时，由主车保险人和挂车保险人按照保险单上载明的机动车第三者责任保险责任限额的比例，在各自的责任限额内承担赔偿责任，但赔偿金额总和以主车的责任限额为限。

5. 赔偿处理

第三十条　发生保险事故时，被保险人或其允许的驾驶人应当及时采取合理的、必要的施救和保护措施，防止或者减少损失，并在保险事故发生后48小时内通知保险人。被保险人或其允许的驾驶人根据有关法律法规规定选择自行协商方式处理交通事故的，应当立即通知保险人。

第三十一条　被保险人或其允许的驾驶人根据有关法律法规规定选择自行协商方式处理交通事故的，应当协助保险人勘验事故各方车辆、核实事故责任，并依照《道路交通事故处理程序规定》签订记录交通事故情况的协议书。

第三十二条　被保险人索赔时，应当向保险人提供与确认保险事故的性质、原因、损失程度等有关的证明和资料。

被保险人应当提供保险单、损失清单、有关费用单据、被保险机动车行驶证和发生事故时驾驶人的驾驶证。

属于道路交通事故的,被保险人应当提供公安机关交通管理部门或法院等机构出具的事故证明、有关的法律文书(判决书、调解书、裁定书、裁决书等)及其他证明。被保险人或其允许的驾驶人根据有关法律法规规定选择自行协商方式处理交通事故的,被保险人应当提供依照《道路交通事故处理程序规定》签订记录交通事故情况的协议书。

第三十三条　保险人对被保险人给第三者造成的损害,可以直接向该第三者赔偿。

被保险人给第三者造成损害,被保险人对第三者应负的赔偿责任确定的,根据被保险人的请求,保险人应当直接向该第三者赔偿。被保险人怠于请求的,第三者有权就其应获赔偿部分直接向保险人请求赔偿。

被保险人给第三者造成损害,被保险人未向该第三者赔偿的,保险人不得向被保险人赔偿。

第三十四条　因保险事故损坏的第三者财产,应当尽量修复。修理前被保险人应当会同保险人检验,协商确定修理项目、方式和费用。对未协商确定的,保险人可以重新核定。

第三十五条　赔款计算。

(1)当(依合同约定核定的第三者损失金额 – 机动车交通事故责任强制保险的分项赔偿限额)×事故责任比例等于或高于每次事故赔偿限额时:

赔款 = 每次事故赔偿限额×(1 – 事故责任免赔率)×(1 – 绝对免赔率之和)

(2)当(依合同约定核定的第三者损失金额 – 机动车交通事故责任强制保险的分项赔偿限额)×事故责任比例低于每次事故赔偿限额时:

赔款 = (依合同约定核定的第三者损失金额 – 机动车交通事故责任强制保险的分项赔偿限额)×事故责任比例×(1 – 事故责任免赔率)×(1 – 绝对免赔率之和)

第三十六条　保险人按照《道路交通事故受伤人员临床诊疗指南》和国家基本医疗保险的同类医疗费用标准核定医疗费用的赔偿金额。

未经保险人书面同意,被保险人自行承诺或支付的赔偿金额,保险人有权重新核定。不属于保险人赔偿范围或超出保险人应赔偿金额的,保险人不承担赔偿责任。

第三十七条　保险人受理报案、现场查勘、核定损失、参与诉讼、进行抗辩、要求被保险人提供证明和资料、向被保险人提供专业建议等行为,均不构成保险人对赔偿责任的承诺。

4.4　车上人员责任险

4.4.1　车上人员责任险的含义

车上人员责任险是机动车商业险的主要保险,它的主要功能是赔偿车辆因交通事故造成的车内人员的伤亡损失。

4.4.2　车上人员责任险细则及解释

1.保险责任

第三十八条　保险期间内,被保险人或其允许的驾驶人在使用被保险机动车过程中发生意外事故,致使车上人员遭受人身伤亡,且不属于免除保险人责任的范围,依法应当对车上人员承担的损害赔偿责任,保险人依照本保险合同的约定负责赔偿。

第三十九条 保险人依据被保险机动车一方在事故中所负的事故责任比例,承担相应的赔偿责任。

被保险人或被保险机动车一方根据有关法律法规规定选择自行协商或由公安机关交通管理部门处理事故未确定事故责任比例的,按照下列规定确定事故责任比例:

被保险机动车一方负主要事故责任的,事故责任比例为70%;

被保险机动车一方负同等事故责任的,事故责任比例为50%;

被保险机动车一方负次要事故责任的,事故责任比例为30%。

涉及司法或仲裁程序的,以法院或仲裁机构最终生效的法律文书为准。

2.责任免除

第四十条 在上述保险责任范围内,下列情况下,不论任何原因造成的人身伤亡,保险人均不负责赔偿:

(一)事故发生后,被保险人或其允许的驾驶人故意破坏现场、伪造现场、毁灭证据;

(二)驾驶人有下列情形之一者:

(1)事故发生后,在未依法采取措施的情况下驾驶被保险机动车或者遗弃被保险机动车离开事故现场;

(2)饮酒、吸食或注射毒品、服用国家管制的精神药品或者麻醉药品;

(3)无驾驶证,驾驶证被依法扣留、暂扣、吊销、注销期间;

(4)驾驶与驾驶证载明的准驾车型不相符合的机动车;

(5)实习期内驾驶公共汽车、营运客车或者执行任务的警车、载有危险物品的机动车或牵引挂车的机动车;

(6)驾驶出租机动车或营业性机动车无交通运输管理部门核发的许可证书或其他必备证书;

(7)学习驾驶时无合法教练员随车指导;

(8)非被保险人允许的驾驶人。

(三)被保险机动车有下列情形之一者:

(1)发生保险事故时被保险机动车行驶证、号牌被注销的,或未按规定检验或检验不合格;

(2)被扣押、收缴、没收、政府征用期间;

(3)在竞赛、测试期间,在营业性场所维修、维护、改装期间;

(4)全车被盗窃、被抢劫、被抢夺、下落不明期间。

第四十一条 下列原因导致的人身伤亡,保险人不负责赔偿:

(一)地震及其次生灾害、战争、军事冲突、恐怖活动、暴乱、污染(含放射性污染)、核反应、核辐射;

(二)被保险机动车被转让、改装、加装或改变使用性质等,被保险人、受让人未及时通知保险人,且因转让、改装、加装或改变使用性质等导致被保险机动车危险程度显著增加;

(三)被保险人或驾驶人的故意行为。

第四十二条　下列人身伤亡、损失和费用,保险人不负责赔偿:

(一)被保险人及驾驶人以外的其他车上人员的故意行为造成的自身伤亡;

(二)车上人员因疾病、分娩、自残、斗殴、自杀、犯罪行为造成的自身伤亡;

(三)违法、违章搭乘人员的人身伤亡;

(四)罚款、罚金或惩罚性赔款;

(五)超出《道路交通事故受伤人员临床诊疗指南》和国家基本医疗保险同类医疗费用标准的费用部分;

(六)律师费,未经保险人事先书面同意的诉讼费、仲裁费;

(七)投保人、被保险人或其允许的驾驶人知道保险事故发生后,故意或者因重大过失未及时通知,致使保险事故的性质、原因、损失程度等难以确定的,保险人对无法确定的部分,不承担赔偿责任,但保险人通过其他途径已经及时知道或者应当及时知道保险事故发生的除外;

(八)精神损害抚慰金;

(九)应当由机动车交通事故责任强制保险赔付的损失和费用。

3. 免赔率

第四十三条　保险人在依据本保险合同约定计算赔款的基础上,在保险单载明的责任限额内,按照下列方式免赔:

被保险机动车一方负次要事故责任的,实行5%的事故责任免赔率;负同等事故责任的,实行10%的事故责任免赔率;负主要事故责任的,实行15%的事故责任免赔率;负全部事故责任或单方肇事事故的,实行20%的事故责任免赔率。

4. 责任限额

第四十四条　驾驶人每次事故责任限额和乘客每次事故每人责任限额由投保人和保险人在投保时协商确定。投保乘客座位数按照被保险机动车的核定载客数(驾驶人座位除外)确定。

5. 赔偿处理

第四十五条　发生保险事故时,被保险人或其允许的驾驶人应当及时采取合理的、必要的施救和保护措施,防止或者减少损失,并在保险事故发生后48小时内通知保险人。被保险人或其允许的驾驶人根据有关法律法规规定选择自行协商方式处理交通事故的,应当立即通知保险人。

第四十六条　被保险人或其允许的驾驶人根据有关法律法规规定选择自行协商方式处理交通事故的,应当协助保险人勘验事故各方车辆、核实事故责任,并依照《道路交通事故处理程序规定》签订记录交通事故情况的协议书。

第四十七条　被保险人索赔时,应当向保险人提供与确认保险事故的性质、原因、损失程度等有关的证明和资料。

被保险人应当提供保险单、损失清单、有关费用单据、被保险机动车行驶证和发生事故时驾驶人的驾驶证。

属于道路交通事故的,被保险人应当提供公安机关交通管理部门或法院等机构出具的事故证明、有关的法律文书(判决书、调解书、裁定书、裁决书等)和通过机动车交通事故责任强制保险获得赔偿金额的证明材料。被保险人或其允许的驾驶人根据有关法律法规规定选择自行协商方式处理交通事故的,被保险人应当提供依照《道路交通事故处理程序规定》签订记录交通事故情况的协议书和通过机动车交通事故责任强制保险获得赔偿金额的证明材料。

第四十八条 赔款计算。

(一)对每座的受害人,当(依合同约定核定的每座车上人员人身伤亡损失金额－应由机动车交通事故责任强制保险赔偿的金额)×事故责任比例高于或等于每次事故每座赔偿限额时:

$$赔款 = 每次事故每座赔偿限额 \times (1 - 事故责任免赔率)$$

(二)对每座的受害人,当(依合同约定核定的每座车上人员人身伤亡损失金额－应由机动车交通事故责任强制保险赔偿的金额)×事故责任比例低于每次事故每座赔偿限额时:

$$赔款 = (依合同约定核定的每座车上人员人身伤亡损失金额 - 应由机动车交通事故$$
$$责任强制保险赔偿的金额) \times 事故责任比例 \times (1 - 事故责任免赔率)$$

第四十九条 保险人按照《道路交通事故受伤人员临床诊疗指南》和国家基本医疗保险的同类医疗费用标准核定医疗费用的赔偿金额。

未经保险人书面同意,被保险人自行承诺或支付的赔偿金额,保险人有权重新核定。因被保险人原因导致损失金额无法确定的,保险人有权拒绝赔偿。

第五十条 保险人受理报案、现场查勘、核定损失、参与诉讼、进行抗辩、要求被保险人提供证明和资料、向被保险人提供专业建议等行为,均不构成保险人对赔偿责任的承诺。

4.5 机动车盗抢险

4.5.1 机动车盗抢险的含义

全车盗抢险,根据各公司的保险条款,是指保险车辆全车被盗窃、被抢劫、被抢夺,经县级以上公安刑侦部门立案侦查证实满一定时间(大部分为三个月,人保条款为60天)没有下落的,由保险人在保险金额内予以赔偿。具体如下:

(1)赔偿项目:如果您的车被盗抢超过三个月未找回,保险公司在保险金额内进行赔偿。如果车被盗抢后,在三个月内找回了,但是在此期间车辆损坏或零部件丢失,保险公司负责赔偿修复费用。

(2)赔偿额度:每次事故应赔偿损失总金额的80% 。

4.5.2 机动车盗抢险细则及解释

1.保险责任

第五十一条 保险期间内,被保险机动车的下列损失和费用,且不属于免除保险人责任

的范围,保险人依照本保险合同的约定负责赔偿:

(一)被保险机动车被盗窃、抢劫、抢夺,经出险当地县级以上公安刑侦部门立案证明,满60天未查明下落的全车损失;

(二)被保险机动车全车被盗窃、抢劫、抢夺后,受到损坏或车上零部件、附属设备丢失需要修复的合理费用;

(三)被保险机动车在被抢劫、抢夺过程中,受到损坏需要修复的合理费用。

2.责任免除

第五十二条 在上述保险责任范围内,下列情况下,不论任何原因造成被保险机动车的任何损失和费用,保险人均不负责赔偿:

(一)被保险人索赔时未能提供出险当地县级以上公安刑侦部门出具的盗抢立案证明;

(二)驾驶人、被保险人、投保人故意破坏现场、伪造现场、毁灭证据;

(三)被保险机动车被扣押、罚没、查封、政府征用期间;

(四)被保险机动车在竞赛、测试期间,在营业性场所维修、维护、改装期间,被运输期间。

第五十三条 下列损失和费用,保险人不负责赔偿:

(一)地震及其次生灾害导致的损失和费用;

(二)战争、军事冲突、恐怖活动、暴乱导致的损失和费用;

(三)因诈骗引起的任何损失;因投保人、被保险人与他人的民事、经济纠纷导致的任何损失;

(四)被保险人或其允许的驾驶人的故意行为、犯罪行为导致的损失和费用;

(五)非全车遭盗窃,仅车上零部件或附属设备被盗窃或损坏;

(六)新增设备的损失;

(七)遭受保险责任范围内的损失后,未经必要修理并检验合格继续使用,致使损失扩大的部分;

(八)被保险机动车被转让、改装、加装或改变使用性质等,被保险人、受让人未及时通知保险人,且因转让、改装、加装或改变使用性质等导致被保险机动车危险程度显著增加而发生保险事故;

(九)投保人、被保险人或其允许的驾驶人知道保险事故发生后,故意或者因重大过失未及时通知,致使保险事故的性质、原因、损失程度等难以确定的,保险人对无法确定的部分,不承担赔偿责任,但保险人通过其他途径已经及时知道或者应当及时知道保险事故发生的除外;

(十)因被保险人违反本条款第五十八条约定,导致无法确定的损失。

3.免赔率

第五十四条 保险人在依据本保险合同约定计算赔款的基础上,按照下列方式免赔:

(一)发生全车损失的,绝对免赔率为20%;

(二)发生全车损失,被保险人未能提供《机动车登记证书》、机动车来历凭证的,每缺少一项,增加1%的绝对免赔率。

4.保险金额

第五十五条 保险金额在投保时被保险机动车的实际价值内协商确定。

投保时被保险机动车的实际价值由投保人与保险人根据投保时的新车购置价减去折旧金额后的价格协商确定或其他市场公允价值协商确定。

折旧金额可根据本保险合同列明的参考折旧系数表确定。

5. 赔偿处理

第五十六条　被保险机动车全车被盗抢的,被保险人知道保险事故发生后,应在 24 小时内向出险当地公安刑侦部门报案,并通知保险人。

第五十七条　被保险人索赔时,须提供保险单、损失清单、有关费用单据、《机动车登记证书》、机动车来历凭证以及出险当地县级以上公安刑侦部门出具的盗抢立案证明。

第五十八条　因保险事故损坏的被保险机动车,应当尽量修复。修理前被保险人应当会同保险人检验,协商确定修理项目、方式和费用。对未协商确定的,保险人可以重新核定。

第五十九条　保险人按下列方式赔偿:

(一)被保险机动车全车被盗抢的,按以下方法计算赔款:

$$赔款 = 保险金额 \times (1 - 绝对免赔率之和)$$

(二)被保险机动车发生本条款第五十一条第(二)款、第(三)款列明的损失,保险人按实际修复费用在保险金额内计算赔偿。

第六十条　保险人确认索赔单证齐全、有效后,被保险人签具权益转让书,保险人赔付结案。

第六十一条　被保险机动车发生本保险事故,导致全部损失,或一次赔款金额与免赔金额之和达到保险金额,保险人按本保险合同约定支付赔款后,本保险责任终止,保险人不退还机动车全车盗抢保险及其附加险的保险费。

4.5.3　通用条款

1. 保险期间

第六十二条　除另有约定外,保险期间为一年,以保险单载明的起讫时间为准。

2. 其他事项

第六十三条　保险人按照本保险合同的约定,认为被保险人索赔提供的有关证明和资料不完整的,应当及时一次性通知被保险人补充提供。

第六十四条　保险人收到被保险人的赔偿请求后,应当及时作出核定;情形复杂的,应当在三十日内作出核定。保险人应当将核定结果通知被保险人;对属于保险责任的,在与被保险人达成赔偿协议后十日内,履行赔偿义务。保险合同对赔偿期限另有约定的,保险人应当按照约定履行赔偿义务。

保险人未及时履行前款约定义务的,除支付赔款外,应当赔偿被保险人因此受到的损失。

第六十五条　保险人依照本条款第六十四条的约定作出核定后,对不属于保险责任的,应当自作出核定之日起三日内向被保险人发出拒绝赔偿通知书,并说明理由。

第六十六条　保险人自收到赔偿请求和有关证明、资料之日起六十日内,对其赔偿数额不能确定的,应当根据已有证明和资料可以确定的数额先予支付;保险人最终确定赔偿数额后,应当支付相应的差额。

第六十七条　在保险期间内,被保险机动车转让他人的,受让人承继被保险人的权利和义务。被保险人或者受让人应当及时通知保险人,并及时办理保险合同变更手续。

因被保险机动车转让导致被保险机动车危险程度发生显著变化的,保险人自收到前款约定的通知之日起三十日内,可以相应调整保险费或者解除本保险合同。

第六十八条　保险责任开始前,投保人要求解除本保险合同的,应当向保险人支付应交保险费金额3%的退保手续费,保险人应当退还保险费。

保险责任开始后,投保人要求解除本保险合同的,自通知保险人之日起,本保险合同解除。保险人按日收取自保险责任开始之日起至合同解除之日止期间的保险费,并退还剩余部分保险费。

第六十九条　因履行本保险合同发生的争议,由当事人协商解决,协商不成的,由当事人从下列两种合同争议解决方式中选择一种,并在本保险合同中载明:

(一)提交保险单载明的仲裁委员会仲裁;

(二)依法向人民法院起诉。

本保险合同适用中华人民共和国(不含港、澳、台地区)法律。

4.6　附加险条款及其解释

附加险是相对于主险而言的,指附加在主险合同下的附加合同,它不可以单独投保,要购买附加险的前提是必须购买其相应主险。附加险的效力在时间上从属于主险。附加险主险因失效、解约或满期等原因效力终止或中止时,附加险效力也随之终止或中止。

一般来说,附加险所交的保险费比较少,补充主险,形成一个比较全面的险种。同时,附加险拥有更细致更独特更广泛的保障需要,使附加险保障内容丰富。附加险是各大保险公司展现专业、创意、服务的着手点,各保险公司推出多元化的附加险,增加车主的选择余地,满足车主的多方面需求。

附加险条款的法律效力优于主险条款。附加险条款未尽事宜,以主险条款为准。除附加险条款另有约定外,主险中的责任免除、免赔规则、双方义务同样适用于附加险。常见附加险如下所列:

(1)玻璃单独破碎险。

(2)自燃损失险。

(3)新增加设备损失险。

(4)车身划痕损失险。

(5)发动机涉水损失险。

(6)修理期间费用补偿险。

(7)车上货物责任险。

(8)精神损害抚慰金责任险。

(9)不计免赔率险。

（10）机动车损失保险无法找到第三方特约险。

（11）指定修理厂险。

4.6.1　玻璃单独破碎险

投保了机动车损失保险的机动车,可投保本附加险。

第一条　保险责任

保险期间内,被保险机动车风窗玻璃或车窗玻璃的单独破碎,保险人按实际损失金额赔偿。

第二条　投保方式

投保人与保险人可协商选择按进口或国产玻璃投保。保险人根据协商选择的投保方式承担相应的赔偿责任。

第三条　责任免除

安装、维修机动车过程中造成的玻璃单独破碎。

第四条　本附加险不适用主险中的各项免赔率、免赔额约定。

4.6.2　自燃损失险

投保了机动车损失保险的机动车,可投保本附加险。

第一条　保险责任

（一）保险期间内,指在没有外界火源的情况下,由于本车电器、线路、供油系统、供气系统等被保险机动车自身原因或所载货物自身原因起火燃烧造成本车的损失;

（二）发生保险事故时,被保险人为防止或者减少被保险机动车的损失所支付的必要的、合理的施救费用,由保险人承担;施救费用数额在被保险机动车损失赔偿金额以外另行计算,最高不超过本附加险保险金额的数额。

第二条　责任免除

（一）自燃仅造成电器、线路、油路、供油系统、供气系统的损失;

（二）由于擅自改装、加装电器及设备导致被保险机动车起火造成的损失;

（三）被保险人在使用被保险机动车过程中,因人工直接供油、高温烘烤等违反车辆安全操作规则造成的损失;

（四）本附加险每次赔偿实行20%的绝对免赔率,不适用主险中的各项免赔率、免赔额约定。

第三条　保险金额

保险金额由投保人和保险人在投保时被保险机动车的实际价值内协商确定。

第四条　赔偿处理

全部损失,在保险金额内计算赔偿;部分损失,在保险金额内按实际修理费用计算赔偿。

4.6.3 新增加设备损失险

投保了机动车损失保险的机动车,可投保本附加险。

第一条 保险责任

保险期间内,投保了本附加险的被保险机动车因发生机动车损失保险责任范围内的事故,造成车上新增加设备的直接损毁,保险人在保险单载明的本附加险的保险金额内,按照实际损失计算赔偿。

第二条 责任免除

本附加险每次赔偿的免赔约定以机动车损失保险条款约定为准。

第三条 保险金额

保险金额根据新增加设备投保时的实际价值确定。新增加设备的实际价值是指新增加设备的购置价减去折旧金额后的金额。

4.6.4 车身划痕损失险

投保了机动车损失保险的机动车,可投保本附加险。

第一条 保险责任

保险期间内,投保了本附加险的机动车在被保险人或其允许的驾驶人使用过程中,发生无明显碰撞痕迹的车身划痕损失,保险人按照保险合同约定负责赔偿。

第二条 责任免除

(一)被保险人及其家庭成员、驾驶人及其家庭成员的故意行为造成的损失;

(二)因投保人、被保险人与他人的民事、经济纠纷导致的任何损失;

(三)车身表面自然老化、损坏,腐蚀造成的任何损失;

(四)本附加险每次赔偿实行 15% 的绝对免赔率,不适用主险中的各项免赔率、免赔额约定。

第三条 保险金额

保险金额为 2000 元、5000 元、10000 元或 20000 元,由投保人和保险人在投保时协商确定。

第四条 赔偿处理

(一)在保险金额内按实际修理费用计算赔偿;

(二)在保险期间内,累计赔款金额达到保险金额,本附加险保险责任终止。

4.6.5 发动机涉水损失险

本附加险仅适用于家庭自用汽车、党政机关用车、事业团体用车、企业非营业用车,且只有在投保了机动车损失保险后,方可投保本附加险。

第一条 保险责任

保险期间内,投保了本附加险的被保险机动车在使用过程中,因发动机进水后导致的发动机的直接损毁,保险人负责赔偿。

发生保险事故时,被保险人为防止或者减少被保险机动车的损失所支付的必要的、合理的施救费用,由保险人承担;施救费用数额在被保险机动车损失赔偿金额以外另行计算,最高不超过保险金额的数额。

第二条 责任免除

本附加险每次赔偿均实行15%的绝对免赔率,不适用主险中的各项免赔率、免赔额约定。

第三条 赔偿处理

发生保险事故时,保险人在保险金额内计算赔偿。

4.6.6 修理期间费用补偿险

只有在投保了机动车损失保险的基础上方可投保本附加险,机动车损失保险责任终止时,本保险责任同时终止。

第一条 保险责任

保险期间内,投保了本条款的机动车在使用过程中,发生机动车损失保险责任范围内的事故,造成车身损毁,致使被保险机动车停驶,保险人按保险合同约定,在保险金额内向被保险人补偿修理期间费用,作为代步车费用或弥补停驶损失。

第二条 责任免除

下列情况下,保险人不承担修理期间费用补偿:

(一)因机动车损失保险责任范围以外的事故而致被保险机动车的损毁或修理;

(二)非在保险人认可的修理厂修理时,因车辆修理质量不合要求造成返修;

(三)被保险人或驾驶人拖延车辆送修期间;

(四)本附加险每次事故的绝对免赔额为1天的赔偿金额,不适用主险中的各项免赔率、免赔额约定。

第三条 保险金额

本附加险保险金额 = 补偿天数 × 日补偿金额。补偿天数及日补偿金额由投保人与保险人协商确定并在保险合同中载明,保险期间内约定的补偿天数最高不超过90天。

第四条 赔偿处理

全车损失,按保险单载明的保险金额计算赔偿;部分损失,在保险金额内按约定的日赔偿金额乘以从送修之日起至修复之日止的实际天数计算赔偿,实际天数超过双方约定修理天数的,以双方约定的修理天数为准。

保险期间内,累计赔款金额达到保险单载明的保险金额,本附加险保险责任终止。

4.6.7 车上货物责任险

投保了机动车第三者责任保险的机动车,可投保本附加险。

第一条　保险责任

保险期间内,发生意外事故致使被保险机动车所载货物遭受直接损毁,依法应由被保险人承担的损害赔偿责任,保险人负责赔偿。

第二条　责任免除

(一)偷盗、哄抢、自然损耗、本身缺陷、短少、死亡、腐烂、变质、串味、生锈,动物走失、飞失、货物自身起火燃烧或爆炸造成的货物损失;

(二)违法、违章载运造成的损失;

(三)因包装、紧固不善,装载、遮盖不当导致的任何损失;

(四)车上人员携带的私人物品的损失;

(五)保险事故导致的货物减值、运输延迟、营业损失及其他各种间接损失;

(六)法律、行政法规禁止运输的货物的损失;

(七)本附加险每次赔偿实行 20% 的绝对免赔率,不适用主险中的各项免赔率、免赔额约定。

第三条　责任限额

责任限额由投保人和保险人在投保时协商确定。

第四条　赔偿处理

被保险人索赔时,应提供运单、起运地货物价格证明等相关单据。保险人在责任限额内按起运地价格计算赔偿。

4.6.8　精神损害抚慰金责任险

只有在投保了机动车第三者责任保险或机动车车上人员责任保险的基础上方可投保本附加险。

在投保人仅投保机动车第三者责任保险的基础上附加本附加险时,保险人只负责赔偿第三者的精神损害抚慰金;在投保人仅投保机动车车上人员责任保险的基础上附加本附加险时,保险人只负责赔偿车上人员的精神损害抚慰金。

第一条　保险责任

保险期间内,被保险人或其允许的驾驶人在使用被保险机动车的过程中,发生投保的主险约定的保险责任内的事故,造成第三者或车上人员的人身伤亡,受害人据此提出精神损害赔偿请求,保险人依据法院判决及保险合同约定,对应由被保险人或被保险机动车驾驶人支付的精神损害抚慰金,在扣除机动车交通事故责任强制保险应当支付的赔款后,在本保险赔偿限额内负责赔偿。

第二条　责任免除

(一)根据被保险人与他人的合同协议,应由他人承担的精神损害抚慰金;

(二)未发生交通事故,仅因第三者或本车人员的惊恐而引起的损害;

(三)怀孕妇女的流产发生在交通事故发生之日起 30 天以外的;

(四)本附加险每次赔偿实行 20% 的绝对免赔率,不适用主险中的各项免赔率、免赔额约定。

第三条 赔偿限额

本保险每次事故赔偿限额由保险人和投保人在投保时协商确定。

第四条 赔偿处理

本附加险赔偿金额依据人民法院的判决在保险单所载明的赔偿限额内计算赔偿。

4.6.9 不计免赔率险

投保了任一主险及其他设置了免赔率的附加险后,均可投保本附加险。

第一条 保险责任

保险事故发生后,按照对应投保的险种约定的免赔率计算的、应当由被保险人自行承担的免赔金额部分,保险人负责赔偿。

第二条 责任免除

下列情况下,应当由被保险人自行承担的免赔金额,保险人不负责赔偿:

(一)机动车损失保险中应当由第三方负责赔偿而无法找到第三方的;

(二)因违反安全装载规定而增加的;

(三)发生机动车全车盗抢保险约定的全车损失保险事故时,被保险人未能提供《机动车登记证书》、机动车来历凭证的,每缺少一项而增加的;

(四)机动车损失保险中约定的每次事故绝对免赔额;

(五)可附加本条款但未选择附加本条款的险种约定的;

(六)不可附加本条款的险种约定的。

4.6.10 机动车损失保险无法找到第三方特约险

投保了机动车损失保险后,可投保本附加险。

投保了本附加险后,对于机动车损失保险第十一条第(二)款列明的,被保险机动车损失应当由第三方负责赔偿,但因无法找到第三方而增加的由被保险人自行承担的免赔金额,保险人负责赔偿。

4.6.11 指定修理厂险

投保了机动车损失保险的机动车,可投保本附加险。

投保了本附加险后,机动车损失保险事故发生后,被保险人可指定修理厂进行修理。

4.7 案例分析

1. 交强险过期,“三者险”不奉陪

【案情介绍】

2013 年 9 月 21 日晚 11 时许,章先生开着妻子李女士的小型普通客车,不慎将骑电动的小魏撞伤,交警认定章先生负全部责任。经鉴定,小魏构成十级伤残。费用涉及死亡伤残赔偿限额项下的伤残赔偿金、护理费等共计 4.29 万元,医疗费用赔偿限额项下的医疗费、营养费等共计 2.32 万元。但赔偿事宜未协商成功,小魏将章先生、车主李女士以及承保该车的保险公司告到法院。

此前,李女士曾在某保险公司河南分公司给车辆投保"机动车强制责任险""商业第三者责任保险""车上人员险""不计免赔险"等,其中"商业第三者责任保险"的保险金额为 5 万元。

庭审中,章先生夫妇表示愿意赔偿,但需保险公司分担。保险公司称,公司愿意在交强险之外承担相应的费用。因为,事故发生前两天,肇事车刚过交强险保险期,章先生没有续缴保费。

一审法院认为,"商业第三者责任险"系责任保险,保险公司作为车辆的承保人,理应赔偿事故受害者,应在保险金额 5 万元范围内赔偿,超出部分由章先生夫妇承担。据此,判决保险公司赔偿小魏 5 万元,章先生夫妇赔偿小魏 16100 元。

宣判后,保险公司上诉称,撞人时,肇事车辆在该公司投保的交强险已过期,交强险应承担的部分不应由"商业第三者责任保险"承担。

后经二审作出终审判决,撤销了一审法院关于赔偿部分的判决,判令保险公司向小魏支付医疗费 1.32 万元;章先生夫妇赔偿小魏人身损害赔偿金 4.29 万元,医疗费 1 万元。

【案情分析】

按照合同,"三责险"不给交强险埋单。

李女士与保险公司签订的商业第三者责任保险合同约定,在保险期内,车辆发生事故,车主应承担的责任,由保险公司承担,但这个赔偿仅限于超过交强险各分项赔偿限额的部分。

事故发生时,李女士的车辆交强险已过有效期。按照合同约定,应由交强险赔偿的损失和费用,保险公司不赔偿。

根据中保协条款 20061 号规定,交强险各分项赔偿限额为:死亡伤残 11 万元,医疗费用 1 万元,财产损害 2000 元。

本案涉及死亡伤残赔偿限额项下的伤残赔偿金、护理费等共计 4.29 万元,未超过 11 万元的限额,由章先生夫妇共同承担。

医疗费用赔偿限额项下的医疗费(包含李女士已经支付的 1.1 万元)、营养费等共计 2.32 万元,超过了交强险医疗费用赔偿 1 万元的限额。

因此,二审法院判决,章先生夫妇须赔偿小魏 4.29 万余元伤残赔偿金、护理费和 1 万元医疗费;超出交强险范围的 1.32 万余元,由保险公司承担。

【案情延伸】

交强险是国家强制险种,是为了保护事故中的受害者,但由于其保险金额太低,所以很多人补投第三者责任险。但在第三者责任险合同中,保险公司都会约定,不承担交强险范围内的赔偿责任。因此,如果交强险到期没续费,发生事故车主还会面临巨额赔偿。

比如,在车祸中致人死亡,赔偿金可能会高达二三十万元,第三者责任险只承担 11 万元(交强险最高赔偿限额)以上的赔偿部分。如果车主的交强险过期了,这 11 万元则需由车主自掏腰包。

而且,车辆交强险过期,也违反了《中华人民共和国道路交通安全法》。车主未按照规定投保交强险的,由交警部门扣留车辆,在车主依照规定投保后,要处以一定的罚款。

2.机动车一方无责任,车辆损失险不赔偿。

【案情介绍】

2011年6月12日,杭州市一家公司的驾驶人开着本公司的丰田轿车在城厢街道高桥路泰小区的十字路口等绿灯,这时占用机动车道行驶的电动车骑车人董某突然从后面撞了上来,将丰田汽车左后门、翼子板撞坏,产生很长一段难看的凹痕。

交警部门作出的交通事故责任认定书认定董某负交通事故全部责任,汽车驾驶人无责任。该公司向保险公司报告了车辆受损情况,经保险公司估价车辆修理费为1300元。但依据双方签订的车辆损失险保险合同的约定,保险公司不能赔付这笔损失。双方经交警部门调解,董某同意按保险公司估价的1300元赔偿该公司的损失,但后来董某反悔,只同意赔200元。该公司无奈,只好将董某告到了法院。

法院审理后认为:根据我国现行法律的规定,机动车与非机动车、行人发生交通事故,由机动车一方承担责任,但非机动车驾驶人、行人违反法律、法规规定的,减轻机动车一方的责任。本案董某占道行驶,违反道路交通安全法律、法规,负交通事故全部责任,故依法应减轻机动车一方的责任,董某应承担部分赔偿责任。法院当庭判决,董某赔偿车辆修理费1300元的90%,计1170元。

【案例分析】

我国的机动车保险险种有十数种。其中,车辆损失险和第三者责任险为基本险。另外还有全车盗抢险、车上责任险、无过失责任险、玻璃单独破碎险、自燃损失险、新增加设备损失险、不计免赔特约险、精神损害赔偿险等多种附加险。附加险不能单独投保,而以先投保某种基本险为前提。本案是有关车辆损失险的一个案例。

本案原告价值10多万元的轿车与非机动车一方相撞,原告有两个救济途径可以选择,一是根据该车已经订立的车辆损失险保险合同,请求保险公司赔付车辆的受损额;二是向交通事故责任人董某请求赔偿机动车损失。但两种途径都不是万无一失的,它们各有一定的限制条件。

首先,车辆损失险是被保险人或其允许的合格驾驶人因碰撞、倾覆、火灾、爆炸等非免赔事项造成保险车辆的损失,保险人负责赔偿的一种商业保险。该险种在发生交通事故情况下赔偿的前提是被保险人或其允许的合格驾驶人对交通事故的发生负有责任,保险公司按照其责任比例,在赔偿限额内减去免赔额理赔。其典型的保险条款为"保险人依据保险车辆驾驶人在交通事故中所负责任比例,相应承担赔偿责任"。而理赔的顺序是"交通事故—定损—修理(付修理款)——理赔",即发生交通事故后,被保险人应当及时通知保险公司,索赔时向保险人提供保险单、交通事故证明、交通事故责任认定书、损失清单和有关费用单据。如经公安交通管理部门调解的,还应当提供相关交通事故调解书,如经法院判决、调解的,还应当提供民事判决书、调解书。保险公司根据上述单证确定被保险人的损失和保险公司的赔付额,如果车辆能够修理的,在保险公司指定并经投保人认可的修车点进行修理,保险公司支付其在赔付限额内的修理费用,如果无法修理,保险公司才予以赔付。而本案中由于车主无责任,不属于车辆损失险的赔付范围,因此保险公司对其损失不予赔付。

其次,如果主张由交通事故责任人董某赔偿损失,需符合《中华人民共和国道路交通安全法》第七十六条关于民事赔偿责任的规定。本案属于机动车与非机动车之间发生的交通事故,而机动车一方受损。非机动车一方无须投保第三者责任险,所以没有保险公司会替非机动车一方赔付机动车所遭受的损失。那么二者之间按照什么归责原则承担责任呢?应直接适用无过失责任,即由机动车一方承担损失,但是根据过失相抵的规定,如果非机动车一方违反法律、法规的,可以适当减轻机动车一方的责任,本案董某负交通事故全部责任,过失相抵,法院判令机动车一方只承担10%的责任,董某承担90%的责任。

【案例提示】

机动车一方无责任的,无法获得车辆损失险的赔付。

3. 正确识别车上人员险与第三者责任险

【案情介绍】

2012年1月17日,某市橡胶机械厂为单位的一台东风轻型货车投保了车损险5万元、第三者责任险10万元、车上人员险三个座位每人1万元及不计免赔险。保险期限为2012年1月18日至2013年1月17日。

2012年8月9日该单位驾驶人冯某驾驶该车行驶到丹沈公路一处盘山道的弯路时,路边的闲散人员胡某看到车速放缓,便扒上车去偷盗车上所载粮食,冯某从后视镜发现后,一时分神,将东风货车驶入反道与对面驶来的一辆捷达轿车迎面相撞。这起事故造成两车严重受损,冯某重伤致残,胡某摔下车死亡,捷达车驾驶人金某重伤,乘员于某轻伤的后果。经过交警现场查勘处理,认定冯某遇紧急情况采取措施不当,应付此次事故的全部责任。

事故发生后,被保险人某橡胶机械厂就本案的损失向保险公司提出如下索赔:东风货车损失13000元、驾驶人冯某医药费和伤残补偿费58000元,捷达轿车损失39000元,捷达驾驶人金某医药费32000元、乘员于某医药费500元。因为交警认定货车是全部责任,偷盗者胡某的家属也向橡胶机械厂提出索赔补偿费10万元。对索赔金额达到242500元,保险公司提出异议,保险公司只同意赔付两车损失和双方车上乘员损失共计94500元,对货车的驾驶人冯某只认定赔付10000元,而对偷盗者胡某的损失不做赔偿。

由于赔付金额差距较大,双方没有达成共识,于是橡胶机械厂和胡某的家属一起将保险公司告上了法庭。

【案情焦点】

被保险人橡胶机械厂认为本厂的车辆已投保了三个座位的车上人员责任险,并及时足额缴纳了保险费,保险公司应当在事故发生后给予足额赔偿。

因为投保了三名车上人员责任险,而在本次事故中车上的受害人只有两名并不超出投保条件,其中偷盗者胡某出险时也在该保险车辆上,事故的发生是致胡某死亡的直接诱因,现在胡某的家属向本机械厂索赔,所以只能向保险公司转嫁风险。

【法院判决】

经过法庭调查和听取双方当事人辩护,参阅当时签订的保险单、相关保险条款,法院最后判定保险公司胜诉,保险公司赔偿货车及捷达轿车两车损失及双方车上人员损失共计104500元,其中对货车驾驶人冯某只认定赔付10000元。胡某的损失不在保险责任范围内不予赔偿。

(1)保险公司认为保险合同中车上人员和第三者有本质区别:第三者是指因被保险机动车发生意外事故遭受人身伤亡或者财产损失的人,但不包括被保险机动车本车上的人员、投保人、被保险人和保险人。车上人员是指保险事故发生时在被保险机动车上的自然人。

(2)法院认为,捷达车上的两名受伤人员为本案中货车的第三者,按本保险合同应得到足额赔偿。而货车驾驶人冯某是保险车辆上的司乘人员,按所签订的保险合同应属于车上人员责任险范围,只能得到每人的最高保障额 10000 元,保险公司对此做出赔付,履行了保险合同义务,不存在违约和欺诈行为。

(3)其中偷盗者胡某不能认定为车上人员,保险公司车上人员责任保险条款第五条已做出明示,被保险机动车辆造成下列人身伤亡,不论在法律上是否应当由被保险人承担赔偿责任,保险人均不负责赔偿,其中第三分项注明违法、违章搭乘人员的伤亡。胡某的情况应属违法搭乘者,所以不能得到保险公司的赔偿。

【案例提示】

本保险案例最突出的问题是车上人员保险和第三者责任险的区别。

车上人员保险是指因被保险机动车发生意外事故遭受人身伤亡或财产损失的人,但不包括被保险机动车本车上人员、投保人、被保险人和保险人。其保险责任是在保险期内,被保险人或其允许的合法驾驶人在使用被保险机动车过程中发生意外事故,致使第三者遭受人身伤亡或财产直接损毁,依法应当由被保险人承担的损害赔偿责任,保险人依照本保险合同的约定,对于超过机动车交通事故责任强制保险各分项赔偿限额以上的部分负责赔偿。

第三者责任保险是指保险事故发生时在被保险机动车上的自然人。其保险责任是:保险期内,被保险人或其允许的合法驾驶人在使用被保险机动车过程中发生意外事故,致使车上人员遭受人身伤亡,依法应当由被保险人承担的损害赔偿责任,保险人依照本保险合同的约定负责赔偿。

两者有本质区别,不能相互替代,被保险人投保时不要混淆其概念。

本章小结

本章主要内容包括汽车商业保险概述、机动车损失险、机动车第三者责任险、车上人员责任险、机动车盗抢险、附加险条款及其解释等内容。

下列的总体概要覆盖了本章的主要学习内容,可以利用以下线索对所学内容进行一次简要的回顾,以便归纳、总结和关联相应的知识点。

1.汽车商业保险概述

介绍了我国汽车商业保险发展历程及目前执行的汽车商业保险等内容。

2.机动车损失险

介绍了机动车损失险的含义、保险责任、责任免除、免赔率、责任限额和赔偿处理等内容。

3.机动车第三者责任险

介绍了机动车第三者责任险的含义、保险责任、责任免除、免赔率、责任限额和赔偿处理等内容。

4.车上人员责任险

介绍了车上人员责任险的含义、保险责任、责任免除、免赔率、责任限额和赔偿处理等内容。

5.机动车盗抢险

介绍了机动车盗抢险的含义、保险责任、责任免除、免赔率、责任限额和赔偿处理等内容。

6.附加险条款及其解释

介绍了玻璃单独破碎险、自燃损失险、新增加设备损失险、车身划痕损失险、发动机涉水损失险、修理期间费用补偿险、车上货物责任险、精神损害抚慰金责任险、不计免赔率险、机动车损失保险无法找到第三方特约险和 指定修理厂险等内容。

自测题

一、单项选择题(下列各题的备选答案中,只有一个选项是正确的,请把正确答案的序号填写在括号内)

1.下列不属于玻璃单独破损险赔偿范围的是(   )。

    A.前风窗玻璃   B.天窗玻璃

    C.车窗玻璃   D.灯具玻璃

2.盗抢险承保机动车辆全车被盗、被抢,经县级以上公安刑侦部门立案证实,满(   )个月未查明下落的损失。

    A.一个月   B.两个月

    C.三个月   D.半年

3.某车辆损失险,保额为80万元,在保险期限内发生三次保险事故,三次的损失金额分别为10万元、40万元和30万元,保险人都已按损失金额分别进行了赔偿,保险期限尚未届满。对该保单保险人正确的处理方式是(   )。

    A.以累计赔偿已达到保额为由解除该保单

    B.赔偿第三次损失30万元后立即终止该保单

    C.因每次赔偿额均未达到保额,保险人要继续承担赔偿责任50万元

    D.因每次赔偿额均未达到保额,保险人要继续承担赔偿责任且仍为80万元

4.2009版家庭自用车损险条款规定10座以下家庭自用车的月折旧率是(   ),最高折旧金额不超过投保时被保险机动车新车购置价的(   )。

    A.6%;60%   B.0.9%;80%

    C.0.6%;80%   D.9%;60%

二、判断题(在括号内正确的打√、错误的打×)

1.机动车损失险,是指保险车辆遭受保险责任范围内的自然灾害(包括地震)或意外事故,造成保险车辆本身损失,以及发生的合理施救费用,保险人依据保险合同的规定给予赔偿。

                    (   )

2.事故发生后,被保险人或其允许的驾驶人故意破坏现场、伪造现场、毁灭证据,保险人不负责赔偿。 (　)

3.车轮单独损坏,玻璃单独破碎,无明显碰撞痕迹的车身划痕,保险人不负责赔偿。
(　)

三、简答题

1.机动车第三者责任险与机动车交通事故强制责任保险的区别有哪些?

2.机动车盗抢险的保险责任是什么?

3.附加险有哪些类型?

4.王女士将自己的轿车停于一无人值班的旅馆停车场,第二天起程时发现汽车被撬开了车门,价值2万余元的照相机和笔记本式计算机被偷走,王女士马上向投保盗抢险的保险公司打了报案电话,要求保险公司理赔。王女士的索赔申请能否得到保险公司的支持?为什么?

第5章 汽车投保

导言

本章主要介绍了汽车投保的基本原理、汽车投保险种分析、汽车投保注意事项、汽车的投保方案选择、填具汽车投保单和汽车保险费率等内容。通过对本章内容的学习,力求使学生掌握汽车投保险种分析和投保方案选择、汽车投保注意事项,了解填具汽车投保单和汽车保险费率,为继续学习相关章节打下坚实的基础。

学习目标

1. 认知目标
(1) 掌握汽车投保险种分析。
(2) 掌握汽车的投保方案选择。
(3) 掌握汽车投保注意事项。
(4) 理解汽车保险费率及影响因素。
(5) 了解汽车保险费率的确定。
2. 技能目标
(1) 能够分析汽车投保险种并选择汽车的投保方案。
(2) 熟悉汽车投保单。
(3) 能够识别汽车保险费率影响因素。
(4) 能够确定汽车保险费率。
3. 情感目标
(1) 启发学生对汽车保险的学习兴趣。
(2) 发挥自主学习的能力和团队合作精神,养成良好的工作作风。
(3) 能在总结汽车投保的基本要求和方案选择。

5.1 汽车投保的基本原理

投保是指投保人就标的车辆向保险人请求签订机动车保险合同的意愿。

投保人在了解保险公司的机动车保险产品后需要投保的,客户服务人员可根据投保标的的情况为客户设计完善的保险保障方案。投保人投保机动车辆保险需要填写投保单。保险人接收投保单后需进行逐项审核,对于符合投保条件的方可承保,并在投保单上签章后发出保险单以及其他的保险单证,这就标志了汽车保险合同的成立。

1.说明和告知

1)保险人须履行的说明义务

(1)依据《保险法》和《机动车商业保险行业基本条款》以及保监会的有关要求,向投保人告知保险险种的保障范围,包括各主险和附加险的保险责任、各项赔偿限额、责任免除、投保人义务、被保险人义务、赔偿处理等内容。特别是各险种的责任免除事项和被保险人义务,要向投保人明确说明。

(2)投保人对车辆基本险和附加险条款产生异议时,特别是对保险责任免除部分的异议,保险人应通过书面形式给予明确说明。

(3)当保险条款发生变更时,保险人需及时采用多种方式对投保人进行明确说明。

(4)主动提醒投保人履行如实告知义务,尤其对涉及保险人是否同意承保、费率调整系数的使用、特别约定等情况要如实告知,不能为了争取保险业务故意误导投保人。

(5)提示投保人不要重复投保商业车险,重复投保发生事故时将按比例分摊赔款。

2)投保人须履行的告知义务

(1)投保人应提供以下资料:投保时,需提供行驶证,新车尚未取得行驶证的,应提供出厂合格证(同时尽可能要求提供新车购置发票),待车辆获得牌照号码办理批改手续时,再提供行驶证。指定驾驶人的需提供驾驶证。

(2)投保人应对以下重要事项如实告知:

①机动车种类、厂牌型号、识别代码、发动机号、牌照号码(临时移动证编码或临时号牌)、使用性质。

②机动车所有人或者管理人的姓名(名称)、性别、年龄、住址、身份证或驾驶证号码(组织机构代码)。

③机动车交通事故记录,续保业务无需提供。

④准确、便捷的联系方式。投保人应准确提供联系电话、通信地址、邮政编码等联系方式,便于保险人提供保险服务。

⑤投保车辆的购买价格、购买时间、是否购买的新车。

⑥投保人、被保险人和车辆所有人不一致的,应该提供由车辆所有人出具的能够证明投保人、被保险人与投保车辆关系的证明或契约。

⑦法人客户,需告知投保人、被保险人和受益人的行业类型及法定代表人的身份识别信息(可核实身份证、护照等);个人客户需告知投保人、被保险人和受益人的职业类型及身份识别信息(可核实身份证、护照等)。

2.投保风险识别

1)问询

保险人根据投保单的填写情况,就有关车辆风险因素和投保单内容的疑问向投保人问询,问询可采用问询单形式,常见内容包括:

(1)车辆来源属于购买新车、购买二手车还是抵押车等。

(2)是否属于营转非车辆。

（3）车辆是否经过改装，改装的部位、时间、工艺等情况。

（4）是否有过发动机、变速器、转向装置、底盘等装置的大修记录。

（5）投保人、被保险人和车辆所有人不一致的佐证材料。

（6）未上牌新车将来登记时的车辆所有人名称。

（7）采用问询单（格式参见附录3）形式的问询，营业机构可根据投保车辆情况对于可能存在影响标的风险的内容选择使用，并要求投保人在问询单上签字认可。

2）验证

所有车险业务在承保时必须核对行驶证、车辆出厂合格证、购置发票、上一年保单等相关资料，约定驾驶人的，包括约定驾驶人的驾驶证，并复印留存。

（1）已经取得号牌的车辆在投保时必须核对行驶证信息和投保单信息是否一致，行驶证是否检验合格，是否有涂改痕迹。核对信息包括号牌号码、车辆所有人、车辆类型、品牌型号、使用性质、发动机号、车辆识别代码、注册登记日期、核定载客、核定载质量等。

（2）过户车辆或核保人认为有必要的需核实机动车登记证书和行驶证记载是否一致。

（3）没有取得号牌的新车要核对车辆出厂合格证、进口证明和购置发票。

（4）对于上年不在我司投保的转保车辆，可要求投保人提供上年度保单，并复印留存。

（5）特殊车辆的相关证明材料。

（6）投保人、被保险人和受益人的客户信息识别。

3）验车

（1）验车范围。

①首次投保的车辆。

②未按期续保的车辆。

③在投保第三者责任险后，又申请加保车辆损失险的车辆。

④新保和转保车辆投保盗抢险的车辆。

⑤申请增加投保机动车损失险、机动车盗抢险及相关附加险的车辆。

⑥使用年限接近或超过报废年限的车辆。

⑦无牌车（新车除外）及外地车牌的机动车。

⑧特异车型、稀有车型、改装车型或发生重大事故后修复的机动车。

（2）验车内容。根据投保单及车辆行驶证，对车辆进行实际查验。查验的内容主要包括：

①车辆外观是否完好，座位数/吨位数是否和行驶证记载相符。

②车辆的车牌号、车型、发动机号、车架号、车身颜色是否与行驶证一致。

③检查车辆技术状况包括转向、制动、灯光、喇叭、刮水器、车轮等是否完好，车辆的操纵安全性与可靠性是否符合行车要求。

④检查发动机、车身、底盘、电气设备的技术状况。

⑤机动车的新旧程度是否与制造年份吻合、行驶里程数与机动车制造年份是否吻合、车身（如玻璃、灯、前后保险杠、翼子板等易损部件）是否完好。

⑥检查车辆的消防装备配备和防盗装置。

⑦检查新增设备是否属实。

⑧检查发动机号、车架号是否有改动痕迹,车辆是否属于拼装车、翻新车、大吨小标车。

(3)验车要求。

①填写验车单。普通验车可在投保单相应位置注明验车结果,特殊情况下核保人要求专门验车的要填写验车单。

②拓印车架号及发动机号,拓印结果粘贴于投保单或验车单的相应位置。

③拍摄验车照片。验车照片应不少于3张,3张照片的侧重点及具体要求:1张为车前方45°角全车照片,1张为前照片对角位置的车后方45°角全车照片,1张为VIN码/车架号或发动机号的照片。拍摄的照片要能反映被验车辆的牌照号码(没有牌照的车辆,如新车、部分特种车等,应拍摄临时牌照或移动证的正反面)及验车日期。附表2为机动车辆保险验车单。

3.投保单的系统录入

业务内勤根据核心业务系统操作流程及时将投保单信息录入核心业务系统,不得任意修改投保资料。录单时遇到和业务政策、条款费率规章、监管要求相违背的应及时退回业务人员或客户服务人员,业务人员或客户服务人员及时联系客户修正或重新填写投保单。业务内勤录入投保单需注意以下事项:

(1)按照投保单填写的车辆型号选择对应的车型。如果投保单的核定载客数和核定载质量与系统对应车型的数据不符,可要求业务人员和客户服务人员验车核实。

(2)对于系统不存在的车型,出单人员应及时和保险公司联系添加数据;如果客户提供车辆信息准确率较低时,要及时和总公司联系。

(3)按照投保单信息选择相应的保险条款和费率。

(4)按照车辆性质选择对应的折旧率。

(5)保险起期不得早于投保单录入时间(实行见费出单的地区执行相应制度),保险期间不超过1年。

(6)不得任意增加投保单上不存在的特别约定或减少投保单上的特别约定。

(7)对于被保险人和行驶证车辆所有人不一致的要根据投保人提供的保险利益证明在特别约定处注明。

(8)投保单信息不完整不得录入系统,不得以各种符号代替投保单信息。

5.2　汽车投保险种分析

1.交强险

分析:交强险全称是"机动车交通事故责任强制保险",是由保险公司对被保险机动车发生道路交通事故造成受害人(不包括本车人员和被保险人)的人身伤亡、财产损失,在责任限额内予以赔偿的强制性责任保险。

购买建议:由国家法律规定实行的强制保险制度。其保费实行全国统一收费标准,但是不同汽车型号的交强险价格也不同,主要影响因素是"汽车座位数"。

2.车辆损失险:主险

分析:车辆损失险是车辆保险中用途最广泛的险种,它负责赔偿由于自然灾害和意外事故造成的自己车辆的损失。无论是小剐小蹭,还是损坏严重,都可以由保险公司来支付修理费用。发生保险事故时,被保险人或其允许的合格驾驶人对保险车辆采取施救、保护措施所支出的合理费用,保险公司负责赔偿。但此项费用的最高赔偿金额以责任限额为限。

购买建议:一般建议购买,这与第三者责任险刚好相反,是赔偿车主的,如果车主爱惜自己的车就要买。

3.机动车第三者责任险:主险

分析:机动车第三者责任险是指被保险人或其允许的驾驶人在使用保险车辆过程中发生意外事故,致使第三者遭受人身伤亡或财产直接损毁,保险公司对于超过机动车交通事故责任强制保险各分项赔偿限额的部分负责赔偿。同时,若经保险公司书面同意,被保险人因此发生仲裁或诉讼费用,保险公司会在责任限额内赔偿,但最高不超过责任限额的30%。

保费:机动车第三者责任险的保额有5万元、10万元、15万元、20万元、30万元、50万元、100万元,保费也有700多元到2000多元不等。

购买建议:车年检时需要,所以最好购买。建议最少买10万元,最好买20万元或50万元,特别是新手或中意飞车及工作压力大精神不易集中的车主,即便是开车小心的人也一定要购买,因为你小心不代表别人小心,按照现行的交通法,如果撞了人,一般来讲汽车都会划分成主要责任。另外,因为5万元、10万元、20万元的价钱相差不大,总之这个险种买大的自己安心。

4.不计免赔率险:附加险

分析:车辆发生车辆损失险或机动车第三者责任险的保险事故造成赔偿,对应由被保险人承担的免赔金额,由保险公司负责赔。

购买建议:建议加上,因为如果不买的话,假如万一发生赔付,只能按照比例赔付,不能全给你赔了,得自己掏一部分钱。车辆损失险、机动车盗抢险、机动车第三者责任险、车上人员责任险、车身划痕损失险,这几样都是由不计免赔的。尤其在你碰到大的事故损失时,这个险种可以大大减少你的损失。

5.车身划痕损失险:附加险

分析:在使用过程中,被他人剐划(无明显碰撞痕迹)需要修复的费用。一般来说,车身划痕损失险的保险期限都是一年。保险期限(一年内)内,划痕出险需要保险公司的累计赔付总额,不能超过你所购买的保额。

购买建议:一般新车、新手买。如果没有固定停车位的话,建议附加一个车身划痕损失险。

6.机动车车上人员责任险:附加险

分析:保险车辆发生意外事故导致车上驾驶人或乘客人员伤亡造成的费用损失,以及为减少损失而支付的必要合理的施救、保护费用,由保险公司承担赔偿责任。

购买建议:建议购买低保额机动车车上人员责任险(1万~10万元)。机动车车上人员责任险不针对某个人,保障人员不固定,只要是乘客都属于保险标的,且保险费相对较低,如果你的车经常有朋友坐,那建议购买,不过不用买太多。

7. 机动车盗抢险：附加险

分析：指保险车辆全车被盗窃、被抢劫、被抢夺，经县级以上公安刑侦部门立案侦查证实满一定时间没有下落的，由保险公司在保险金额内予以赔偿。如果是车辆的某些零部件被盗抢，如轮胎被盗抢、车内财产被盗抢、行李舱内的物品丢失，保险公司均不负责赔偿。

购买建议：如果你的车在使用过程中一直都在比较可靠、安全的停车场中停放，上下班路途中也没有什么特别僻静的路段，就可以考虑不保机动车盗抢险，但如果你的车属于大众的、丢失率比较高的车型，那一定要保机动车盗抢险。

总结：现如今新买车的车主主要是将车辆作为自己上下班的代步工具，车主自己是车上重点需要保障的对象，如果没有其他意外保险和医疗保险的车主，建议给自己投保一份10万元的驾驶人险，对自己负责的同时也是对家庭负责。

5.3 汽车投保注意事项

1. 选择投保途径

（1）柜台投保：属于传统型投保，优点是可靠、安全，能够提供最专业的服务；缺点是费时和麻烦，事事需要自己动手。

（2）网上投保：一般属于网络连锁，优点是网络覆盖面广、快速便捷；缺点是人和计算机交流，不能详细了解投保情况，小心上当，客户必须事先了解网上投保的流程及注意事项。

（3）电话投保：是透明性比较高的投保方式，优点是低价、方便、透明；缺点是不容易和保险公司谈判、出险没有人帮忙。

（4）兼业代理机构投保（银行、邮局、4S店）：该方式优点是有人帮助设计险种、维修方便，有专业技术支撑和厂家资源保障；缺点是价格比较贵。

（5）中介机构投保：该方式的优点是省心，省了很多的麻烦，能够提供多家保险公司的险种；缺点是费用高，有15%佣金，业务员良莠不齐，出入大、风险高。

随着互联网＋时代的来临，目前的投保方式产生很大的变化，传统的柜台投保与电话、微信、支付宝平台相结合，足不出户，仍然可以享受到资源整合带来的便利。

2. 选择保险公司

（1）选择保险公司方面，主要考虑以下几点：

①尽量选择经济实力强，偿付能力比较高的公司。

②选择服务质量方面顾客满意度比较高的公司。如果个性化的服务需求，可以与公司沟通交流。

③在公司推出的险种方面，要选择更适合自己实际情况的公司。

④在公司规模方面，要考虑到报案理赔的便利性，尽量选择网络分布比较广的公司。

（2）我国主流保险公司比较。交强险属于强制保险，且价格公开透明，各保险公司标准统一。所以以下仅针对商业保险进行对比。不同的保险公司、不同的地域、不同的时间段，在投保与理赔方面有很大差别。以下针对目前最主流的中国人民保险公司（简称人保）、平安保险公司和太平洋保险公司三家做一个简单的对比评测。

①首先对比价格,时间设定为 2017 年 10 月,新车首次投保,购置价 20 万元。投保项目为:车辆损失险、第三者责任险(20 万元)、全车盗抢险、车上人员险(驾驶人 + 乘客)1 万元/座、玻璃单独破碎险(国产玻璃)、划痕险(2000 元)、各种不计免赔(车损/三者/盗抢/司乘/附加)。根据网上提供的各家保险公司计价器算得具体信息见表 5-1。

三大保险公司价格比较   表 5-1

保险公司	人保车险	平安车险	太平洋车险
保费合计 (元)	6800	5838.12	5839

所以从价格上来看,人保相对较贵,而平安和太平洋价格基本相同。

②第二点对比保险条款。保监会统一制定了保险条款,统一保险条款分为 A、B、C 三款,保险公司根据自身需要选择。目前,人保使用的是对消费者更友好的 A 款,平安则是相对次之的 B 款,太平洋则使用了相对较差的 C 款。B 和 C 款都将被保险人不承担事故责任时保险人不赔偿列为特别条款,C 还将不承担律师费、诉讼费、鉴定费等列为特别条款。

③对比服务体验。服务体验其实是一个主观感受,而且也会受到不同的销售和理赔人员影响,但总体来讲人保的优势在于网点较多和体验度较高;太平洋采用网络理赔,速度较快;而平安则处理迅速,而且审核相对严格,也算是三家各有优势。

理赔难一直是客户抱怨问题的核心,从出险到理赔款完结所花费的时间是每个买车险的人都关心的问题。搜集对比三大保险公司对于理赔速度的书面承诺见表 5-2。

三大保险公司理赔速度承诺   表 5-2

保险公司	人保车险	平安车险	太平洋车险
理赔速度承诺	极速理赔万元以下案件 1 小时通知赔付	先赔付,再修车,万元以下报案到赔款,3 天到账	网络快速理赔万元以下,一个工作日快速赔付

可见人保理赔速度相对较快,平安与太平洋仍然相差不大。

三大保险公司针对理赔也提供了一些理赔服务,同时平安可以在维修期间为车主提供一辆免费的代步车辆,而太平洋车险则是可以报销维修 3 天内的打车费用,见表 5-3。

三大保险公司理赔服务承诺   表 5-3

保险公司	人保车险	平安车险	太平洋车险
3 天内的打车费用	全国范围内故障车辆免费救援服务电子查勘员服务万家网点,四海通行	针对人伤案件和纯车损案件,分别推出"贴心在线、省心调解、安心理赔"的"三心"人伤案件服务,"足不出户、赔款到家"的上门代收理赔资料的服务,为车险客户提供"7×24 小时百公里"免费道路救援	3G 零单证勘察定损、免费道路救援、车险人伤一对一服务

同时在日常生活中保险公司还能为车主提供"非事故道路救援服务",通常包括紧急接电、紧急加水、更换轮胎、现场抢修、拖车牵引、吊装救援等服务,相对来说服务体验度较高。

总之,人保车险的费用比较高,但是保险条例比较全面,理赔速度快。平安车险拥有不错的网销和电话销售平台,注重用户体验,吸引了一大批年轻车主。太平洋车险综合看来费用较低,在服务上也做足了功夫。若驾驶人多处于复杂路况,且驾驶技术欠佳,建议选择人保车险。若驾驶人青睐网络化平台,期待高效贴心的服务,平安车险和太平洋车险都是不错的选择。

5.4　汽车的投保方案选择

根据车龄、驾驶人驾龄的不同,把各类险种进行合理搭配后,提供几种车险组合方式供大家选择。

1. 最低保障方案

险种组合:机动车交通事故责任强制保险。

保障范围:只对第三者的损失负赔偿责任。

适用对象:急于上牌照或通过年检的个人。

特点:适用于那些怀有侥幸心理,认为上保险没用的人或急于拿保险单去上牌照或验车的人。

优点:可以用来应付上牌照或验车。

缺点:一旦撞车或撞人,对方的损失能得到保险公司的一些赔偿,但是自己车的损失只有自己负担。

2. 基本保障方案

险种组合:机动车交通事故责任强制保险 + 车辆损失险 + 第三者责任险

保障范围:只投保基本险,不含任何附加险。

特点:适用部分认为事故后修车费用很高的车主,他们认为意外事故发生率比较高,为自己的车和第三者的人身伤亡和财产损毁寻求保障,此组合为很多车主青睐。

适用对象:有一定经济压力的个人或单位。

优点:必要性最高。

缺点:不是最佳组合,最好加入不计免赔特约险。

3. 经济保障方案

险种组合:机动车交通事故责任强制保险 + 车辆损失险 + 第三者责任险 + 不计免赔特约险 + 全车盗抢险。

特点:投保最必要、最有价值的险种。

适用对象:个人,是精打细算的最佳选择。

优点:投保最有价值的险种,保险性价比最高;人们最关心的丢失和100% 赔付等大风险都有保障,保费不高但包含了比较实用的不计免赔特约险。

4. 最佳保障方案

险种组合:机动车交通事故责任强制保险 + 车辆损失险 + 第三者责任险 + 车上人员责任险 + 风窗玻璃单独破碎险 + 不计免赔特约险 + 全车盗抢险。

特点:在经济投保方案的基础上,加入了车上人员责任险 + 风窗玻璃单独破碎险,使乘客及车辆易损部分得到安全保障。

适用对象：一般公司或个人。

优点：投保价值大的险种，不花冤枉钱，物有所值。

5. 完全保障方案

险种组合：机动车交通事故责任强制保险 + 车辆损失险 + 第三者责任险 + 车上责任险 + 风窗玻璃单独破碎险 + 不计免赔特约险 + 新增加设备损失险 + 自燃损失险 + 全车盗抢险。

特点：保全险，居安思危方才有备无患。能保的险种全部投保，从容上路，不必担心交通所带来的种种风险。

适用对象：机关、事业单位、大公司。

优点：几乎与汽车有关的全部事故损失都能得到赔偿。投保的人员不必为少保某一个险种而得不到赔偿，承担投保决策失误的损失。

缺点：保全险保费较高，某些险种出险的概率非常小。

5.5 填具汽车投保单

机动车保险投保单是具有保险利益的投保人向保险人递交的书面保险要约，是车辆保险合同的组成部分。客户服务人员应指导投保人准确完整地填写投保单各项内容。投保单的填写，应数字准确、字迹清晰、内容完整，不得随意更正。如有更正，不得超过二处，且投保人须在更正处签章。

（1）根据公司的业务政策和管理制度的要求，在了解客户投保需求后需要验车的在验车后再指导客户填写投保单。

（2）保险期间不超过1年，因特殊原因需要投保1年以上保险期间的可按年度分开出单。

（3）对于使用机动车保险投保单与机动车交通事故强制责任保险投保单的车辆，交强险和商业车险同时在我公司投保的车辆，在完整填写交强险投保单的情况下，可不填写商业车险投保单的公共信息部分，但须在商业车险投保单相应位置签字确认。

（4）对于使用机动车保险/机动车交强险投保单的车辆，须完整填写投保单的各项内容，投保单原件放入交强险承保档案，同时将投保单复印件放入商业车险的承保档案。

（5）具有新增设备的车辆必须填写新增设备明细表，见表5-4。

新增设备明细表 表5-4

新增设备名称	数量	新增设备新件购置价	新增设备实际价值
合计			

（6）投保单填写的涉及车辆购置价、条款费率适用等影响保费计算的内容不得修改，若有更正，必须重新填写投保单。

（7）一辆标的车辆对应填写一份投保单。

（8）核保不通过需修改承保条件的，业务内勤将核保意见反馈给该业务客户服务人员，由客户服务人员与投保人协商确认后，重新填写投保单。核保人拒绝承保的业务，业务内勤必须在投保单上注明"无法按此条件承保"。投保单的各项内容填写参照"投保单填写说明"。

5.6　汽车保险费率

在市场经济条件下,价值价格规律的核心是使价格真实地反映价值,从而体现在交易过程中的公平原则。但是,如何才能够实现这一目标,从被动的角度出发,可以通过市场适度和有序的竞争实现这一目标,但这往往需要付出一定的代价。从主动和积极的角度出发,保险人希望能够在市场上生存和发展,就必须科学确定保险费率。

5.6.1　汽车保险费率及影响因素

1.基本概念

保险费率是依照保险金额计算保险费的比例,通常以千分率(‰)来表示。

其中保险金额简称保额,是经保险合同双方当事人约定,保险人于保险事故发生后应赔偿(给付)保险金的限额,它是保险人据以计算保险费的基础。

保险费简称保费,是投保人参加保险时需向保险人缴纳的费用。汽车保险的交强险、商业险主险和附加险的保费计算方式各不相同。

2.影响因素

同其他保险一样,汽车保险人希望保费设计得更精确、更合理。在不断地统计和分析研究中,人们发现影响汽车保险索赔频率和索赔幅度的危险因素很多,而且影响的程度也各不相同。每一辆汽车的风险程度是由其自身风险因素综合影响的结果,所以,科学的方法是通过全面综合地考虑这些风险因素后确定费率。在经营汽车保险的过程中将风险因素分为两类:

(1)与汽车相关的风险因素,主要包括汽车的种类、使用的情况和行驶的区域等。

(2)与驾驶人相关的风险因素,主要包括驾驶人的性格、年龄、婚姻状况、职业等。

根据汽车保险的风险因素,各国汽车保险的费率模式基本上可以划分为两大类,即从车费率模式和从人费率模式。

3.汽车保险的费率模式

1)从车费率模式

从车费率模式是在确定保险费时,主要考虑被保险车辆的风险因素对保费的影响。目前,我国最初采用的汽车保险的费率模式就属于从车费率模式,影响费率的主要因素是被保险车辆有关的风险因素。

现行的汽车保险费率体系中影响费率的主要变量为车辆的使用性质、车辆生产地和车辆的种类。

根据车辆的使用性质划分:营业性车辆与非营业性车辆。

根据车辆的生产地划分:进口车辆与国产车辆。

根据车辆的种类划分:车辆种类与吨位。

除了上述的 3 个主要的从车因素外,现行的汽车保险费率还将车辆行驶的区域作为汽车保险的风险因子,即按照车辆使用的不同地区,适用不同的费率,如在深圳和大连采用专门的费率。

从车费率模式的缺陷是显而易见的,因为在汽车的使用过程中对于风险的影响起到决定因素的是与车辆驾驶人有关的风险因子。尤其是将汽车保险特有的无赔偿优待与车辆联系,而不是与驾驶人联系,显然不利于调动驾驶人的主观能动性,其本身也与设立无赔偿优待制度的初衷相违背。

从车费率模式具有体系简单,易于操作的特点,同时,由于我国在一定的历史时期被保险的车辆绝大多数是"公车",驾驶人与车辆不存在必然的联系,也就不具备采用从人费率模式的条件。随着经济的发展和人民生活水平的提高,汽车正逐渐进入家庭,2003 年各保险公司制定并执行的汽车保险条款,就开始采用从人费率模式。

2)从人费率模式

从人费率模式是指在确定保险费率的过程中主要以被保险车辆驾驶人的风险因素作为影响费率确定因素的模式。目前,大多数国家采用的汽车保险的费率模式均属于从人费率模式,影响费率的主要因素是与被保险车辆驾驶人有关的风险因素。但各国采用的从人费率模式考虑的风险因素也不尽相同,主要有驾驶人的年龄、性别、驾驶年限和安全行驶记录等。

(1)根据驾驶人的年龄划分:通常将驾驶人按年龄划分为三组,第一组是初学驾驶,性格不稳定,缺乏责任感的年轻人;第二组是具有一定驾驶经验,生理和心理条件均较为成熟,有家庭和社会责任感的中年人;第三组是与第二组情况基本相同,但年龄较大,所以,反应较为迟钝的老年人。

通常认为第一组驾驶人为高风险人群,第三组驾驶人为次高风险人群,第二组驾驶人为低风险人群。至于三组人群的年龄段划分是根据各国的不同情况确定的。

(2)根据驾驶人的性格划分:男性与女性。研究表明女性群体的驾驶倾向较为谨慎,为此,相对于男性她们为低风险人群。

(3)根据驾驶人的驾龄划分:驾龄的长短可以从一个侧面反映驾驶人的驾驶经验,通常认为从初次领证后的 1~3 年为事故多发期。

(4)根据安全记录划分:安全记录可以反映驾驶人的驾驶心理素质和对待风险的态度,经常发生交通事故的驾驶人可能存在某一方面的缺陷。

从以上对比和分析可以看出从人费率相对于从车费率具有更科学和合理的特征,所以,我国正在积极探索,逐步将从车费率的模式过渡到从人费率的模式。

5.6.2　汽车保险费率的确定

1.几种常用汽车保险保费计算方法

汽车保险的商业车险条款与费率统一使用中国保险行业协会的示范条款。最新条款是中国保监会关于商业车险费率调整及管理等有关问题的通知(2017 车险二次费改),保监产险〔2017〕145 号,自 2017 年 6 月 8 日起执行。商业险保费计算公式为:

商业车险保费 = 基准纯风险保费/(1 - 附加费用率)×无赔款优待系数×交通违法系数×

自主核保系数×自主渠道系数。

保险公司之间的费率可以有差别,主要的调整空间在"核保系数"和"渠道系数"。

其中,纯基准风险保费和附加费用率一般变化不大,主要影响商业保险费用的,是无赔款优待系数、交通违法系数、自主核保系数和自主渠道系数。无赔款优待系数即保险车辆在上一年保险期限内无赔款,续保时可享受无赔款减收保险费优待的系数。无赔款优待系数由车辆在保期内的出险的次数决定,取值范围为0.6~2.0。常用商业险的计算公式如下:

$$车辆损失险基准保费 = 基础保费 + 车辆损失险保险金额 × 基准费率$$

$$第三者责任险保费 = 固定档次赔偿限额对应的固定保费$$

$$全车盗抢险保费 = 车辆实际价值 × 费率$$

$$车上人员责任险保费 = 本险种赔偿限额 × 费率$$

$$不计免赔特约险保费 = (车辆损失险保费 + 第三者责任险保费) × 费率$$

1)机动车损失险

按照被保险人类别、车辆用途、座位数/吨位数/排量/功率、车辆使用年限所属档次查找基础保费和费率;计算机动车损失险保费。

以表5-5为例说明保费的计算方法。

机动车损失险费率表 表5-5

使用性质	机动车损失保险				
	年龄	0~1年		1~4年	
项 目	车辆种类	基础保费(元)	费率(%)	基础保费(元)	费率(%)
家庭自用汽车	6座以下	630	1.50	594	1.41
	6~10座	756	1.50	713	1.41

【例5-1】 假定某5座家庭自用汽车投保机动车损失险,车龄为1年以下,保险金额为10万元。在费率表上查得对应的基础保费为630元,费率为1.50%。则该车辆的保费 = 630元 + 10万元×1.50% = 2130元。

具体到该车型计算公式为:6座以下保费:630 + 新车购置价×1.50%

6~10座保费:756 + 新车购置价×1.50%

2)机动车第三者责任险

按照被保险人类别、车辆用途、座位数/吨位数/排量/功率、责任限额直接查找保费,见表5-6。

机动车第三者责任险费率表 表5-6

险 别		机动车第三者责任险						
使用性质	车龄 车辆种类	5万元	10万元	15万元	20万元	30万元	50万元	100万元
家庭自用汽车	6座以下客车(元)	785	1099	1240	1335	1492	1772	2308
	6~10座客车(元)	672	941	1062	1142	1277	1517	1976
	10座及以上客车(元)	672	941	1062	1142	1277	1517	1976

3) 车上人员责任险

按照被保险人类别、车辆用途、座位数查找费率,见表5-7。

驾驶人保费 = 每次事故责任限额 × 费率

乘客保费 = 每次事故每人责任限额 × 费率 × 投保乘客座数

车上人员责任险险费率表　　　　　表 5-7

险　别		车上人员责任险	
使用性质	车龄 车辆种类	驾驶人座位	乘客座位
		费率(%)	费率(%)
家庭 自用汽车	6 座以下客车	0.42	0.27
	6 ~ 10 座客车	0.40	0.26
	10 座及以上客车	0.40	0.26

4) 全车盗抢险

按照被保险人类别、车辆用途、座位数查找基础保费和费率,见表5-8。

保费 = 基本保费 + 保险金额 × 费率

全车盗抢险费率表　　　　　表 5-8

险　别		全车盗抢险	
使用性质	车龄 车辆种类	基本保费(元)	费率(%)
家庭 自用汽车	6 座以下客车	120	0.49
	6 ~ 10 座客车	140	0.44
	10 座及以上客车	140	0.44

5) 玻璃单独破碎险

按照被保险人类别、座位数、投保国产/进口玻璃查找费率,见表5-9。

保费 = 新车购置价 × 费率

玻璃单独破碎险费率表　　　　　表 5-9

车 辆 种 类	家庭自用汽车	
	国产玻璃费率(%)	进口玻璃费率(%)
6 座以下客车	0.19	0.31
6 ~ 10 座客车	0.19	0.30

6) 车身划痕损失险

按车龄、新车购置价、保额所属档次直接查找保费,见表5-10。

车身油漆单独损伤险费率表(固定保费)。

车身划痕损失险保费表　　　　　表 5-10

新车购置价	车龄保额(元)	车龄 <2 年保费(元)	车龄≥2 年保费(元)
<30 万元	2000	400	610
	5000	570	850
	10000	760	1300
	20000	1140	1900

续上表

新车购置价	车龄保额(元)	车龄＜2年保费(元)	车龄≥2年保费(元)
30万~50万元	2000	585	900
	5000	900	1350
	10000	1170	1800
	20000	1780	2600
≥50万元	2000	850	1100
	5000	1100	1500
	10000	1500	2000
	20000	2250	3000

7)基本险不计免赔、附加险不计免赔特约条款,见表5-11

基本险不计免赔特约条款及附加险不计免赔险费率表　　　　表5-11

险别	基本险不计免赔特约条款				附加险不计免赔特约条款
	机动车损失险	第三者责任险	车上人员责任险	全车盗抢险	
费率(%)	15	15	15	20	15

2. 使用费率调整系数表进行费率调整

1)无赔款优待及上年赔款记录费率调整系数

根据历史赔款记录,按照规定的费率调整系数进行费率调整。表5-12为2016版车险统一的费率调整系数表。

2016版车险统一的费率调整系数表　　　　表5-12

序号	项目	内容	系数	适用范围
1	无赔款优待及上年赔款记录	连续3年没有发生赔款	0.7	所有车辆
		连续2年没有发生赔款	0.8	
		上年没有发生赔款	0.9	
		新保或上年赔款次数在3次以下	1.0	
		上年发生3次赔款	1.1	
		上年发生4次赔款	1.2	
		上年发生5次及以上赔款	1.3	
2	多险种同时投保	同时投保机动车损失险、第三者责任险	0.95~1.00	
3	客户忠诚度	首年投保	1.00	
		续保	0.90	
4	平均年行驶里程	平均年行驶里程＜30000km	0.90	
		平均年行驶里程≥50000km	1.1~1.3	
5	安全驾驶	上一保险年度无交通违法记录	0.90	
6	约定行驶区域	省内	0.95	所有车辆
		固定路线	0.92	不适用于家庭自用车
		场内	0.80	

序号	项　目	内　容	系数	适用范围
7	承保数量	承保数量<5辆	1.00	不适用于家庭自用车
		5辆≤承保数量<20辆	0.95	
		20辆≤承保数量<50辆	0.90	
		承保数量≥50辆	0.80	
8	指定驾驶人	指定驾驶人员	0.90	仅适用于家庭自用车
9	性别	男	1.00	
		女	0.95	
10	驾龄	驾龄<1年	1.05	
		1年≤驾龄<3年	1.02	
		驾龄≥3年	1.00	
11	年龄	年龄<25岁	1.05	
		25岁≤年龄<30岁	1.00	
		30岁≤年龄<40岁	0.95	
		40岁≤年龄<60岁	1.00	
		年龄≥60岁	1.05	
12	经验及预期赔付率	40%及以下	0.7~0.8	仅适用于车队
		40%~60%	0.8~0.9	
		60%~70%	1.00	
		70%~90%	1.1~1.3	
		90%以上	1.3以上	
13	管理水平	根据风险管理水平和业务类型	0.7以上	
14	车辆损失险车型	特异车型、稀有车型、古老车型	1.3~2.0	所有车辆

2）约定行驶区域系数

"场内"指仅在工地、机场、厂区、码头等固定范围内使用。"省内""固定路线""场内"三项系数不能同时使用；家庭自用车不能使用"固定路线"及"场内"费率调整系数。

3）承保数量系数

根据同一被保险人或同一投保人在一个投保年度内，在保险公司投保车辆数的情况选择使用。家庭自用车不能使用该费率调整系数。

4）指定驾驶人、性别、驾龄、年龄系数

仅适用于家庭自用车指定驾驶人的情况，当指定多名驾驶人时，以乘积高者为准。

5）经验及预期赔付率系数、管理水平系数

适用于车队。经验及预期赔付率系数、管理水平系数不能同时使用。

6）使用规则

（1）费率调整系数采用系数连乘的方式：

$$费率调整系数 = 系数1 \times 系数2 \times 系数3 \times \cdots$$

（2）使用费率调整系数后,各险别的费率优惠幅度超过监管部门规定的最大优惠幅度,按照监管部门规定的最大优惠幅度执行。

（3）费率调整系数表不适用于摩托车和拖拉机。

3.其他

在费率表中,凡涉及分段的陈述都按照"含起点不含终点"的原则来解释。

例如:"6座以下"的含义为5座、4座、3座、2座、1座,不包含6座。

"6~10座"的含义为6座、7座、8座、9座,不包含10座。

"20座以上"的含义为20座、21座…,包含20座。

"10万元以下"不包含10万元。

"10万~20万元"包含10万元,不包含20万元。

"20万元以上"包含20万元。

本章小结

本章主要内容包括汽车投保的基本原理、汽车投保险种分析、汽车投保注意事项、汽车的投保方案选择、填具汽车投保单、汽车保险费率及影响因素和汽车保险费率的确定等内容。

下列的总体概要覆盖了本章的主要学习内容,可以利用以下线索对所学内容进行一次简要的回顾,以便归纳、总结和关联相应的知识点。

1.汽车投保的基本原理

介绍了投保时的说明和告知、如何填写投保单、投保风险识别和投保单的系统录入等。

2.汽车投保险种分析

介绍了汽车交强险、机动车损失险、第三者责任险、车上人员责任险、主要汽车附加险等险种购买建议等。

3.汽车投保注意事项

介绍了投保时如何选择投保方式和投保公司等。

4.汽车的投保方案选择

介绍了最低保障方案、基本保障方案、经济保障方案、最佳保障方案、完全保障方案的优缺点及适合人群等。

5.填具汽车投保单

介绍了填具汽车投保单的要求和注意事项。

6.汽车保险费率

介绍了汽车保险费率及影响因素和汽车保险费率的确定等内容。

自测题

一、单项选择题(下列各题的备选答案中,只有一个选项是正确的,请把正确答案的序号填写在括号内)

1. 投保人和保险人约定权利义务关系的协议是( )。
   A. 保险承诺   B. 投保协议
   C. 保险合同   D. 保险约定

2. 下面哪项属于保险合同的辅助人( )。
   A. 保险公司   B. 保险公估人
   C. 驾驶人   D. 被保险人

3. 投保人向保险人申请订立保险合同的书面要约是( )。
   A. 投保单   B. 保险单
   C. 背书   D. 保险凭证

二、判断题(在括号内正确的打√、错误的打×)

1. 投保是指投保人就标的车辆向保险人请求签订机动车保险合同的意愿。 ( )

2. 如果投保单的核定载客数和核定载质量与系统对应车型的数据不符,可要求业务人员和客户服务人员验车核实。 ( )

3. 全车盗抢险指保险车辆全车被盗窃、被抢劫、被抢夺,经县级以上公安刑侦部门立案侦查证实满一个月没有下落的,由保险公司在保险金额内予以赔偿。 ( )

4. 投保单信息不完整不得录入系统,不得以各种符号代替投保单信息。 ( )

三、简答题

1. 汽车投保应注意哪些事项?

2. 为避免投保风险,汽车投保时保险人需要检验哪些证件?

3. 投保人须履行的告知义务有哪些?

4. 投保时查验车辆的主要项目有哪些?

第6章 汽车保险承保

导言

本章主要介绍了汽车承保工作的内容及流程、汽车保险核保要求、保险单证的管理、保险费的管理、汽车保险的续保、批改与退保业务等内容。通过本章内容的学习,力求使学生掌握汽车保险承保的相关概念及操作要求,了解汽车保险的续保、批改与退保业务,为继续学习相关章节打下坚实的基础。

学习目标

1. 认知目标
(1)了解汽车保险核保要求。
(2)掌握承保工作的内容及流程。
(3)掌握汽车保险的续保、批改与退保业务。
2. 技能目标
(1)能进行汽车保险承保工作。
(2)熟悉汽车保险核保要求。
(3)能进行保险单证和保险费的管理。
(4)熟悉汽车保险的续保、批改与退保业务。
3. 情感目标
(1)培养学生对汽车保险承保工作的学习兴趣。
(2)发挥自主学习的能力和团队合作精神,养成良好的工作作风。
(3)能正确讲解汽车保险的承保、核保、续保、批改与退保业务,并解释保险单证和保险费的管理方法。

6.1 承保工作的内容及流程

汽车保险承保是保险人与投保人签订保险合同的过程,包括展业、投保、系统录入、核保、签发保单、续保与批改等环节。

首先,保险业务人员为保户介绍保险产品并推荐保险方案;投保人提出保险要求,业务人员接待投保并协助投保人填写投保单;协商确定保险费缴纳方法。

其次,保险人向投保人询问有关保险标的的各种情况,决定是否承保。如果保险人接受投保.则在保险单上签章,并收取投保人缴纳的保险费,向投保人出具保险单或保险凭证,此时保险合同宣告成立。在保险合同生效期间,如果保险合同的主体和内容发生了变化,或者投保人由于某些原因需要更改或取消合同,都需要进行修改。

最后,保险期满后,根据投保人的意愿可以办理续保手续。承保实务的规范能有效控制承保风险。

汽车保险展业是保险公司进行市场营销的起点,展业工作的好坏直接影响到后续承保工作能否顺利开展。

保险展业的主要目的是引导具有保险潜在需要的人参加保险,是保险公司进行市场营销的过程,向客户提供保险商品的服务,也称推销保险单。

1. 主要方式

保险展业的方式包括直接展业、保险代理人展业和保险经纪人展业。

(1)保险人直接展业。直接展业是指保险公司依靠自己的业务人员去争取业务,这种方式适合于规模大、分支机构健全的保险公司以及金额巨大的险种。

(2)保险代理人展业。对许多保险公司来说,单靠直接展业是不足以争取到大量保险业务的,在销售费用上也是不合算的。如果保险公司单靠直接展业,就必须配备大量展业人员、增设机构,大量工资和费用支出势必会提高费用,而且展业具有季节性特点,在淡季时,人员会显得过剩。因此,国内外的大型保险公司除了使用直接展业外,还广泛地建立代理网,利用保险代理人和保险经纪人展业。

(3)保险经纪人展业。保险经纪人不同于保险代理人,保险经纪人是投保人的代理人,对保险市场和风险管理富有经验,能为投保人制订风险管理方案和物色适当的保险人,保险经济人展业是保险展业的有效方式。

2. 展业人员应具备的素质

展业人员分为三种:保险公司员工、中介机构的代理人或经纪人。保险展业是一项思想性、政策性、技术性都较强的工作。完成好这一工作,要求展业人员具备良好的素质。

(1)极强的政策观念和法制观念。保险关系的确立是双方当事人在协商自愿的基础上,通过订立保险合同的方式实现的。所以,在保险展业中必须明确和牢记双方平等的法律地位,要坚持自愿投保的原则,不能采取不正当手段强迫展业对象投保。

(2)对业务熟悉,博学多识。推销一种商品,必须首先了解这种商品。保险展业人员必须熟练掌握保险的各种知识和保险商品的全部知识,这是完成展业任务的一个基本条件。否则面对顾客的疑问和异议,就会出现无言以对或解答失误的局面。这不仅影响展业工作效果,而且严重损害保险公司的形象。保险展业与社会各界进行着广泛的接触,涉及许多学科的知识和技能,保险展业人员不仅要熟悉业务,广采博学,而且还要不断更新知识,提高技能。

3. 展业各环节主要工作

1)准备工作

开展汽车保险业务前,应事先对相关法律法规、保险公司自身优势和劣势以及市场情况进行全面的分析,制定出展业规划和策略。做到知己知彼,才能取得预期的展业效果。其具体的准备工作有：

（1）了解《中华人民共和国保险法》《中华人民共和国合同法》《中华人民共和国道路交通安全法》《机动车交通事故责任强制保险条例》等与机动车车辆保险、交通事故处理、机动车辆管理等有关的法律、法规和政策。

（2）掌握保险的基本原理、基础知识和交强险、商业险主险及附加险条款、费率规定、承保要求、理赔流程，熟悉保险金额的确定方法、合同约定的保险责任、责任免除、赔偿方法等。

（3）了解机动车辆的基本知识，熟悉常用车辆的结构、常见风险以及预防方法等。

（4）了解所在保险公司的经营状况、信誉、市场占有率、销售汽车保险商品的特点等，掌握保险公司对机动车辆保险经营管理的规定与要求。

（5）调查所在区域汽车拥有量及新增量、年检车数量、各类车型比例、承保情况、历年事故率、事故规律和出险赔付等，掌握本地区市场动态和竞争对手的业务发展重点、展业方向及手段。

（6）了解本地区客户拥有的车型、用途、目前的承保公司、保险期限及客户与保险标的的利益关系，做好各类客户的公关工作，了解客户的心理动态、需求和选择取向，确定有无可保利益。

2）保险宣传

保险宣传对于保险业务的顺利开展和增强国民的保险意识具有重要的作用。在我国由于国内保险业务一度中断了20多年，导致国民保险意识淡薄，不少人对保险的职能作用认识不够。保险要为社会普遍接受，就需要大力宣传。

保险宣传的方式多种多样，如广告宣传、召开座谈会、电台和报刊播放或登载保险知识系列讲座、印发宣传材料等。宣传的内容主要是本公司车险名优品牌、机构网络、偿付能力、服务优势、保险产品相关介绍（保险责任、责任免除、投保人义务、保险人义务等）以及承保和理赔手续等。

3）制订保险方案

保险方案是在对投保人的风险进行评估的基础上提出的保险建议书。为提高服务水平，各保险公司一般会要求在展业时应向投保人或被保险人提供完善的保险方案。由于投保人所面临的风险种类、风险程度不同，因而对保险的需求也不尽相同，这就需要展业人员为投保人设计出最佳的保险方案。

（1）制订原则。展业人员在制订保险方案时应遵循如下原则：

①充分保障原则。展业人员应从专业角度对投保人可能面临的风险进行充分识别和评估，科学客观地制订保险方案，最大限度地分散风险。

②公平合理原则。展业人员在制订保险方案的过程中应贯彻公平合理的精神。所谓合理性，就是要确保提供的保障是适用的和必要的，防止提供不必要的保障。所谓公平，主要体现在价格方面，包括与价格有关的赔偿标准和免赔额的确定，既要合法，又要符合价值规律。

③充分披露原则。展业人员应本着最大诚信原则，根据《保险法》及监管部门相关文件，说明投保险种的保障范围，解释责任免除条款、容易发生歧义的条款以及投保人、被保险人义务条款等含义，不得曲解、误导和隐瞒。

（2）主要内容。保险方案的主要内容包括：

①保险人情况介绍。

②投保标的风险评估。

③保险方案的总体建议。

④保险条款以及解释。

⑤保险金额和赔偿限额的确定。

⑥免赔额以及适用情况。

⑦赔偿处理的程序以及要求。

⑧服务体系以及承诺。

⑨相关附件。

6.2 汽车保险核保要求

1. 核保基本流程

核保是保险公司专业核保人员对投保申请进行风险审核与风险评估,决定是否接受投保和以何条件投保的过程。

核保包括录单前的初审和核心业务系统的逐级审核,初审由基层营业机构的专业核保人员负责,主要审核投保要素是否齐全、投保附件资料是否真实;系统审核包括自动审核和人工审核,符合自动核保条件的经系统判断后自动审核通过,人工审核根据系统内设定的核保权限逐级审核,每一级核保人对自己作为最终核保人的保单负责,对提交上一级核保人的投保单履行逐级审核的职责。

2. 初审工作

初审是在录入核心业务系统之前,核保初审人员针对书面投保资料的审核,重点在于投保资料的真实性和完整性。初审不合格的投保单不得录入核心业务系统。

（1）投保资料的完整性审核。投保资料包括投保单、行驶证复印件、新车购置发票和出厂合格证复印件、上年保单复印件、验车资料、新增设备的明细、机动车所有人的证明材料等。

（2）投保资料的真实性审核。投保资料有无涂改痕迹、是否为审验合格的有效证件、是否有伪造的痕迹。

（3）投保单填写是否完整,修正是否符合要求,签章是否完整清楚、是否和投保人一致。

（4）如果投保人、被保险人和行驶证车辆所有人不一致,是否提供了保险利益证明。

（5）投保单填写内容是否符合逻辑,如被保险人经营性质和车辆使用性质的选择是否合理、车辆登记座位数（吨位数）和车辆费率的选择是否合理等。

（6）投保标的是否符合公司的业务政策,对于突破公司业务政策,需要上级机构审核的团单业务,应及时上报业务联系单,在获得上级机构批准后方可录入系统。

（7）对于机动车损失险超过规定承保责任需要分保的业务,需上报机动车保险分保业务情况申报表。

3. 系统自动核保

根据公司的业务政策,符合自动核保要求的投保单由系统自动审核通过。

4. 系统人工审核

核心业务系统根据设定权限对录入系统的投保单赋予相应的审核权限,核保人根据核保权限对权限内的业务决定承保条件和是否承保。对提交上级审核的投保单也需要认真履行审核责任,对投保信息不完整、不符合业务政策和监管要求的要退回录单机构。

(1)投保单信息录入是否完整,是否有符号代替录入的现象。

(2)投保人、被保险人、车辆所有人是否一致,如果不一致可要求录单机构提供保险利益的证明。

(3)逻辑性审核,包括条款费率适用、折旧率选择、吨位/座位填写、新车购置价确定、精友车型的选择、车型信息和车龄等确定保费计算因素之间的关系。

(4)风险审核,包括保险期间、投保险别、保额确定、不计免赔使用、玻璃单独破碎险加费、保费缴纳方式、特别约定等内容是否符合业务政策和条款费率规章的要求。

(5)核保人应在"审核意见"栏明确注明核保意见或需要说明的事项,不得以特殊符号代替核保意见。

(6)风险系数使用是否符合费率规章要求。

(7)核保人对在本级审核的投保单须在当天审核完毕,特殊业务在24小时内给出核保意见。

6.3 保险单证的管理

1. 保单的签发

(1)业务内勤需及时将审核通过的投保单打印出正式保单,一张保单对应一辆标的车辆。商业车险保单必须通过核心业务系统生成,禁止手工填写或核心业务系统外出具商业车险保单。

(2)打印保单需选择客户所投保险种对应的空白保单(家庭自用汽车保险单、非营业汽车保险单、营业汽车保险单、特种汽车保险单、摩托车和拖拉机保险单),禁止单证窜用。

(3)审核通过的投保单如果没有及时打印,系统将自动作废。

(4)空白保单放入打印机需要定位准确,避免保单打印信息出现错位现象。

(5)打印出的保单不得涂改,若需要更改可使用批单更改或重新出具保险单。

(6)保单在送交客户之前要进行复核,发现错误及时进行"作废"处理。

2. 收取保险费

客户服务人员在收到保险费发票所示的保费后方可将保单、保险费发票正本交给投保人,实行见费出单的地区在确认收到保费后方可打印保单。

3. 单证清分

打印的商业车险保单、发票,按以下规则进行清分:

（1）保险单、发票正本交给投保人。

（2）保险费发票（财务留存联）、保险单副本（财务留存联）交财务部门留存。

（3）保险单副本（业务留存联）、保险费发票（业务留存联）留存于业务部门和投保单及其附件一起装订归入承保档案。

4. 见费出单

公司推行车险业务的见费出单制度，核心业务系统对生成的还没有进行收费确认的保单、批单将控制打印。各级机构的业务、财务、资金结算人员要协调配合，加强对 POS 机的管理，保证见费出单制度的顺利实施。

（1）各级机构要按照见费出单制度的要求在营业机构和代理点配置 POS 机，并做好 POS 机配置登记台账，终止业务的代理点要及时收回 POS 机。

（2）被保险人或投保人在代理机构或保险公司柜台以现金方式支付保费时，代理机构或保险公司柜台应在收取保费后通过刷卡将等额保费划入保险公司的收入账户。配置现金转刷卡用于划拨现金缴费的机构要指定专人管理，并将现金转刷卡向总公司备案。

（3）现金转刷卡的使用应建立专门的使用登记簿，记录代刷保单号、代刷时间、代刷金额等信息。严格禁止在没有收到保费的情况下使用现金转刷卡。

（4）投保人以支票等非实时到账方式支付保费的，保费到达保险公司的保费账户后，营业机构要指定专人在系统进行人工收费确认，禁止在没有确认保费到达公司账户前进行收费确认，禁止保费和保单的不对应确认。

（5）实行见费出单制度，所有保单、批单都不允许倒签保险起期，起保之后退保的保单应按照商业车险或交强险条款规定收取短期保费。

6.4　保险费的管理

以中国人民财产保险股份有限公司应收保费管理办法为例，介绍汽车保险承保保险费的管理要点。应收保费是指按照合同约定应向投保人收取但尚未收到的保费收入。

在确认应收保费时，应遵循以下原则：

（1）应当在保险合同约定的开始承担保险责任的日期将所有应收但尚未收到的保费收入全额确认为应收保费。

（2）对合同约定分期缴纳保费的，以后各期应收的保费收入也应同时确认为应收保费。

按照是否逾期，应收保费分为逾期应收保费和未逾期应收保费。

应收保费管理工作应遵循以下原则：

①"谁签单，谁负责"原则。签单业务员（以保单"归属业务员"一栏记载为准）应对应收保费从产生到催收直至最终收回（或产生坏账）这一过程全面负责。

②"终身制"原则。签单业务员应对其销售或负责的业务所发生的应收未收保费，不管岗位是否变化，终身负责催收。如签单业务员离职，应在离职前将名下所挂逾期应收保费全额追回。不能追回的或有部分未逾期的应收保费，应由该业务员所在分支机构负责人继续负责组织催收。

③"资金时间成本"原则。应收保费属于被客户占用的资金，其产生的时间成本高低与

应收保费金额的大小以及逾期时间长短成正比。对于逾期应收保费产生的时间成本,根据公司相关规定纳入考核管理。

④"放账风险补偿"原则。针对应收保费所可能产生的坏账风险,应建立应收保费可收回金额的定期评价机制,确定发生减值的,应相应计提坏账准备。

详细内容见附录《中国人民财产保险股份有限公司应收保费管理办法》。

6.5 汽车保险的续保、批改与退保业务

6.5.1 续保管理

基层营业机构利用承保台账管理,做好车险续保管理工作。

(1)业务内勤在每月20日之前将下个月保险到期的保单明细提交承保管理人员,明细包括保单号、被保险人名称、联系方式、本年度的出险理赔情况和业务来源。

(2)承保管理人员根据业务质量确定是否续保和续保条件,并将续保方案通知客户服务人员。

(3)客户服务人员按照续保方案及时和客户取得联系,争取续保成功。

(4)在新车销售渠道将续保作为业务合作的前提条件。

(5)续保业务录入核心业务系统时注明上年保单号。

6.5.2 批改与退保

汽车保险的批改与退保,即汽车保险合同的变更。

对已经签发的保险单,投保人提出变更保险合同内容可采用批单进行更改,批单的效力大于保单,批改日期在后的批单效力优于批改日期在前的批单。

1. 批单类型

商业车险批单分为增减型、内容型和合同型三种类型,见表6-1。

商业车险批单类型　　　　　　　　　　　　表6-1

序号	增 减 型	内 容 型	合 同 型
1	增加主险	变更被保险人信息	注销保单
2	减少主险	变更车主信息	退保
3	增加主险保额	变更车辆信息	
4	减少主险保额	变更特别约定	
5	增加附加险	过户及转籍	
6	减少附件险		
7	增加附加险保额		
8	减少附加险保额		

续上表

序号	增 减 型	内 容 型	合 同 型
9	延长保险期限		
10	缩短保险期限		
11	修改不计免赔特约险		
12	修改驾驶人信息		
13	修改扩展条款		
14	修改费率调整系数		

2.批单使用说明

1)增减型

增加车辆损失险、全车盗抢险及相关附加险的,必须安排验车,并在验车单上注明验车人、验车时间和标的情况,留存验车照片和验车资料,根据验车结果确定是否同意客户的加保申请。

对于6年及以上车辆加保全车盗抢险、自燃损失险时,必须合理确定车辆的保险金额。

投保人申请减少险种或要求退保的,应首先确认没有减少险种的未立案出险案件,然后按照条款要求退还未到期保险费。

(1)增加/减少主险:在保险合同有效期内,投保人提出书面申请,要求增加/减少基本险,适用该类批单。

(2)增加/减少附加险:在保险合同有效期内,投保人提出书面申请,要求增加/减少附加险,适用该类批单。

(3)增加/减少主险保额:在保险合同有效期内,投保人提出书面申请,要求增加/减少基本险保险金额,适用该类批单。

(4)增加/减少附加险保额:在保险合同有效期内,投保人提出书面申请,要求增加/减少附加险保险金额,适用该类批单。

(5)延长/缩短保险期限:在保险合同有效期内,投保人提出书面申请,要求延长/缩短保险期间的,适用该类批单。保险期限不足1年的保单可延长保险期限,延长时间原则上不超过6个月,超过6个月的按续保业务出具新的保单。延长后的保险期限不得超过1年。

(6)修改不计免赔特约险:在保险合同有效期内,投保人提出书面申请,要求投保或取消某险别不计免赔的,适用该类批单。

(7)修改驾驶人信息:在保险合同有效期内,投保人提出书面申请,要求修改驾驶人信息的,适用该类批单。修改驾驶人信息,须复印驾驶证留存归档;涉及保费变化的要按照费率规章的要求重新计算保费;涉及免赔率变化的要告知投保人。

(8)修改扩展条款:对于经投保人书面申请需要变更教练责任扩展条款、特种车损失责任扩展条款和出入境责任扩展条款的适用该类批单。

2)内容型

(1)在保险合同有效期内,投保人提出书面申请,要求变更被保险人、车辆所有人、车辆信息和特别约定的使用内容型批单。

（2）如果变更被保险人、车辆所有人后，车辆的使用性质也发生了改变，应退保原保单，按照变更后的车辆使用性质选择相应条款重新出具保单。

（3）原则上不得对车辆型号进行批改。

（4）禁止用变更特别约定的方式批改应该用增减型或合同型批单变更的项目。

（5）在保险合同有效期内，车辆所有权发生变更的，去车管所办理过户手续后，客户申请变更被保险人、号牌号码、行驶证车主等信息的适用过户及转籍批单。办理过户手续时，原被保险人需填写批单申请书并签字（盖章），提供原保单正本、过户登记证书、原被保险人身份证复印件、现被保险人身份证复印件。涉及使用性质变更的，需退保重新出具保单。

3）合同型

保险责任开始之前尚未实收确认需解除保险合同的使用注销批单，保险责任开始后及已经实收确认的保单需要解除保险合同的使用退保批单，退保批单需按照条款要求收取退保手续费或短期保险费。合同类批单必须收回保单、发票正本（对退保批单，投保人已经将发票入账的可不要求提供）和保险卡（或保险标志）。投保人确实遗失上述单证的，需签署"单证遗失声明"。

3. 批单使用基本要求

（1）各机构必须使用公司制定的统一样式批单申请书，批单申请书由投保人填写批改内容，并且由投保人签字（个人）或盖章（单位）同意。

（2）批单生效日期原则上不得早于批单录入日期。

（3）批单必须明确批改原因、变更内容及项目、相应约定和生效日期。

（4）批单申请书、单证收回情况、验车照片、相关证明材料按照档案管理的规定由基层营业机构留存，四级、三级核保人逐级核实，并在核保意见中注明"已核实批单申请和××证明"字样。上级核保人认为有必要时，可要求传真证明或发送扫描件进行核实。

（5）严禁出险后通过批单变更扩大理赔范围的行为。

（6）应该使用增减型、合同型批单的批改不得使用内容型批单。

（7）严禁通过批改承保，控制承保的业务。

（8）退保、注销批单，需在批单的情况说明中注明单证收回情况。

（9）退保或减少险种的批改要求核实没有相应险种的未决赔案后方可进行系统批改操作。

（10）在保险期间内，无充分证据不得对车架号和发动机号两项都作批改变更。

（11）车辆更换但要求保留号牌的，不得在原保单上批改，应退保原车辆保单，出具新保单承保。

（12）商业车险涉及车辆使用性质发生变更的，必须将原保单退保，按照变更后的性质选择相应条款重新出具保单，不得通过批改被保险人、车主和其他批单方式批改。

（13）通过批单增加机动车损失险如属于不足额投保，或减少机动车损失险保额的，必须在批单情况说明中注明："机动车损失险不足额投保，出险后按照保险金额与投保时新车购置价的比例计算赔付。"

（14）车辆报停，原则上不允许通过批单顺延保险期限，应当作退保处理，待车辆重新启用后按照承保实务重新出单。

（15）过户批单应核实保单是否已实收确认，没有实收确认的不得给予过户批改。

（16）需要增加保费的批单必须在投保人缴纳保费后方可出具批单。

4. 批单申请书填写内容举例

批改申请书由投保人或被保险人填写，并签字或盖章。

1）增减型

（1）增加/减少险种：因××（原因），申请自×年×月×日×时增加/减少××险保额××万元，并增加/减少保费×××元。

（2）增加/减少险种保额：因××（原因），申请自×年×月×日×时增加/减少××险保额，保额由××元变更为××元，并增加/减少保费××元。

（3）延长/缩短保险期限：因××（原因），申请自×年×月×日×时延长/缩短保险期限，保险止期由××元变更为××元。

（4）修改不计免赔：因××（原因），申请自×年×月×日×时增加/减少×××险的不计免赔，并增加/减少保费××元。

2）内容型

（1）变更被保险人：因××（原因），申请自×年×月×日×时起被保险人由×××变更为 ×××。

（2）变更车主信息：因××（原因），申请自×年×月×日×时起行驶证车主由×××变更为 ×××。

（3）变更车辆信息：因××（原因），申请自×年×月×日×时起车辆（车牌号、发动机号、车架号等）由×××变更为 ×××。

（4）变更特别约定：因××（原因），申请自×年×月×日×时起特别约定由×××变更为 ×××。

（5）过户及转籍：因车辆过户（转籍）。申请自×年×月×日×时变更（车牌号、被保险人、行驶证车主等），（车牌号、被保险人、行驶证车主等）由××变更为×××。

3）合同型

退保：因××（原因），申请自×年×月×日×时起退保，并交回保单正本、发票、保险卡。

5. 批单情况说明录入

录单内勤根据客户填写的批单申请书，在情况说明里作相应的说明。由于系统会自动生成一些修改语句，录单内勤只需在情况说明里说明批改的原因。

6. 承保档案

留存业务部门的单证，应由专人保管并及时整理、装订、归档，并按照业务档案管理的要求保存。每份承保档案包括保单副本、保险费发票、投保单及其附件（验车照片、保险利益证明、客户身份识别资料、批单申请书、单证遗失声明等）。

（1）留存业务部门的保险单副本按保险单流水号顺序排列（包括作废的保险单），每50份加封面装订成册，封面及装订要按档案规定办理（装订成册应有目录，对于作废等特殊状态的保险单应在目录中注明）。作废的保险单应加盖"作废"章，并同其他有效单证联号装订。

（2）每份承保档案按照保单副本、保险费发票、投保单及其附件的顺序装订。

（3）业务部门留存的批单副本、批改发票副本及批单申请书一起附在相应保单档案后面。

（4）作废保险单的全套单证每联都应加盖"作废"章，并同其他保险单按照流水号一起装订。

（5）注销保险单的全套单证连同保险费发票正本每联加盖"作废"章，并同其他保险单按照流水号一起装订。

（6）承保档案的保存按照公司业务档案的管理规定执行。

7. 合同变更和终止

（1）本保险合同的内容如需变更，须经保险人与投保人书面协商一致。

（2）在保险期间内，被保险机动车转让他人的，投保人应当书面通知保险人并办理批改手续。

（3）保险责任开始前，投保人要求解除本保险合同的，应当向保险人支付应交保险费5%的退保手续费，保险人应当退还保险费。保险责任开始后，投保人要求解除本保险合同的，自通知保险人之日起，本保险合同解除。保险人按短期月费率收取自保险责任开始之日起至合同解除之日止期间的保险费，并退还剩余部分保险费。短期月费率表见表6-2。

短期月费率表　　　　　　　　　　表6-2

保险期间（月）	1	2	3	4	5	6	7	8	9	10	11	12
短期月费率（年保险费的百分比）（%）	10	20	30	40	50	60	70	80	85	90	95	100

8. 争议处理

（1）因履行本保险合同发生的争议，由当事人协商解决。协商不成的，提交保险单载明的仲裁机构仲裁。保险单未载明仲裁机构或者争议发生后未达成仲裁协议的，可向人民法院起诉。

（2）保险合同争议处理适用中华人民共和国法律。

本章小结

本章主要内容包括承保工作的内容及流程、汽车保险核保要求、汽车保险核保的运作、保险单证的管理、保险费的管理、汽车保险的续保、批改与退保业务等内容。

下列的总体概要覆盖了本章的主要学习内容，可以利用以下线索对所学内容进行做一次简要的回顾，以便归纳、总结和关联相应的知识点。

1. 承保工作的内容及流程

介绍了承保工作的内容及流程、展业的方式和展业人员具备的素质、展业各环节的主要工作等内容。

2. 汽车保险核保要求

介绍了核保基本流程、初审、系统自动核保和系统人工核保等内容。

3. 保险单证的管理

介绍了保单的签发、保费的收取、单证清分和见费出单等内容。

4. 保险费的管理

介绍了应收保费的管理原则等内容。

5. 汽车保险的续保、批改与退保业务

介绍了续保管理和批改与退保等内容。

自测题

一、单项选择题(下列各题的备选答案中,只有一个选项是正确的,请把正确答案的序号填写在括号内)

1. 在变更保险合同中用的是( )。

  A. 保险单   B. 暂保单

  C. 批单   D. 投保单

2. 申请仲裁必须以双方在自愿基础上达成的( )为前提。

  A. 仲裁条款   B. 调解协议

  C. 诉讼协议   D. 仲裁协议

3. 保险人对于保险赔偿义务以外的索赔请求,应当向被保险人发出拒绝赔偿,以履行其( )义务。

  A. 禁止反言   B. 弃权

  C. 保证   D. 告知

二、判断题(在括号内正确的打√、错误的打×)

1. 汽车保险承保是保险人与投保人签订保险合同的过程,包括展业、投保、系统录入、核保、签发保单、续保与批改等环节。 ( )

2. 保险方案是在对投保人的经济实力进行评估的基础上提出的保险建议书。 ( )

3. 根据保险公司的业务政策,符合自动核保要求的投保单由系统自动审核通过。

                                                        ( )

三、简答题

1. 汽车保险展业的环节有哪些?汽车保险承保的具体流程是什么?

2. 接待投保应注意哪些事项?核保工作的主要内容是什么?

3. 查验车辆的主要项目有哪些?

4. 常见的汽车保险单证有哪些?

5. 批改、续保以及退保的工作流程是什么?

第7章 汽车理赔实务

导言

本章主要介绍了汽车理赔业务流程、车辆理赔事故现场查勘、交通事故鉴定、事故车辆的损伤评定、人身伤亡费用的确定、施救费用和残值的确定和其他财产损失的确定等内容。通过本章内容的学习,力求使学生掌握汽车理赔业务流程及特征,掌握车辆理赔事故现场查勘、交通事故鉴定、事故车辆的损伤评定的要点,了解人身伤亡费用的确定、施救费用和残值的确定,进行科学合理的理赔业务。

学习目标

1.认知目标

(1)掌握汽车保险理赔的含义、流程。

(2)掌握案件受理、现场查勘、损失确定、赔款理算、核赔、赔付结案等理赔环节中的关键技术与方法。

(3)掌握特殊案件的理赔方法等。

(4)理解案件受理、核赔、赔付结案等环节的业务操作过程。

(5)了解汽车保险的理赔监督和指标控制,汽车保险理赔的原则、特点、意义和索赔的流程及注意事项等。

(6)理解汽车交通事故的类型及鉴定方法。

(7)掌握事故定损原则。

(8)掌握事故车辆损失、财产损失、人员伤亡、施救费用的确定方法。

(9)掌握我国各类型汽车保险费率的计算方法。

2.技能目标

(1)能进行车辆损失确定和人身伤亡费用确定 。

(2)能快速完成一般案件的赔款理算。

(3)能准确运用特殊案件的理赔办法。

(4)能快速分析事故类型。

(5)能准确确定事故损失及赔偿方案。

3.情感目标

(1)培养学生对汽车保险的学习兴趣。

(2)发挥自主学习的能力和团队合作精神,养成良好的工作作风。

（3）能在能快与人交流沟通，识别保险欺诈，辨别保险理赔案件的关键点，并能迅速进行现场查勘定损。

7.1 汽车理赔业务流程

汽车保险理赔是指保险车辆在发生保险责任范围内的损失后，保险人或委托理赔代理人依据保险合同条款的约定对被保险人或委托代理人提出的索赔请求进行处理的法律行为。

1.理赔工作的意义

汽车保险理赔工作质量好坏，直接影响到保险公司的信誉，关系到被保险人的切身利益，对机动车辆保险业务的开展甚至其他产险业务的拓展都起着举足轻重的影响作用，同时也决定了保险公司自身的经济效益，汽车保险理赔是汽车保险过程中非常重要的环节。

2.理赔工作人员应具备的条件

机动车辆理赔工作是一项技术性、业务性都很强的工作。近年来，随着汽车设计、制造技术日趋成熟完善，使得现代汽车的结构更加合理，性能更加可靠，因车辆机械原因导致的交通事故比例呈下降趋势，而由复杂难辨的人为因素引起的交通事故比例则迅速增加，由此带来的汽车保险理赔工作难度逐渐加大。此外，私家车比率大幅增加，车主通过保险获得本不该获得补偿的心理预期有所增加，对理赔人员的要求也越来越高。

保险公司一般都有专职的理赔人员，经营规模较大的保险公司都设立有专职的理赔部门专门处理赔案工作。因此，要求从事机动车辆理赔的人员必须具备以下条件：

（1）廉洁奉公，秉公办事，认真负责。在理赔工作中，理赔人员接触对象广泛，要同保户、修理厂直接打交道，在与不同对象的接触中，也往往是对理赔人员思想觉悟、工作作风的检验。个别人考虑个人利益，为了达到其目的，会以请客送礼、行贿等手段拉拢理赔人员。也有个别保户，更多的是第三者受害方无理要求，态度蛮横。因此，理赔工作人员首先应热爱保险事业，关心爱护保险公司声誉，为人正派，实事求是，坚持真理；其次要热爱机动车辆险理赔工作，且有从事机动车辆技术工作的实践经验，有一定的工作能力；自觉服从领导，遵纪守法，团结同志，要有任劳任怨的奉献精神，严格按照理赔人员工作守则行事。

（2）精熟条款，实事求是处理赔案。赔案处理的根据在保险合同条款。理赔人员必须认真领会和掌握保险条款。在现场查勘时，对事故现场情况进行客观地、实事求是的研究分析，在搞清事故出险原因，确定是否属于保险责任后，应合理地确定损失程度，详细鉴定修理范围，制订合适的维修方案，特别是涉及第三者的损失，要本着实事求是的精神慎重处理。

（3）熟悉并掌握有关专业知识。机动车辆种类繁多，车型复杂，特别是进口车型，要达到定责定损合理、准确，则要求理赔人员熟练掌握事故查勘要领，掌握和了解我国的道路交通法规及道路交通事故处理办法，熟悉机动车辆构造及其工作原理，了解事故车辆修理工艺，准确制定修理方式，准确掌握汽车配件价格，了解汽车配件市场动态。另外，道路交通事故往往涉及第三者的物体损失以及车上货物损失。因此，要求理赔人员还要了解和掌握很多相关的知识，以及赔偿标准。一般来讲，理赔工作质量高低，能否把好理赔出口关，往往取决于理赔人员对所涉及的专业知识熟悉和掌握的程度。如果不懂有关专业知识,定责定损时就会无说服力,人云亦云,不可避免要出现漏洞,影响保险公司的声誉及经济效益。

3.汽车保险理赔的原则

汽车理赔工作涉及面广,情况比较复杂。在赔偿处理过程中,特别是在对汽车事故进行查勘、定损过程中,必须遵循一定的原则。

(1)理赔过程坚持"主动、迅速、准确、合理"的八字原则。这是理赔工作长期的实践经验总结,是车险理赔工作优质服务的基本要求。

"主动"是指主动热情地受理案件,要积极进行调查、了解和查勘现场,掌握出险情况,进行事故分析,确定保险责任。对前来索赔的客户要热情接待,多为被保险人着想。

"迅速"是指及时赶赴事故现场查勘,在索赔手续完备的情况下,尽快赔偿被保险人的损失,即办得快、查得准、赔得及时。迅速是效率的关键,认真执行这两个字,可以缩短理赔时间,提高被保险人满意度。

"准确"是指在理赔中正确认定责任范围,准确核定赔付金额,杜绝差错,保证双方当事人的合法权益。目前,在保险理赔实务中理赔不准确的情况时有发生,表现为同样的案子在不同保险公司之间掌握尺度不一样;在同一公司不同理赔人员之间掌握标准不一样;同一理赔员在不同时间掌握标准不一样。

"合理"是指在理赔中,要本着实事求是的精神,坚持按条款办事,要结合具体案情准确定性,尤其是在对事故车辆进行定损时,要合理确定事故车辆的维修方案。

理赔工作的八字原则是辩证的统一体,不可偏废。如果片面追求速度,不深入调查了解,不对具体情况作具体分析,盲目结论,或者计算不准确草率处理,则可能会发生错案。当然,如果只追求准确、合理,忽视速度,不讲工作效率,赔案久拖不决会造成极坏的社会影响,损害保险公司的形象。

(2)坚持"实事求是"原则。对于损失原因复杂的索赔,需实事求是地处理。这要求在确定事故损失时,既不夸大,也不缩小;在补偿事故损失时,既不惜赔,也不乱赔、滥赔。

(3)坚持"重合同、守信用"原则。车险理赔是保险人对保险合同履行义务的具体体现,保险合同中,明确规定了保险人与被保险人的权利和义务,保险合同双方当事人都应按照规定,保证合同的顺利实施。

(4)坚持"保险利益"原则。"保险利益"原则是保险合同的重要原则之一,其关系到投保人的资格确定,并且直接关系到哪些人享有请求赔偿权。如果投保人或者被保险人在保险合同订立和履行的过程中没有保险利益,那么,所订立的合同就成了无效合同。换句话说,标的的完好和损失不会影响到投保人或者被保险人的任何利益,因此在发生风险事故时造成标的损失,投保人或者被保险人都不可能获得赔偿。

(5)坚持"实际现金价值"原则。在国际保险业中,保险赔偿的责任一般做法是仅以保险标的损失时的实际现金价值为限。在我国,履行保险赔偿责任的方式有置换、修复、现金等多种方式,但是无论从哪种方式上看,归根结底还是通过现金来支付赔偿。而且,在实际工作中,往往会遇到一些因时空变化而根本无法置换和修复的标的,保险关系人只能通过协商的现金价值去解决赔偿问题,所以在保险赔偿时,要尽可能用"实际现金价值"原则去解决保险赔偿责任问题,以保证保险业长期、稳定经营。

总之,遵循车险理赔原则进行处理赔案有利于维护保险人与被保险人的双方利益,特别是对被保险人来说,车险事故发生后能否得到赔偿,赔偿是否及时、合理、准确,对被保险人身心影响极大。由此可见,对于保险人,最简单的理赔宗旨应该是:以主动、热情、诚恳的工作态度,在尽可能短的时间内,最大限度地让被保险人得到应有保障。

4. 理赔主要工作内容

机动车辆理赔工作主要包含以下几部分内容:

(1)出险受理:包括受理报案、查抄底单、登记立案。

(2)现场查勘:包括现场调查,施救保护。

(3)损失核定:对事故车辆及第三者财产进行损失核定,制订修复方案,明确修理范围及项目,确定修复费用,并根据招标定修原则,确定维修厂家。

(4)赔案制作:包括责任审核、费用核定、赔款计算,综合报告、赔案审批。

汽车保险理赔涉及双方权利与义务的实现,是保险经营中的一项重要内容。保险汽车发生风险事故后,被保险人造成的经济损失有的属于保险责任范围,有的则属于责任免除范围。即使被保险人的损失属于保险责任,损失额也不一定等于获赔额。

汽车保险理赔的质量,取决于保险人案件处理的效率和是否真正履行了保险合同的约定,这关系到保险合同双方当事人的利益。对保险人而言,理赔质量直接影响赔付率的大小和公司信誉;对被保险人而言,理赔质量直接决定其受到补偿的程度。

5. 汽车理赔业务流程

理赔工作,依照国际惯例和保险市场的要求,以技术为基础,以保险法为依据,公正、公平、合理地维护保险合同和当事人的利益,包括保险人、被保险人和再保险人。

车险理赔实行集中管理:集中接报案、集中统一调度、明确岗位职责、统一考核上岗、定期考核评定、随时抽查复勘、强化垂直管理力度。理赔工作的基本流程包括:报案、查勘定损、签收审核索赔单证、理算复核、审批、赔付结案等步骤,具体的理赔流程如图7-1所示。

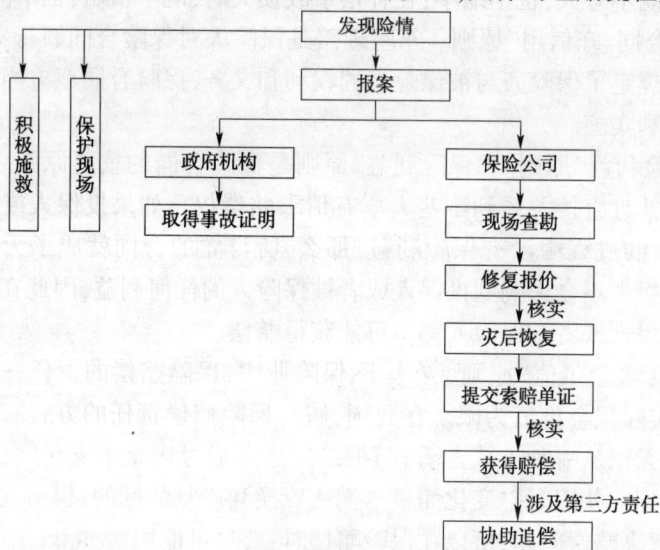

图 7-1 理赔流程

1）报案

（1）出险后，客户向保险公司理赔部门报案。

（2）内勤接报案后，要求客户将出险情况立即填写《业务出险登记表》（电话、传真等报案由内勤代填）。

（3）内勤根据客户提供的保险凭证或保险单号立即查阅保单副本并抄单以及复印保单、保单副本和附表。

查阅保费收费情况并由财务人员在保费收据（业务及统计联）复印件上确认签章（特约付款须附上协议书或约定）。

（4）确认保险标的在保险有效期限内或出险前特约交费，要求客户填写《出险立案查询表》，予以立案（如电话、传真等报案，由检验人员负责要求客户填写），并按报案顺序编写立案号。

（5）发放索赔单证。经立案后向被保险人发放有关索赔单证，并告知索赔手续和方法（电话、传真等报案，由检验人员负责）。

（6）通知检验人员，报告损失情况及出险地点。

以上工作在半个工作日内完成。

2）查勘定损

（1）检验人员在接保险公司内勤通知后1个工作日内完成现场查勘和检验工作（受损标的在外地的检验，可委托当地保险公司在3个工作日内完成）。

（2）要求客户提供有关单证。

（3）指导客户填列有关索赔单证。

3）签收审核索赔单证

营业部、各保险支公司内勤人员审核客户交来的赔案索赔单证，对手续不完备的向客户说明需补交的单证后退回客户，对单证齐全的赔案应在"出险报告（索赔）书"（一式二联）上签收后，将黄色联交还被保险人。

在索赔时，根据事故的性质要求被保险人提交以下有关的单证：

（1）保险单复印件，盗抢案件提供保险单正本。

（2）出险通知书。

（3）损失清单。

（4）保险公司估价单。

（5）行驶证复印件，盗抢案件需提供行驶证及副卡原件。

（6）驾驶证复印件。

（7）修车发票。

（8）必要的、合理的施救费发票。

（9）事故证明，由保险公司确认的事故，也可由事故单位自行证明。

（10）事故责任认定书。

（11）事故调解书。

（12）第三者身份证复印件。

（13）伤者诊断证明。

（14）残疾鉴定报告。

（15）出院小结。

（16）医院病历。

（17）一次性赔偿凭证。

（18）医疗费、交通费、住宿费等票据。

（19）被抚养人的户籍证明（限伤残致丧失劳动能力者）。

（20）死亡证明书。

（21）消防部门的火灾事故证明。

（22）车钥匙。

（23）购车发票及车辆附加费凭证。

（24）登报寻车启事。

（25）停车场证明。

（26）停车场收据正本。

（27）权益转让书。

（28）盗抢车辆报告表。

（29）公安报案受理表。

（30）公安刑侦部门60日未破案证明，失窃车辆牌证注销登记表。

（31）单位营业执照复印件。

将索赔单证及备存的资料整理后，交产险部核赔科。

4）理算复核

（1）核赔科经办人接到内勤交来的资料后审核，单证手续齐全的在交接本上签收。

（2）所有赔案必须在3个工作日内理算完毕，交核赔科负责人复核。

5）审批

（1）产险部权限内的赔案交主管理赔的经理审批。

（2）超产险部权限的逐级上报。

6）赔付结案

（1）核赔科经办人将已完成审批手续的赔案编号，将赔款收据和计算书交财务划款。

（2）财务对赔付确认后，除赔款收据和计算书红色联外，其余取回。

7.2　车辆理赔事故现场查勘

现场查勘工作质量的好坏，直接影响保险合同双方当事人的利益。在现场查勘过程中，理赔人员要尊重事实，严格按照国家有关法规及保险条款办事，掌握和熟悉现场查勘方法，妥善解决和处理各类现场查勘中的实际问题。

在实际工作中，现场勘查及事故责任认定主要是由公安交警管理部门进行。事故发生后，肇事者往往首先到交通管理部门报案，其次才到保险公司报案。而大多数事故保险公司接到报案时，事故现场已经经过公安交警部门现场查勘并为了疏通道路已将现场撤离。尽管如此，保险公司查勘定损人员仍有必要掌握现场查勘技术、掌握必要的现场查勘判断与分析方面的有关知识。不一定大小事故每案必到现场(事实上也不太可能),但对一些单方事故,重大、恶性事故必须到现场查勘,必要时可到交警部门查阅事故现场查勘资料,参与交警部门的事故责任认定分析,特别要注意杜绝无照驾驶、酒后驾驶等保险除外责任案件的保险索赔。

7.2.1 现场查勘技术

1. 交通事故现场的分类

根据发生事故后现场的变化情况,交通事故现场可分为原始现场与变动现场。

(1)原始现场:是指事故发生后,车辆、人、畜和一切与事故有关的物体仍保持事故发生后的最初状态。

(2)变动现场:是指由于某种原因,使事故的原始状态发生部分或大部分更改。

更改事故原始状态的原因很多,通常有如下几种情形:

①抢救受伤者。为了抢救事故受伤者而移动有关物体的位置或变更死者原来的倒卧位置。

②保护不当。由于未及时封闭现场,有关痕迹被来往车辆和行人碾踏,使痕迹不清或消失。

③自然破坏。由于雨、雪等自然因素,使事故痕迹不清或消失。

④允许变动。有特殊任务的车辆,如消防、警备、救险等车辆肇事后经允许驶离现场,或为了避免交通阻塞经允许,移动车辆或有关物体。

⑤车辆驶离。发生事故后,驾驶人无意(未发觉)或有意(逃避责任)将车辆驶离现场。

从现场查勘要求上讲,由于原始现场保持了事故发生后的本来面貌,因此原始现场便于取得可靠资料。一般情况下,事故发生后应尽可能维持原始状态,即使是为了抢救受伤人员,也应注意尽量不触及与抢救无关的物体或痕迹。

2. 现场查勘步骤

现场查勘是对交通事故现场实地进行仔细深入的调查。现场查勘的目的主要是及时采集与事故有关的各种物证,以便分清事故的责任;其次是通过现场勘查,可以查明引起事故的原因,特别是要把握住有无保险条款所规定的除外责任项目的情况。

1)查勘准备

被保险人发生事故后,经报案登记,查抄底单确认在保单承保责任范围内,查勘定损人员接到去现场查勘的通知后,应立即赶赴现场。现场查勘必须双人进行,并携带必要的查勘资料。比如根据所了解发生事故的车型,携带车型配件资料等。

对于事故车辆已撤离现场的,在查勘定损时,要求现场查勘人员首先要查看车辆肇事接触部位,根据碰撞位置寻找和分析事故发生的原因。必要时还应赶到事故现场实地查勘。

2)实地查勘

(1)现场查勘要求。

查勘定损人员赶赴出险现场后,应及时与被保险人取得联系,以便协助搞好查勘工作。

查勘必须到现场、见实物，做到双人同时查勘。保险事故的查勘，不是单纯的对事故车辆进行损失登记和核定。因此，要求查勘人员到现场后，要深入实际调查，认真负责，详细记录，做到现场情况明、原因清、责任准、损失实。现场查勘应书写查勘报告。

对于出险情况较特殊者，应向当事人和有关人员详细询问事故经过，必要时要收集旁证材料。特别是对车辆丢失、火灾事故及对怀疑有酒后驾驶、无证驾驶、机械事故及人为因素等要重点查询，迅速调查取证，决不可拖泥带水。对于案情复杂或不易确定的疑难案件，应聘请技术专家或技术人员协助做出技术鉴定（或进行现场事故模拟实验），必要时请求有关公安、司法部门协助立案侦破。切忌盲目下结论，随意处理。

（2）实地查勘内容。

实地查勘内容包括：现场有关尺寸的测量，事故现场拍照及有关物品的收集等。

①现场拍照：即用摄影手段记录现场地貌、车辆、痕迹及散落物的情况。现场摄影包含以下几种：

a. 方位摄影。拍摄确定现场的位置、全貌，反映现场轮廓，也就是要拍摄以肇事车辆为中心的周围环境，反映出事故现场的地形、路况，以及肇事车辆和其他物体接触碰撞情况。

b. 中心摄影。主要是拍摄现场中心地段，以接触点为中心，拍摄与肇事触点相关联的各个部位，反映肇事车辆的整体形态。

c. 细目摄影。主要拍摄现场上发现的各种痕迹以及肇事车辆的碰撞部位。主要包括：肇事车辆和其他物体接触部分的表面痕迹；肇事车辆制动拖印痕迹，以及现遗留的其他痕迹；肇事车辆牌照号码等。现场拍照的取景特别重要，应根据拍照的目的和要求，确定拍照范围及拍照重点，选择合适的拍照角度及距离。要求所拍摄的碰撞部位，基本上能反映肇事车辆（包括损坏物体）的损失状况。

②现场测量：测量现场内与事故有关的尺寸。包括测量肇事车辆的尺寸及其停放位置，制动印迹的长度、道路的宽度等。

现场测量的基准与定位：现场定位的目的是借方位物和现场固定参照物的位置，将事故现场上的有关物体，确定在一个相对固定的空间位置。定位是一切测量程序的基本环节。事故现场的定位步骤包括确定事故地点方位、选择基准点和固定测量点等。

确定方位：事故地点的位置及通过公路、街道的名称和其所处的里程碑或明显方位物的名称确定。

选择基准点：基准点是为固定事故现场测量对象所设定的参照点。可选择事故现场原有的固定物体（如电线杆、桥梁杆、里程碑等）所选基准点应距事故现场较近，以便测绘。

③绘制现场草图：即将现场情况用草图形式记录下来。现场草图通常包括现场的位置和周围的环境以及遗留有痕迹、物证的地点。现场草图给人以总观的印象。绘制草图虽然可以粗糙些，但内容必须完整、齐全、尺寸必须准确，要求对现场的车、人体、物体、痕迹等的位置、相互关系真实写照。同时，必须与现场查勘垂直地笔录记载的内容相吻合。

④采集物证：检查肇事车辆接触部位黏附的物体。如漆皮、纤维、木屑、人体的皮肉、毛发、血迹等。采集这些物体的标本作为物证，以便分析、判断事故的真实情况。如风窗玻璃上所黏附的毛发可分析、确认事故属于何人驾驶所致等，对判断是否有照驾驶能提供有力的证据。

3) 现场调查

(1) 查实出险情况。

查明出险地点。出险地点对了解和审核保险责任有着密切的关系,尤其是对于单方事故,确认其所报事故的真实性起着很重要的作用。要查明是否与报案时的出险地点是否相符;是否是第一现场,如现场已经变化或移动,要查清变动原因。对未经有关事故处理机关同意,既不是抢救伤员和抢救受损物资,又不妨碍交通安全,擅自移动现场,无法确认事故责任的,视情节和实际损失情况可以考虑是否承担赔偿责任。

查明出险时间:对机动车辆出险时间与投保时签单时间接近的案件,要深入细致地调查、核实出险时间。如:出发起程日期、具体时间,途中行驶时间,行驶路线,到过目的地或返回的日期、时间等。如有疑点时,要查明落实每一环节,以防止道德风险的发生。

查明出险范围:首先要了解出险的事实经过,查明是属于直接原因还是间接原因,是机械因素还是人为因素,并根据近因原则确定之。机动车辆出险的案件,有的出险原因比较明显,案情比较清楚,但有的案件出险原因比较复杂,需要深入调查。在调查过程中要采取多听、多问、多看、多分析的方法,凡与案情有关的细节都要尽量收集,及时分析,对于与情节有出入的更要反复求证,并索取书面文字证明材料。特别是对被盗车辆、火灾车辆或怀疑有无证驾驶、酒后驾驶、人为因素等更要加强调查取证工作。

因案情尚未查清原因之前,查勘定损人员切忌主观武断,轻易表态,草率地肯定或否定是否属于保险责任,更不能包办代替,包揽一切,给以后理赔赔案处理带来困难或造成被动。

(2) 车辆调查。

即在现场对肇事车辆进行技术情况和外观检查,其目的是了解车辆有关的结构、性能、肇事时的技术状况,以及它们对事故所产生的影响;同时了解事故所造成的车辆破损情况。

车辆现场调查的主要内容包括:

①车辆结构特征。如制动、转向机构的类型、轮胎的型式、胎面花纹式样等。

②车辆的载货和乘员情况。包括货物的种类,货物装载时的固定情况,乘员乘坐情况等。确认是否超重、超宽、超高、超长、超员。

③出事后操纵手柄的位置。主要是判断事故发生时驾驶人的操作情况。如从变速杆、驻车制动器手柄位置判断当时的车速范围和采取的制动措施等。

④车辆技术状况。检查有无制动跑偏、制动无力、转向沉重以及有关安全设备不合要求的情况。如限于条件不能在现场进行检查,可在现场以外有条件的场地或委托其他技术单位进行检查并作必要的技术鉴定。

⑤核查车辆发动机缸体号码及车架号码,以防止倒换车辆牌照等欺诈行为。

⑥车辆破损情况。对碰撞、翻车等车辆损坏的要准确记录车体破坏的位置及损坏配件名称,并分析判断损坏的直接原因(碰撞、挤压等);对于断裂的机件,应初步分析其断裂原因,并注意保护断裂面,以便进一步分析(必要时可做相应的技术鉴定)。

(3) 道路调查。

在现场测量道路有关尺寸的基础上,对影响事故的其他道路因素作进一步了解。

道路调查包括:

①记录事故地点道路线型参数。如道路纵向坡度,弯道的平面曲线半径,弯道的超高、

弯道的弧长、道路视距等。

②路面状况。包括路面等级、路面结构、路面完好状况,事故发生时路面的附着条件(干、湿、积水、结冰等)。路面干湿状况直接影响车辆的制动效果。实践证明:干燥路面上的制动距离为湿路面的70%。

③路面障碍。了解路面堆积物和施工所占用的道路情况,应测量堆积物的尺寸,堆积物对驾驶人视距的影响,路面作业区所占用面积的大小,有无明显的标志等。

4)事故现场的模拟实验

对于大多数事故,一般通过实地查勘及现场调查,基本上对事故发生的原因及过程有一个比较明确的了解,也比较容易下结论。但对于个别事故,案情比较复杂,情况比较特殊的,保险公司初步判断为除外责任拟进行拒赔而又无确凿证据的,为了符合法律上的程序要求,则需要进行事故现场的模拟实验,以便提供有力的拒赔法律证据。尤其是对个别单方车辆倾覆事故且车辆损坏严重,基本上达到报废程度,而驾驶人却在车辆倾覆前跳车完好无恙,以及车辆单方与路外物体碰撞造成车辆着火,车辆烧损比较严重的事故。对于个别重大碰撞事故,在认为交通事故处理机关所做责任认定结论有偏差的也可进行事故现场的模拟实验。

现场事故模拟实验方法:现场模拟实验就是用现场条件,通过简单的实物实验,用比拟或推断的方法来研究事故的成因,判断事故发生的可能性。一般来说,按肇事驾驶人所表述的当时发生事故的经过,比如说当时的车速,采取了哪些措施,及机动车辆当时机械方面的异常情况等,进行现场模拟实验。对于单方碰撞机动车辆火灾事故可以通过线路短路搭铁方法进行模拟实验,以观察是否可能造成机动车辆火灾。

3.现场查勘方法

1)现场查勘的主要内容

现场查勘的主要内容包括:

(1)车辆制动痕迹。据此判断肇事前车辆行驶速度及行驶路线。

(2)车辆碰撞所遗留残碎的物体(例如:塑件碎片及灯具玻璃碎片等),根据制动痕迹及遗留的残碎物体,确认和判断车辆瞬间碰撞第一接触点。

2)现场查勘方法

(1)沿车辆行驶路线寻找现场痕迹。

①制动印迹。车辆遇情况采取紧急制动后与地面摩擦会出现炭黑拖印。

②碰撞、碾压、刮、擦、挤等痕迹。车辆与车辆、车辆与行人、车辆与牲畜、车辆与其他物体接触后双方留下的痕迹。

③现场遗留物。车辆发生碰撞后所剥落的漆皮、玻璃碎片、脱落破碎的汽车零件。

(2)确定肇事接触部位。确定肇事接触点。对处理事故起关键作用。接触点是形成事故的焦点,又是判定事故责任的重要依据。接触部位是多种多样的,要经过深思熟虑,全面细致地进行分析。

7.2.2 现场查勘的判断与分析

现场查勘人员经过现场拍照、测量以及收集物证、人证后应首先判断分析是否属于保险责任范围。其次,因交通事故责任认定的需要,还应对肇事车辆的车速、碰撞接触点,以及现场的痕迹进行的分析。

1. 判断肇事车辆的车速

机动车辆肇事前的行驶速度是分析事故原因的主要因素。对肇事车辆的行驶速度主要依据现场遗留痕迹作出分析。

目前,现场查勘判断车速的方法,主要是利用车辆的制动拖印以及散落物抛出的距离等来估算车速。

机动车辆肇事前,驾驶人多会本能地采取紧急制动措施,所以事故现场上一般都留有制动时车辆抱死滑移的痕迹(但对于一些高档进口车辆有防抱死装置的则可能没有轮胎滑移痕迹),即所谓的制动拖印。

汽车制动时,当车辆制动器的制动力大于车轮与地面的附着力时,车轮将抱死不转,并在路面上沿汽车行驶方向向前滑移。

2. 判断碰撞接触点

碰撞是指运动着的车辆以其运动方向的正面与对方接触的事故。碰撞接触点就是碰撞双方最初的接触部位在路面上的投影位置。

交通事故中的碰撞形式有机动车辆碰撞行人、碰撞自行车、碰撞固定物体以及机动车相互碰撞等。碰撞的形式有正面碰撞、追尾碰撞、侧面碰撞等。当车辆与相当质量的车辆或物体碰撞时,由于运动惯性瞬间受阻,运动是碰撞事故的一个特点。

由于实际碰撞事故十分复杂,很难用动力学的碰撞理论,通过计算确定碰撞点。目前,判断碰撞接触点的方法主要是根据现场状况进行逻辑推理分析,或通过事故现场模拟实验确定。

判断碰撞接触点的依据:

(1)事故现场的物理(力和运动)现象,双方车辆损坏的部位及受力情况。当第一现场挪动后,根据双方车辆碰撞损坏位置亦可以初步判定事故原因。

(2)事故现场的散落物。如车体下的泥土、玻璃碎片等。

(3)制动印迹。

(4)汽车运动学和动力学理论(运动轨迹和碰撞损坏情况)。

碰撞接触点的判断通常分以下几种情况。

1)汽车碰撞固定物体

汽车碰撞固定物体时,无论碰撞后固定物(包括停驶的车辆)是否产生位移,用固定物体原始位置与汽车的接触点就能确定碰撞接触点。

2)汽车碰撞行人或自行车

由于决定双方碰撞冲量的质量和速度相差悬殊,因此碰撞后不会导致汽车运动速度和运动方向的明显变化。在这种情况下,碰撞位置必然在现场汽车停放位置的后方。所以碰撞接触点应在汽车前保险杠之后(汽车前行事故),根据遗留在路面上的自行车轮胎挫划痕迹或行人的鞋底挫划痕迹,被撞者身上或自行车上掉下来的物品等进行判断。

3)汽车正面相撞

汽车正面相撞时,由于两车均沿同一直线运动,碰撞后两车的停驶位置一般不会偏离原先的行驶方向。通常,当两车变形相当时,冲量大的车将使冲量小的车由碰撞位置后移,故碰撞位置应在冲量大的汽车保险杠后方。由于碰撞瞬间车辆前轴负荷突变以及碰撞力可能使前轮胎产生横向挫滑的结果,前轮胎将在路面上留下较正常轮印宽而重的挫痕。因此,轮胎挫印的位置,可作为判断碰撞接触点的依据。另外,还可根据碰撞掉落的前灯玻璃等掉落物体判断碰撞接触点。

4)追尾相撞

追尾的后车碰撞行驶的前车,前车将在碰撞力的作用下加速,碰撞后两车一起向前运动,碰撞接触点应在停驶后的后车前保险杠之后。

5)侧面相撞

无论是侧面正交或斜交相撞,被撞车都可能程度不同地偏离原先的行驶路线,车辆偏离原行驶路线的程度虽然与两车各自的冲量对比有关,但车辆碰撞后的运动趋势又受到碰撞接触部位、车辆类型和结构、操纵系统状态(车轮制动状态、转向轮偏转角度)、附着系数诸因素影响,所以侧面碰撞的碰撞接触点很难运用运动学关系通过简单定量分析得出可靠结果。一般依靠各种碰撞事故资料及经验进行判断。

3. 车辆变形和破损痕迹的鉴别与分析

事故发生后,无论是机动车辆之间,还是车辆与固定的物体、或车辆与行人之间,甚至车辆自身的事故,都会或多或少的在车体上留下各种痕迹。

1)车体上的碰撞痕迹

车辆互撞或车辆碰撞固定物体,一般都会造成车体变形或破损。在一般碰撞事故中汽车前面的保险杠、翼子板、散热器护栅等部位,可找出凹陷的痕迹。凹陷的位置和大小对判断碰撞对象及碰撞接触部位十分有用;从凹陷的程度也可推断碰撞时相对速度的大小。对于碰撞痕迹,应注意将第一次碰撞与其后的第二次碰撞区别开来。第一次碰撞与事故成因有关,而第二次碰撞则是事故的后果。

2)车体上的刮擦痕迹

车辆刮擦痕迹的位置通常在车体侧面。刮擦痕多为长条状,除具有凹陷或破损的特征外,还呈现车身灰土、泥土被擦掉或漆皮被刮落的现象。与碰撞事故相仿,刮擦部分上可能留下对方车辆的漆皮、木质纤维或其他物体的痕迹。

3)碾压痕迹

证明碾压事故的痕迹多留在车裙下沿或底板下面。查勘车辆碾压行人或自行车事故时应注意查找碰撞痕迹,因多数碾压是碰撞以后发生的。

4)车辆机械事故痕迹

因车辆机件失灵所造成的事故,其原因主要在车辆的行驶系统或操纵系统。行驶系统或操纵系统的某个机件断裂或连接松脱,往往使行驶中的车辆突然失控。因机件失灵造所成事故虽然为数甚少,但其后果一般都比较严重。机件断裂、松脱的原因有些属于设计、制造质量问题,但大多数情况下则与修理维护以及驾驶人的责任有关。为了查明这类事故的真正原因,则必须依靠对机件损坏部位痕迹进行必要的技术鉴定(包括材质的技术鉴定)。

汽车制动系统以及行驶、转向机构的某些机件如前轴、转向节、钢板弹簧、转向传动杆件等的松脱或断裂都有其一定的过程。连接件的松脱过程先是防松装置(开口销、锁紧螺母等)脱落,然后在车辆行驶振动中逐渐松开;而机件的断裂也是如此,如转向节的断裂过程中由于应力集中等影响,最先在转向节轴根部出现疲劳裂纹,随着疲劳裂纹在使用过程中逐渐扩展,零件的有效断面亦随着减小,当有效断面小到使其强度不足以胜任某次冲击力时,转向节才会突然折断。可见,上述松脱和断裂的痕迹也不会是截然变化的。从痕迹处的油迹、锈斑、灰尘一般可以推断机件的损坏原因。这是鉴别事故在先还是机件损坏在先的方法。

车辆翻车等事故造成多种机件损坏时,应分析最先造成事故的原因。因为有的机件损坏是事故后造成的,与事故形成无关;有的虽是事故的原因,却不是直接原因。例如传动轴断裂本该不会引起翻车,但断裂旋转的传动轴打裂了制动贮气筒或破坏了制动管道,从而导致制动失效,车辆失去控制。这些,都应在对机件破损痕迹的具体分析中,运用科学知识合理推断。

7.3 交通事故鉴定

7.3.1 道路交通事故的类型

《中华人民共和国道路交通安全法》对道路交通事故的定义为:车辆在道路上因过错或意外造成的人身伤亡或者财产损失的事件。车辆、道路、驾驶人的过错或意外等行为、事件及造成后果是道路交通事故必须具备的要素,缺少任意一个要素都不能构成道路交通事故。

根据道路参与者的种类,道路交通事故可划分为汽车与汽车间事故、汽车与两轮车(两轮摩托车、两轮自行车及两轮电动自行车等)间事故、汽车与行人间事故、两轮车与行人间事故及汽车单方事故等。在汽车与汽车碰撞事故中,根据车辆的接触形态及作用结果又可分为正面碰撞、追尾碰撞、直角侧面碰撞、斜碰撞等几种。

1. 正面碰撞

正面碰撞是指汽车前面与汽车前面发生的碰撞,碰撞时两车纵轴线平行或接近平行。根据碰撞力和质心的关系,正面碰撞又可分为对心正面碰撞和偏心正面碰撞。对心正面碰撞是指碰撞力通过车辆的质心,偏心正面碰撞是指碰撞力未通过车辆的质心,正面碰撞和偏心碰撞如图7-2、图7-3所示。

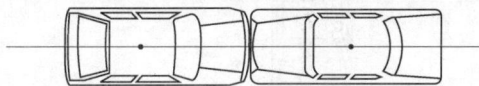

图 7-2 车辆对心碰撞　　　　　　　　　　图 7-3 车辆偏心碰撞

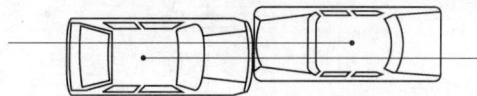

一般发生正面碰撞的情况有:车辆超车驶向对向车道,并与对向来车发生碰撞;在视线不好的弯道上与对向来车发生碰撞;车辆在行驶过程中,因故障或避让前方险情驶向对向车道并与对向车辆碰撞等。

2. 追尾碰撞

追尾碰撞是指后车的前部与前车的后部发生的碰撞。碰撞时两车纵轴线处于平行或接近平行状态。同样在车辆的追尾碰撞过程中可分为对心追尾碰撞及偏心追尾碰撞,即碰撞力分别指向车辆质心和碰撞力未通过车辆的质心两种,对心追尾碰撞和偏心追尾碰撞如图 7-4、图 7-5 所示。

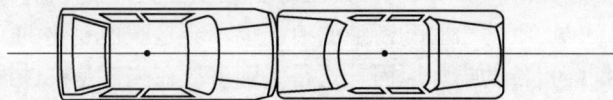

图 7-4　车辆对心追尾碰撞

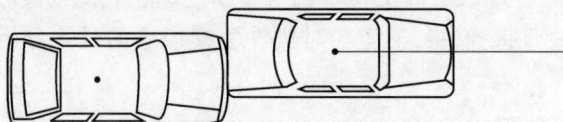

图 7-5　车辆偏心追尾碰撞

发生追尾碰撞,一般多在车辆跟随运动过程中,后车与前车距离过近,前车因情况紧急制动或后车驾驶人注意力不集中未提前观察前车动向,造成后车避让不及而发生碰撞事故。在雨、雪、雾天气中很容易发生追尾碰撞。

3. 直角侧面碰撞

车辆直角侧面碰撞是指发生碰撞的车辆,其中一方车辆的前部垂直碰撞另一方车辆侧面的现象,碰撞的车辆纵轴线呈直角或接近直角。根据碰撞力通过车辆质心的情况可分为偏心直角侧面碰撞和对心直角侧面碰撞,如图 7-6、图 7-7 所示。

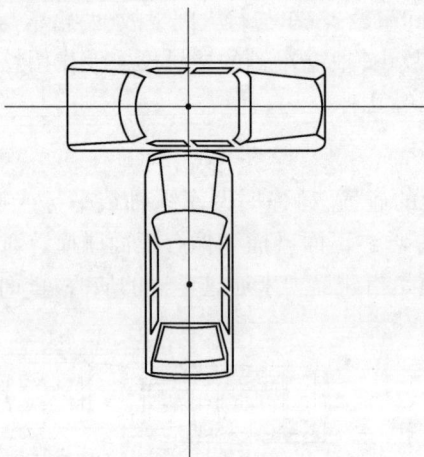

图 7-6　对心直角侧面碰撞　　　　图 7-7　偏心直角侧面碰撞

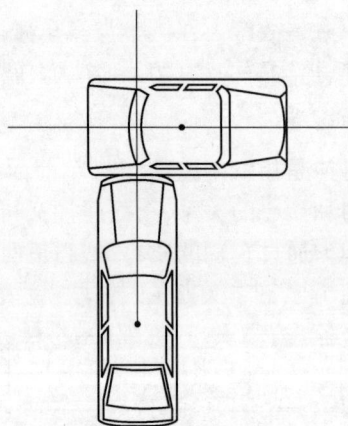

直角侧面碰撞一般多发生在十字路口处,且碰撞的车辆在碰撞过程中都有避让的措施,因此,在实际碰撞过程中很少有完全直角侧面碰撞的现象,一般都是接近直角侧面碰撞,且碰撞后车辆一般发生剧烈回转运动。

4. 斜碰撞

斜碰撞是指发生碰撞的车辆纵轴线呈一锐角或钝角,如图 7-8 所示。

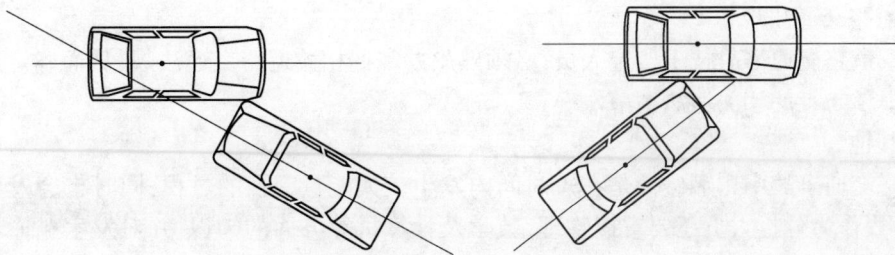

图 7-8　车辆斜碰撞

7.3.2　道路交通事故的鉴定

道路交通事故技术鉴定,就是针对道路交通事故发生后所产生的一系列问题,由相关鉴定部门及鉴定人员根据现有的证据及数据,采用科学分析方法及手段等,得出事故过程中相应问题的结论,为办案人员分析处理事故提供科学依据。目前,交通事故鉴定大多数是以痕迹物证学、法医学等成熟的鉴定理论和技术为参照,结合交通工程、汽车工程、车辆检测技术、力学、运动学等专业知识开展鉴定工作。

1. 道路交通事故技术鉴定相关专业介绍

目前,交通事故鉴定大多数是以痕迹物证学、法医学等成熟的鉴定理论和技术为参照,结合交通工程、汽车工程、车辆检测技术、力学、运动学等专业知识开展鉴定工作。

1)道路工程

为研究道路条件与安全关系,应具备道路工程中有关几何线形、道路结构、路面、道路景观、交通信号、标志标线及安全设施等基础知识。

2)车辆工程

为研究车辆的安全性,应具备车辆工程中有关汽车制动、操纵稳定性、汽车安全装置与结构及汽车安全监测设备等基础知识。

3)交通心理学

交通心理学是一门应用科学,它把心理学的方法和原则应用于交通中的人。交通心理学着重研究交通中与人有关的领域,包括人与机器(驾驶人与车辆)的关系、人与环境(驾驶人与道路及标志)和人与人(驾驶人与行人)之间的相互关系。

4)行为学

汽车在道路上行驶时,从周围环境传来的信息对驾驶人的感觉器官产生刺激作用,并被接收、传送至大脑中枢。驾驶人经过思考、判断,做出决定后产生行为,即操纵汽车的行驶。应用行为学相关知识,研究驾驶人在行驶过程中的行为特征,进而提出预防措施,避免交通事故的发生。

5)法医学

法医学是应用医学、生物学、化学和其他自然科学理论和技能解决法律问题的科学,分析交通事故中受伤害人员形成受伤机理,对道路交通事故车辆碰撞运动提供线索和证据。

6）道路交通法规

从事道路交通事故技术鉴定人员，必须熟悉并掌握相关道路交通法规，从而确定道路交通事故中参与者的相关违法情节。

7）其他

道路交通事故中车辆碰撞是在短时间内发生较大能量交换的过程，同时也会发生车体变形等，故作为分析人员还要掌握物理、数学及计算机等方面的知识，并对发生碰撞车辆进行分析及模拟等。

2. 技术鉴定内容

根据现有的成熟鉴定技术，大致可以将道路交通事故的技术鉴定内容分为以下四类。

1）痕迹物证类

交通事故痕迹是指由于当事方的行为活动所引起的交通事故现场一切物质形态的变化。在交通事故中，发生过接触的车与车之间、车与道路设施之间或车与人体之间都存在着相互作用，并会在接触面上形成某些表现形式的痕迹。具体表现为结构变形（凹陷、弯折、扭曲、断裂）、刮擦、整体分离和表面物质交换。

交通事故痕迹物证同其他物证一样，来源广泛、种类繁多。按照痕迹存在的载体不同，交通事故痕迹可分为人体体表痕迹、衣着痕迹、车体痕迹、路面痕迹、固定物痕迹、附着物、散落物等。通过交通事故痕迹检验与鉴定可以解决以下问题：

（1）通过痕迹检验，确认肇事车辆之间、车辆与人体、车辆与路侧设施的接触部位，为碰撞形态鉴定提供依据。

（2）通过对事故涉嫌车辆、人员及指认现场的痕迹进行勘验，确定是否构成车辆、人体、道路设施间的接触和是否存在另方肇事车辆。

（3）路权是目前交警部门进行责任判定的一个重要标准，通过对事故现场的地面痕迹和散落物等痕迹物证可以推断或计算出碰撞的空间位置，为事故处理提供依据。

（4）针对交通逃逸案件，可通过事故现场勘察和涉嫌肇事车辆痕迹检验，为侦破逃逸事故和鉴别肇事车辆提供依据。

（5）针对涉嫌利用伪造交通事故现场，骗取保险的案件，可通过事故现场勘察和肇事车辆痕迹检验，可以对事故的真实性进行鉴定。

2）法医类

交通事故的法医学鉴定是应用法医学的理论和技术解决交通事故中有关人员伤亡的检验和鉴定的科学。交通事故中人员伤亡，必须由法医对死者或伤者进行检验、鉴定，为事故性质的认定、现场再现、民事赔偿、肇事者量刑提供客观和科学的证明。

目前，针对交通事故的法医类鉴定可以解决以下问题：

（1）为确定案件性质提供依据。发生在道路上的事件大多是属于交通事故，但也有可能是刑事案件、意外事件。这就需要根据现场勘查、车辆检验、人体损伤检验、当事人生理、精神状态鉴定，结合死亡原因及致伤方式，确定案件性质。

（2）通过对交通事故现场发现的机体组织、毛发、血液、血迹等生物性检材进行检验和鉴定，对被鉴定的客体做出同一性认定。认定交通事故肇事车辆，并可以结合车辆在碰撞过程中的运动过程，判断有关痕迹、物证、损伤等形成的过程和原因，及事故发生前当事人所处的位置、交通参与方式。

（3）确定交通事故损伤与疾病的关系，死亡与疾病的关系，损伤、疾病与伤残的关系，死亡方式和直接死亡原因。公正、合理地划分，为交通事故伤亡的民事赔偿提供依据。

（4）对因交通事故而引起的当事人损伤情况进行伤残评定，为交通事故损伤案件的民事赔偿提供客观依据。

（5）对交通事故当事人，因交通事故而引起的休息（误工）时限、护理时限、营养时限进行法医学鉴定，为交通事故损伤案件的民事赔偿提供客观依据。

3）车辆安全技术状况类

交通事故各方当事人中，至少有一方使用车辆，包括机动车和非机动车。车辆是构成交通事故的前提条件，无车辆参与的事故则不能认为是交通事故。车辆作为交通事故的构成要素，其安全技术状况与事故之间存在着一定的因果关系。事故发生后，事故车辆往往会因碰撞中产生的巨大冲击力而发生车体变形和功能损坏；也存在着事故车辆在事故发生前就已经达不到正常使用标准要求或存在安全隐患而导致事故发生的可能性；同时，也存在车辆安全系统及部件因突发性机械故障而引发交通事故的可能性。因此，在进行事故调查工作中有必要对肇事车辆安全技术状况及与事故之间的关系进行鉴定，做出公正、合理的判断。同时，对车辆损毁情况的核实也为民事赔偿提供依据。

根据事故处理和交通事故案件审理工作的需要，目前开展的交通事故车辆检验及鉴定项目主要可以解决以下问题：

（1）车辆属性鉴定。根据发动机工作容积、动力装置功率及车辆相关特征对机动车的车辆属性（轻便摩托车、摩托车或非机动车）进行认定，为交通事故当事人准驾车型的确定及事故责任认定提供依据。

（2）车损评估。对事故车辆损毁程度进行检验及修缮费用估算，为民事赔偿提供依据。

（3）车辆安全技术状况检验。根据相关车辆及部件标准，对事故车辆的安全设施、安全性能进行检验。目前检验的内容包括：安全气囊、安全带、车辆制动性能、车辆转向功能、后视镜、照明、信号、轮胎等安全装置。

（4）车辆安全技术状况与事故关系的鉴定。根据事故车辆安全技术状况的检验结果，结合事故现场、碰撞部位、车辆运动过程、碰撞速度综合分析事故车辆安全技术状况与事故发生的因果关系。确定事故车辆安全系统及部件的损坏或失效是在事故前还是在事故后形成的，对于在事故前已经形成的损坏或失效应判断其是固有存在还是突发产生，明确事故性质（是过错还是意外），为事故成因分析及责任认定提供依据。

（5）车辆起火原因鉴定。找出起火原因，为车损理赔和事故原因分析提供依据。

4）事故再现技术

事故再现是进行事故成因分析及运动形态分析的主要方法之一，用来解释说明事故发生的整个过程或其中某一时段的过程。主要分为事故的现场再现、过程再现、碰撞点再现、碰撞形态再现。

事故再现主要是基于事故的各种信息，如：当事人及证人笔录、碰后现场位置关系、车体痕迹、体表损伤及衣着痕迹、路面痕迹、监控录像、行车记录装置等，运用车辆工程、交通工程、力学、运动学、驾驶行为相关的数学与物理原理，对事故发生的过程进行理论推演与印证。

对于每一起道路交通事故,其所需进行再现的内容不尽相同,一般事故再现可以解决以下问题:

(1)还原事故现场位置关系。

(2)事故发生前车辆的行驶方向。

(3)涉案相关人、车在事故发生前的位置。

(4)事故过程中人、车的运动过程。

(5)事故不同阶段的车速。

(6)碰撞的空间位置。

7.4　事故车辆的损伤评定

7.4.1　事故车辆定损的原则

由于道路交通事故和其他各类事故频繁发生,使得汽车保险的赔付业务量较大,因此,需要保险公司或其分支机构配备专职的事故车辆定损和估价人员。保险公司的理赔工作应严格执行《汽车保险实务》的有关规定,工作人员在查勘、定损、估价过程中,要做到"双人查勘、双人定损、交叉复核"。对损失较大或疑难案件做到重复多次审核,专门会议分析研究,确保核定无误。对任何一个理赔案件都要做到严格细致、客观真实,不受人情的影响,做到既不损害保险人利益,又要保证被保险人的权益不受侵害。

1.公平性原则

公平性原则是出险汽车鉴定估价工作人员应遵守的一项最基本的道德规范。鉴定估价人员的思想作风、工作态度应当公正无私。对评估结果应该是公道、合理的,而绝对不能偏向任何一方。

2.独立性原则

独立性原则是要求出险汽车鉴定估价工作人员应该依据国家的有关法律法规和规章制度及可靠的资料数据,对被评估的出险汽车价格独立地作出评定。坚持独立性原则,是保证评估结果具有客观性的基础。鉴定估价人员的工作不应受到外界干扰和委托者意图的影响,公正客观地进行评估工作。

3.客观性原则

客观性原则是指评估结果应有充分的事实依据。要求对出险汽车计算所依据的数据资料必须真实,对技术状况的鉴定分析应该实事求是。

4.科学性原则

科学性原则是指在出险汽车评估过程中,必须根据评估的特定目的,选择适用的评估标准和方法,使评估结果准确合理。

5.专业性原则

专业性原则是要求鉴定估价人员应接受国家专门的职业培训,经职业技能鉴定合格后,由国家统一颁发执业证书,持证上岗。

定损核价人员在事故车辆的定损、估价过程中,在保证被保险人的权益不受侵害、不影响车辆性能的前提下,遵循"公平公正""能修不换"的保险补偿原则,参照当地交通运输管理部门规定的修理工时及单价和零配件价格对事故车辆的损伤部位逐项进行审定,做到合理准确地定损核价。定损中,除了坚持事故车辆以修复为主的基本原则外,还应坚持以下原则:

(1)修理范围的限定。修理范围仅限于本次事故所造成的车身损失。

(2)能修不换的原则。能修复的零配件尽量修复,不要随便更换。

(3)修理部位的确定。能局部修复的不能扩大到整体修复(主要针对车身油漆)。

(4)配件更换限定。能更换零件的不能更换总成。

(5)修理工时费的确定根据修复工艺及当地的工时费标准确定。

(6)所有配件残值应折价给被保险人,并在赔款中扣除。

7.4.2　事故车辆定损的方法

事故车辆一般采用分解估损的方法,即将车辆的受损部位逐个分解,确定是修复还是更换,然后根据有关依据定价,确定修理价格。根据车辆受损情况,事故车辆的定损可分为全部损失的定损、部分损失的定损、车身漆面的定损。

1.全部损失的定损

车身全部损失时,应给予更换,全部损失的界定标准为车辆的实际价值减去车辆的残值,残值可由保险人和被保险人协商确定。

2.部分损失的定损

部分损失按损坏部位的面积及损坏加工的难易程度占整体修复费用的比例计算,其计算公式为:

$$整体损坏的工时费 = 整体损坏的定额工时 \times 工时费$$
$$部分损坏的工时费 = 整体损坏的工时费 \times 损坏比例(\%)$$

其中,损坏比例根据损坏面积和损坏加工的难易程度确定。

3.车身漆面的定损

车身漆面的修复既涉及泥子、油漆等物质的耗费,同时,也需要相应的人工操作,车身漆面修复的费用计算方法为:

$$车漆修复费用 = 车身需做油漆面积 \times 单位面积工料费$$

7.4.3　碰撞对汽车结构的影响

1.车身结构

汽车车身结构从形式上说,主要分为承载式和非承载式两种。

承载式车身没有刚性车架,只是加强了车头、侧围、车尾、底板等部位,发动机、前后悬架、传动系统的一部分总成部件装配在车身上设计要求的位置,承载式车身如图7-9所示。

图 7-9　承载式车身结构图

　　承载式车身除了其固有的乘载功能外，还要直接承受各种负荷力的作用。如今承载式车身通过不同强度钢材的运用，发生碰撞时通过吸能、溃缩等方式保证车内人员安全，无论在安全性还是稳定性方面都有很大的提高，但是产生的噪声和振动相对较大。车体的刚性和载重能力相对较弱，所以一般专业越野车和货运车辆不采用这种结构，其优缺点见表 7-1。

承载式车身优缺点　　　　　　　　　　　　　　　表 7-1

优　　点	缺　　点
（1）无车架，减轻整车质量； （2）结构不影响车厢内部空间，地板高度降低，上下车方便； （3）适合轿车、小车，以及城市 SUV，比较轻、省油； （4）重心较低，公路行驶平稳，整体式车身比较安全	（1）传动系统和悬架的振动和噪声会直接传入车内，需采取防振和隔声措施； （2）底盘强度远不如大梁结构的车身，当四个车轮受力不均匀时，车身会发生变形； （3）制造成本偏高

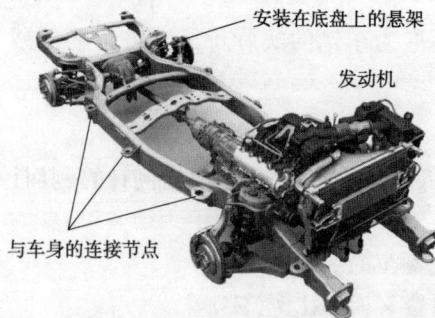

安装在底盘上的悬架

发动机

与车身的连接节点

图 7-10　非承载式车身结构图

　　非承载式车身是指车架承载着整个车体，发动机、悬架和车身都安装在车架上，车架上有用于固定车身的螺孔以及固定弹簧的基座的一种底盘形式。非承载式车身如图 7-10 所示。

　　非承载式车身车架有边梁式、钢管式等形式，其中边梁式是采用最广泛的一种车架。边梁式车架由两根长纵梁及若干根短横梁铆接或焊接成形，纵梁主要承负弯曲载荷，一般采用具有较大抗弯强度的槽形钢梁。也有采用钢管，但多用于轻型车架上。

非承载式车身的优缺点见表 7-2。

非承载式车身优缺点　　　　　　　　　　　　　　　表 7-2

优　　点	缺　　点
（1）车身强度高，钢架能够提供很强的车身刚性； （2）有独立的大梁，底盘强度较高，一般用在货车、客车和越野吉普车上； （3）四个车轮受力再不均匀，也是由车架承担，而不会传递到车身上去； （4）车身和车架是采用弹性元件连接的，具有一定的缓冲减振作用	（1）遇到危险（如翻车）的时候，厚重的底盘，也会对相对薄弱的车身产生致命威胁； （2）车架重，车身和车架又是两个独立的部件，整体质量更大； （3）车辆重心比承载式更高

2. 车身构成

轿车普遍采用承载式车身结构,其车身主要由车身前部、车身底部、中间车身、车身侧部、车身后部及其他相关附件组成,车身构成如图7-11所示。

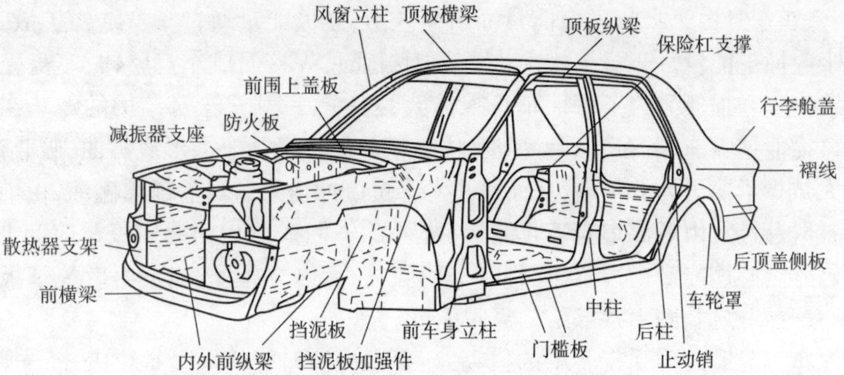

图 7-11　车身构成图

(1)车身前部。车身前部主要由翼子板、前段纵梁、前围板及发动机罩等构件组成。当汽车受到正向冲击时,依靠前车身来有效地吸收冲击能量。

(2)车身底部。车身底部是将车身前部后侧、客厢和行李舱底板连接在一起的构件。车身底部是中间车身的基础,而且汽车行驶中加给车身的载荷都是通过底板传递并加以扩散的。车身底部要求具有较高的刚性,用以支撑乘员和货物并连接后悬架和后轴,车身底部由数条横梁及两侧的纵梁构成刚性较高的承载浅盘形地板。为了适当吸收车辆碰撞时的部分冲击能量,防止发动机侵入驾驶室,前纵梁和后纵梁都设计成向上弯曲的挠曲状。

(3)车身侧部。车身侧部用以连接车身的底部、前部、后部和顶盖,并构成客厢的侧面。用前、中、后3根立柱和上下纵梁构成车门框,用以安装车门。由于车门面积的要求,车身侧面的刚性较弱。

(4)车身后部。轿车后车身是用于放置物品的部分,车身后部主要由后侧板、后挡泥板、衬板、行李舱盖或背门形成行李舱。与车身前部框比,车身后部只有面板,而没有骨架部分,所以其刚性比车身前部低得多。

上述四大件焊接在一起构成了车身壳体,车身壳体内部一般都设置隔音隔热和防振材料或涂层。车身除了这四大构件以外,还包括有:

(1)车身外部装饰件,主要有:装饰条、车轮装饰罩、标志等,散热器面罩、保险杠等也具有明显的装饰作用。

(2)车身内部装饰件,主要有:仪表板、顶篷、侧壁内衬、车门内衬等。

(3)车身附件,主要有:车门锁、门铰链、玻璃升降器、各种密封件、扶手、安全带、安全气囊、座椅头枕等。

3. 碰撞力对不同车身结构汽车的影响

汽车碰撞对于不同结构的汽车损坏程度是不同的,损失金额也是不一样的,汽车发生碰撞事故,首先受到损坏的是汽车的外壳——车身,其次就是汽车零部件。

1) 碰撞对承载式车身结构的影响

客车和轿车广泛采用承载式车身,承载式车身受碰撞后通常会造成车身整体结构件损伤,在修理时既要满足形状要求,更要满足发动机至驱动轮动力传递和各大总成及前轮定位,技术要求很高。由于承载式车身是整体结构,当受到碰撞后,尤其是碰撞力度大而又指向质心时,汽车车身由于吸收碰撞能量而产生变形,碰撞能量通过车身结构扩散,车身从撞击点依次吸收撞击能量。车身结构由许多薄钢板通过焊接而成车身整体,车身壳体吸收碰撞能量导致变形和损坏。为了保证车身乘员区的安全,承载式车身结构的汽车在前部和后部设置了碰撞能量吸能区,在受到碰撞时,吸能区能够按设计要求形成拆曲,吸收撞击能量,这样就大大减少了撞击力的传递,从而减小对乘员区冲击力。当前部被碰撞,由前部车身吸收能量;后部被碰撞,由后部车身吸收能量;如前侧方碰撞,则由前翼子板及前部纵梁吸收能量;中部被碰撞,碰撞能量由边梁、立柱和车门吸收;后侧方碰撞,能量由后翼子板及后纵梁吸收;车顶盖受到碰撞,则由顶部结构吸收能量。

现代汽车车身既要经受行驶中的振动,还要在碰撞时能给乘员提供安全。现代乘用车在碰撞时,前部和后部车身形成一个吸引能量的结构,在某种程度上碰撞容易损坏,使得车身中部形成一个相对安全区。当汽车以 48 km/h 的速度碰撞坚固障碍物时,发动机舱的长度会被压缩30% ~ 40%,但乘员室的长度仅被压缩1% ~ 2%。承载式车辆发生正碰和追尾时候的能量分布、吸收情况如图 7-12 所示。

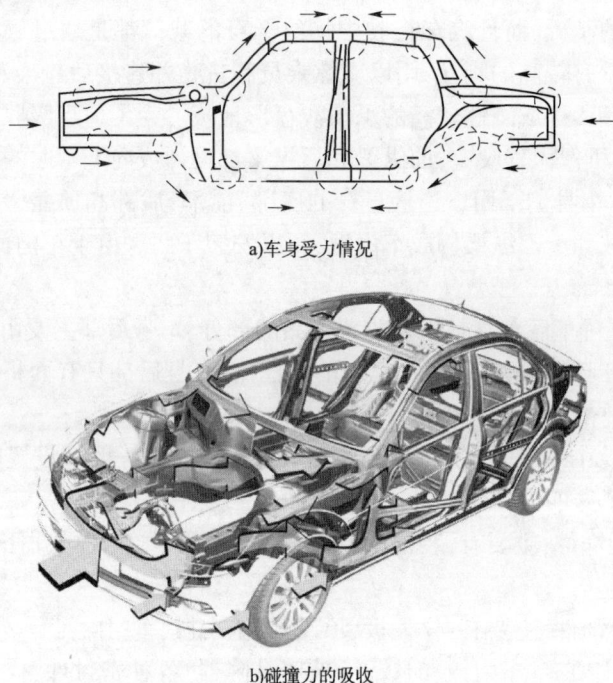

a)车身受力情况

b)碰撞力的吸收

图 7-12　承载式车身对碰撞力量的吸收

2) 碰撞对非承载式车身结构的影响

汽车发生碰撞事故时,车架被损伤的概率是很高的,由于是基础件,它损坏变形后将直接影响到各大总成的正常工作,严重时会导致汽车丧失工作能力。

对非承载式车身而言,碰撞对车身结构的影响主要表现在车架的弯曲和车架的扭曲,如图 7-13 所示。

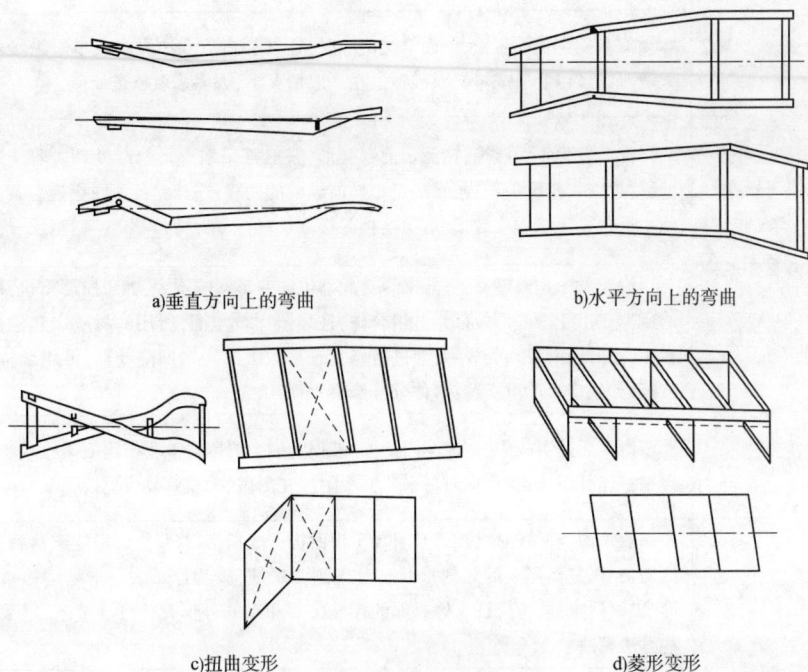

a)垂直方向上的弯曲　　　　　b)水平方向上的弯曲

c)扭曲变形　　　　　　d)菱形变形

图 7-13　车架弯曲和扭曲类型

7.4.4　维修费用的评估

1.车身的碰撞损伤诊断

碰撞事故造成车身损坏的特点主要是骨架扭曲变形、断裂和板面的刮裂、凹陷、皱褶等。事故车修复后,车身各钣金件外形尺寸和工作性能应基本达到原厂设计要求,若质量未达到要求或使其他零部件装配困难时应返工,车身的碰撞损伤诊断与修复见表7-3。

车身的碰撞损伤诊断与修复　　　　　　表 7-3

序号	部位(部件)	碰撞损伤诊断与修复
1	保险杠	当汽车发生正面碰撞(含追尾)时保险杠支架、骨架可能发生变形,保险杠面罩(大多为塑料件)可能发生擦伤、撕裂、断裂、凹裂等损坏。保险杠支架、骨架,一般变形(含中度变形的)可采取修复校正方法处理。对于变形严重的,则考虑更换
2	发动机罩	碰撞会引起发动机罩变形。一般小轿车发动机罩由蒙皮和内加强筋两部分组成。轻微碰撞,因变形部位不受内加强筋限制,钣金容易操作。对于碰撞较严重且整形操作受影响的,则必须将蒙皮与内加强筋剥离后进行整形修复
3	前翼子板	一般翼子板的损坏程度不十分严重,基本上都可采取修复方法进行处理
4	前围	前围在车身结构中,位置处在前部,当汽车发生正面、侧面碰撞时,都会造成前围不同部位的变形。当汽车发生正面碰撞时(含追尾),首先发生变形的就是散热器框架。对于轻微的碰撞或者局部的碰撞,一般都采取整形恢复的办法处理,但对追尾碰撞,造成该部位被损、变形严重,因其几何形状复杂,可采取更换的办法进行处理

165

序号	部位(部件)	碰撞损伤诊断与修复
5	前纵梁	当汽车发生正面碰撞、侧面斜交碰撞时,往往会造成双边纵梁或单边纵梁弯曲变形,较大的碰撞还可能造成弯折或破损。在一般情况下,大多采取校正处理
6	挡泥板	当汽车发生正面碰撞,挡泥板前部变形,一般都采用整形修复处理。若碰撞严重,造成前纵梁弯折,挡泥板破损,在决定更换前纵梁的同时,连挡泥板一同更换。若从侧面碰撞,使平行包变形严重或破损,可更换挡泥板
7	车身支撑件	当汽车发生正面碰撞,一般来说对此部位的变形影响不大,如碰撞严重也只能造成立柱的变形。由于这些部位都是些组合件,且焊接比较牢固,所用的材质比其他构件厚、刚度较大。因此在变形、受损后,要进行修复难度较大。轻微凹陷变形,可用顶拉的方法即可恢复,如果变形严重,就要解体分开修整,最后组合
8	车门	在汽车碰撞事故中,造成车门变形、破损的主要原因是该车被侧面碰撞或覆倾。由于车门是多体件组成,在定损时可采取哪个附件变形破裂,就修复或更换哪个附件
9	后翼子板	一般来说,轻微的擦撞,只是对翼子板面板造成损伤,修复整形后能够达到表面光滑、弧度均匀,恢复到原来的几何形状。对于侧面碰撞,较为严重者一般需解体整形。对于变形、破损严重的,为保证车体后部的标准尺寸和车的外形几何形状要求,可采取更换此件的方法解决
10	后围	后围的变形破损,在定损过程中都是以修复为主(无单体件可供更换),由于它的结构简单,恢复后基本上无后遗故障
11	车顶	车顶本身结构比较薄弱,轻微的直接碰撞都会造成车顶的凹变。车顶的轻度变形或局部凹陷,通过简单的整形就能恢复到原来的形状
12	车身底板	除非严重碰撞,车身底板一般不会造成变形。车身底板的变形,一般都采用修整的办法来恢复原来的几何形状及尺寸,破裂的进行焊补
13	行李舱盖	侧部碰撞行李舱盖一般只是轻度变形,或者移位;正面碰撞,行李舱盖变形、拱曲、破损比较严重。当行李舱盖碰撞变形后,通过整形修复基本上都能恢复原来的形状

车身修复作业的主要内容有两大项:钣金修复和喷涂修复。车身钣金修复作业的主要内容包括:鉴定、拆卸、修正与装配等。

1)车身钣金修复

(1)鉴定。鉴定就是用尺子、样板或模具等对车身损伤部位进行检查,以确定损伤的性质和具体的修复方法。

(2)拆卸。拆卸的原则是尽量避免零件的损伤和毁坏,连接件的拆卸方法除用扳手外,还可以根据实际情况采取钻孔、锯、錾、气割等。

(3)修整。车身变形的修整作业内容和方法很多,根据不同形式的损伤采取不同的方法,具体有:锤敲、撑拉、挖补、氧-乙炔焊、气体保护焊、手工电弧焊、电阻点焊、铝合金钎焊、等离子弧切割等。

(4)装配。将经过修正的车身和局部附件、需要更换的部件和拆卸件,按原车的要求进行总装。

2) 车身喷涂修复

车身进行钣金整形后的工序就是喷涂工序。工艺过程包括:脱漆、表面预处理、涂料选择和调色、实施喷涂工艺。

(1) 脱漆。根据车身维修和车身旧漆的情况,需要部分或全部地除去车身上的旧漆,以保证涂装工艺的质量要求。常用的方法有:火焰法、手工或机械法、化学脱漆剂等。

(2) 表面预处理。预处理的工序是:去锈斑、除污垢,进行氧化处理、磷化处理、钝化处理等。去锈除污的目的是增加涂层和泥子与基体金属的附着力;氧化处理、磷化处理、钝化处理的目的是防锈,延长车身的使用寿命。

(3) 涂料选择和调色。根据原车面漆的质地与色号,选择涂料和调色。车身涂料除面漆外,还需要各种附料,如底漆、泥子、稀释剂、清漆、固化剂、防潮剂、红灰、胶纸等。

(4) 涂装工序。涂装主要工序包括:头道底漆的喷涂,刮涂泥子,喷涂二道底漆,用红灰填补砂眼、气孔,喷涂末道底漆,面漆喷涂,罩清漆,喷涂后处理。头道底漆为防锈底漆,目的是防锈和增加泥子与基体金属的附着力。泥子至少要刮涂 2 ~ 3 遍,并进行打磨,刮涂泥子的目的是将修整时留下的不平处整平。

2. 发动机和底盘的碰撞损伤诊断

1) 发动机损伤的鉴定

汽车的发动机,尤其是小型轿车的发动机,一般布置于车辆前部发动机舱。车辆发生迎面正碰撞事故,不可避免地会造成发动机及其辅助装置的损伤。对于后置发动机的大型客车,当发生追尾事故时,有可能造成发动机及其辅助装置的损伤。

一般发生轻度碰撞时,发动机基本上受不到损伤。当碰撞强度较大,车身前部变形较严重时,发动机的一些辅助装置及覆盖件会受到波及和诱发的影响而损伤,如空气滤清器总成、蓄电池、进排气歧管、发动机外围各种管路、发动机支撑座及胶垫、冷却风扇、发动机正时罩等,尤其对于现代轿车,发动机舱的布置相当紧凑,还可能造成发电机、空调压缩机、转向助力泵等总成及管路和支架的损坏。更严重的碰撞事故会波及发动机内部的轴类零件,致使发动机缸体的薄弱部位破裂,甚至致使发动机报废。

在对发动机损伤检查时,应注意详细检查有关支架所处发动机缸体部位有无损伤。发动机的辅助装置和覆盖件损坏,可以直接观察到,可以采用就车拆卸、更换或修复的方法。若发动机支撑、正时罩和基础部分损坏,则需要将发动机拆下进行维修。当怀疑发动机内部零件有损伤、破裂或缸体有破裂损伤时,需要对发动机进行解体检验和维修。

2) 汽车底盘损伤的鉴定

(1) 悬架系统。

由于悬架直接连接着车架(或承载式车身)与车桥(或车轮),其受力情况十分复杂,在碰撞事故中,悬架系统(尤其是独立悬架系统)经常受到严重的损伤,致使前轮定位失准,影响车辆正常行驶。

车辆遭受碰撞事故时,悬架系统由于受到车身或车架传导的撞击力,悬架弹簧、减振器、悬架上支臂、悬架下支臂、横向稳定器和纵向稳定杆等元件会受到不同程度的变形和损伤。悬架系统元件的变形和损伤往往不易直接观察到,在对其进行损伤鉴定时,应借助检测设备和仪器进行必要的测量及检验。这些元器件的损伤一般不宜采用修复方法修理,应换新件。

（2）转向系统。

转向系统的技术状况直接影响着行车安全,而且由于转向系统的部件都布置在车身前部,通过转向传动机构将转向机与前桥连接在一起。当发生一般的碰撞事故时,撞击力不会波及转向系统元件。但当发生较严重的碰撞事故时,由于波及和传导作用,会造成转向传动机构和转向机的损伤。

转向系统易受损伤的部件有:转向横拉杆、转向机、转向节等;更严重的碰撞事故,会造成驾驶室内转向杆调整机构的损伤。转向系统部件的损伤不易直接观察,在车辆定损鉴定时,应配合拆检进行,必要时做探伤检验。

（3）制动系统的定损。

对于普通制动系统,在碰撞事故中,由于撞击力的波及和诱发作用,往往会造成车轮制动器的元器件及制动管路损坏。这些元器件的损伤程度需要进一步的拆卸检验。

对于装用 ABS 系统的制动系统,在进行车辆损失鉴定时,应对有些元件进行性能检验,如 ABS 轮速传感器、ABS 制动压力调节器。管路及连接部分的损伤可以直观检查。

（4）变速器及离合器的定损。

变速器及离合器总成与发动机组装为一体,并作为发动机的一个支撑点固定于车架(或承载式车身)上,变速器及离合器的操纵机构又都布置在车身底板上。因此,当车辆发生严重碰撞事故时,由于波及和诱发等原因,会造成变速器及离合器的操纵机构受损,变速器支撑部位壳体损坏,飞轮壳断裂损坏。这些损伤程度的鉴定,需要将发动机拆下进行检查鉴定。

3. 电器和空调的碰撞损伤诊断

1）电气设备损伤的鉴定

汽车电气设备包括电源部分和用电部分。电源部分有蓄电池、发电机和调节器;用电部分有起动机、点火系统、照明装置和辅助设备等。车辆碰撞直接撞击电气设备零件,造成电器零件壳体变形、断裂等直接损坏。

（1）蓄电池。

汽车蓄电池一般安装在发动机罩里、驾驶人座位下或车架纵梁外侧。当蓄电池直接受撞击时有可能造成如下损坏:

①蓄电池外壳产生裂纹或破裂,致使电解液溢出。定损时,根据裂缝的部位和程度,确定对壳体进行修补或单独更换外壳。

②连接板断裂,可进行焊接。

③极柱折断,可将折断处清洁干净,重新焊修。

④极板组因碰撞而变形,活性物质脱落,可更换单格极板组。

（2）发电机。

发电机一般安装在发动机机体前部的侧面,当车辆发生碰撞时容易造成发电机以下损坏:

①发电机皮带盘破裂或变形。皮带盘破裂一般应予更换。

②发电机壳体破裂。凡发生壳体破裂的一般应予更换。

③电枢轴因碰撞弯曲。发生电枢轴弯曲的可进行校正处理。

④前、后端盖支臂螺孔处断裂。发生断裂的可进行修焊处理。

(3)起动机。

起动机安装在发动机后侧飞轮壳上,一般事故不会使其受损,只有当车辆严重碰撞造成飞轮壳受损或起动机本身遭直接撞击时,才可能使起动机部分零件造成以下损坏:

①驱动机构的驱动齿轮变形、轮齿断裂,更换驱动齿轮。

②后端盖因碰撞断裂,应更换。

③电枢轴弯曲,可进行校正处理。

④起动开关变形损坏。可根据损坏程度确定是否需要更换总成,电磁式起动机开关若碰撞凹陷,可导致内部线圈短路,一般应更换开关总成。

⑤推动离合机构的传动叉因碰撞变形,可拆下校正。

(4)照明装置。

照明装置(灯具)在碰撞中首当其冲极易损坏。对灯罩破裂的,如有灯罩配件可更换灯罩,无灯罩但有半总成的可更换半总成。对于灯具底座(或称后壳)破裂的可采取塑焊修补方法处理。

(5)仪表板。

在碰撞事故中极易造成仪表台面挤压弯折及破裂。对于台面轻微弯折或破裂的可采取塑工处理;台面内支架破裂的可进行塑焊处理;对于有组合部件的可更换部分组件,对于仪表损坏的可单独更换仪表;对于仪表未损坏,而仪表台面严重损坏的可单独更换仪表台面。仪表台总成一般价值都较高(尤其是高档轿车类),轻易不得更换仪表台总成。

2)空调系统损伤的鉴定

汽车空调系统包括:制冷压缩机、冷凝器、蒸发箱、暖气水箱、鼓风机等。

(1)冷凝器。

冷凝器与散热器一起被安装在散热器框架上。一般的正面碰撞极易造成冷凝器损坏。对于冷凝器轻度弯扭变形的,可采取校正方法处理;严重变形或破漏的一般应予更换。对冷凝器外部连接的空调管道直接撞击弯折、破裂的一般都应更换。

(2)制冷压缩机。

制冷压缩机的损坏一般表现为:皮带盘变形、压缩机轴弯曲变形、压缩机壳体破裂、压缩机空压管接头损坏等。皮带盘的轻微变形可采取校正方法处理,严重变形的可更换皮带盘;压缩机轴弯曲变形可校正处理;壳体破裂的一般应予更换;空压管接头损坏的可设法更换接头。

(3)蒸发箱与鼓风机。

蒸发箱及鼓风机在碰撞过程中极易遭受挤压壳体破碎。一般壳体局部破碎都可采取塑焊方法处理,但对于壳体大面积破碎的,亦可采取更换壳体处理(有壳体配件的),一般不得轻易更换总成件。

4.维修费用的构成及计算

1)汽车维修费用的组成

汽车维修费用主要由工时费、材料费、外协加工费和税费等四项组成。

(1)工时费。

$$工时费 = 工时单价 \times 工时定额$$

式中:工时单价——即完成某工种每单位维修工时所需的费用,元/h;

工时定额——即完成某工种的单项修理所需的工作时间,h。

其中,工时单价是按汽车维修企业级别而定的,共分四档:一类企业工时单价、二类企业工时单价、三类企业工时单价、机加工及车辆急修的工时单价(各地情况不同,会有一定差别)。工时定额则与汽车的维修项目紧密相关,汽车维修的类型包括汽车大修、发动机总成大修、前桥、后桥、变速器总成大修、车架总成大修、车身总成大修、汽车小修、汽车维护作业等。

(2)材料费,指维修工作中所需要更换的零件与使用的材料费用。

(3)外协加工费是指维修过程中受自身条件所限必须外协或进行专项修理的实际发生的费用。对于外协加工费不得自行加价。

(4)税费是指维修厂家在向用户进行结算时必须收取的,按照国家规定要向税务部门上缴的维修增值税。

2)确定维修费用所需资料

在定损工作中,确定维修费用所需资料主要包括汽车的维修手册、零配件价格表、喷涂材料的价格表,以及维修工时定额和工时费率等。

3)维修工时的确定

确定维修工时是计算维修费用的关键,维修工时可分为以下9种。

(1)拆装工时。事故车的修理与正常车的修理区别很大,其拆装工时占很大的比例,其拆装工时分为以下三种形式。

①显性拆装工时:是指为修理某项零部件而单纯拆装该项零部件所需要的工时。例如某碰撞车的两个车门需要整形,那么,单纯拆装这两个车门所需的工时,即为显性拆装工时。

②隐性拆装工时:是指修理某些零部件时,需要首先拆除一些不需要修理的其他完好的零部件的工时。在修复后的装配过程也是如此。隐性拆装工时,在碰撞车的修理工作中是常见现象。例如为校正或更换碰撞车损伤的纵梁和前翼子板的内板,首先要拆除已经损坏的散热器、散热器支架、冷凝器、风扇、翼子板等,这些零部件的拆装工时属于显性工时,并已经包括在这些零部件各自的单项修理工时之中。此外,还需拆除发动机,而发动机完好无损。所以,拆除发动机的工时即为拆除纵梁和前翼子板的内板的隐性拆装工时。

③整车拆装工时:主要是针对非承载式车身汽车而言的。当该类车型发生翻车或严重碰撞时,一般会引起车架的严重变形。此时,为校正或更换车架,必须拆除车身,并拆下发动机、变速器、前后桥、悬架等几乎所有的汽车零部件。而在修复后,再按相反的顺序逐一装复,这就是整车拆装工时。

(2)换件工时。在修理过程中,凡经鉴定已经损坏且必须更换的零部件时,更换此类零部件的工时称为换件工时。例如某轿车发生前部碰撞,经鉴定需要更换前保险杠衬板、散热器格栅、散热器框架、前灯、翼子板等。更换这些零部件的工时,就应计为换件工时。

(3)整形工时(钣金工时)。

①凡事故车辆的钣金件变形,而对其进行整形修理所需要的工时,称为整形工时(钣金工时)。

②钣金件的损伤程度,分为轻度损伤、中度损伤和重度损伤三类。

a. 轻度损伤:是指局部的、小范围的、不影响整体安装的轻度变形。如前翼子板、车门的轻微碰撞变形等。其钣金修理费用为新零部件价格的 10% ~20% 。

b. 中度损伤:是指局部框架的变形或板件中等程度的损伤。如前门的立柱和中柱等。其钣金修理费用为新零部件价格的 20% ~35% 。

c. 重度损伤:是指板件和结构件已经变形,需要全部拆开进行整形校正修理。如平头货车的前门立柱、前围板、车门和驾驶室总成等。其钣金修理费用为新零部件价格的 35% ~50% 。

(4)检修工时。是指事故车辆维修中,对其机械部分进行检查、调整和修理所需要的工时。如更换碰撞损坏的变速器壳体(也就是变速器总成大修)所需要的工时,即为检修工时。

在事故车辆维修中,当检修工时与总成大修或维修作业工时相同的,即可参考机修工时定额进行计算,但有时需增加拆装工时。

(5)电工工时。电工工时包括对电气设备的修理和配合其他工种作业而进行的灯具拆装、线路更换或修整、仪表台和仪表的拆装、蓄电池的电解液补充和充电、仪表传感器等的拆装以及发电机、起动机的检修等,均可参照电工工时定额确定。

(6)调整工时。包括总成检修后的调试与磨合,以及所有修理部位的检查等所需要的工时,称为调整工时。例如转向器、离合器、变速器以及四轮定位等修理后的路试检验等。

(7)辅助工时。辅助工时通常包括以下作业所耗费的工时。

①把汽车安放到修理设备上并进行故障诊断。

②用推拉、切割等方式拆卸撞坏的零部件。

③相关零部件的校正与调整。

④去除内漆层、沥青、油脂及类似物质。

⑤修理生锈或腐蚀的零部件,修理松动锈死或卡死的零部件。

⑥检查悬架系统和转向系统的定位。

⑦拆去打碎的玻璃。

⑧更换防腐蚀材料。

⑨修理作业中当温度超过 60℃ 时,拆装主要电控单元模块。

⑩拆卸及装回车轮和轮毂罩。

上述各项虽然每项工时不大,但对于较大的碰撞事故,各作业项累计工时通常是不能忽视的一项重要工作。

(8)外协工时。是指尚未包括在正规外协加工费项目中的某些小量零星工时。如焊补散热器、安装玻璃或铝合金制品的焊修等。

(9)喷涂维修工时及其费用。

①喷涂维修总费用,应按下式计算:

喷涂维修总费用 = 喷烤漆材料费 + 铲底及全车喷烤漆工时费 + 烤漆房使用费 + 利税

②喷、烤漆材料费:包括原子灰、面漆、底漆、固化剂、稀释剂、砂布、砂纸、胶带等的费用。油漆种类分为普通漆、金属漆和珍珠漆等。金属漆价格一般高于普通漆,珍珠漆又高于金属漆。

③铲底及全车喷、烤漆工时:铲底即车身底材的去锈处理所需工时。按照铲底面积将全

车喷、烤漆工时分为三档。例如一辆桑塔纳轿车喷、烤普通漆的工时定额分为：

a. 铲底 30% 以下，全车喷、烤漆的工时为 120 小时。

b. 铲底 30% ~ 60%，全车喷、烤漆的工时为 160 小时。

c. 铲底 60% 以上，全车喷、烤漆的工时为 200 小时。

④烤漆房使用费：400 ~ 500 元左右。

⑤利税。按以下公式计算：

利税 =（喷、烤漆材料费 + 铲底及全车喷、烤漆工时费 + 烤漆房使用费）× 税率

其中，喷漆工时来源包括：一是部分进口车型配有专业估损手册，规定了新更换件的喷涂工时、维修过的零件的喷涂工时等；二是查找该车型的主机厂的《工时手册》或《零件手册》，一般也规定了各个主要板件或部件的喷漆工时；三是各地维修管理部门规定或推荐的工时。

7.5　人身伤亡费用的确定

1. 人身伤亡费用的赔偿范围

（1）医疗费。医疗费是指因发生保险事故而受伤的人员在治疗期间发生的治疗费用，包括：挂号费、诊疗费、住院费、救护车费、整容费、聘请院外专家费、医疗机构的护理费以及合理的后续治疗费。

（2）误工费。误工费是指事故的受害人因伤治疗期间误工减少的损失，以及死亡受害人的家属办理丧葬事宜导致的合理误工损失。

（3）护理费。护理费是指伤者、残者或死者生前抢救治疗期间，因伤情严重，必须有陪护人员护理而产生的费用。

（4）住宿费。住宿费是指因客观原因致使受害人本人及其陪护人员发生的必要、合理的住宿费用。

（5）住院伙食补助费。指受害人在住院治疗期间在伙食费用上的补助，如受害人不必住院，则没有这项赔偿。

（6）必要的营养费。根据受害人伤残情况参照医疗机构的意见确定。

（7）交通费。指受害人本人及其家属在治疗、处理事故、办理丧葬事宜期间实际发生的交通费用。

（8）残疾赔偿金。根据受害人因保险事故丧失劳动能力的程度或伤残的等级，按照事故发生地上一年度城镇居民人均可支配收入或农村居民人均纯收入标准计算。

（9）残疾辅助器具费。指为补偿受害人因保险事故而遭受创伤的肢体器官功能、辅助其实现生活自理或从事生产劳动能力而购买的生活自助器具所支付的费用。

（10）后续治疗费。指受害人发生保险事故经治疗后的因体征固定而遗留功能障碍或伤情未完全恢复需再次进行治疗的费用。

（11）被抚养人生活费。指死者生前或者丧失劳动能力前实际抚养的未成年子女或没有生活来源的配偶、父母等近亲属在物质和生活上提供扶助与供养的补偿。

（12）死亡赔偿金。死亡赔偿金是对于因交通事故死亡人员的一次性补偿。

（13）丧葬费。按照事故发生地上一年度职工月平均工资标准，以6个月的总额计算。

（14）精神损害抚慰金。根据最高人民法院《关于确定民事侵权精神损害赔偿责任若干问题的解释》予以确定。

因交通事故导致人身损害赔偿，各地均有不同标准，且标准每年修订一次，因此，在具体计算人身损害赔偿时需要结合当地的实际情况。

2. 注意的问题

（1）事故发生后，应及时通知医疗跟踪人员全程介入伤者的治疗过程，全面了解伤者的病情和各类检查及用药情况。

（2）事故发生后，需要转院治疗的，应由医院出具证明，并由事故处理部门同意。

（3）定损人员应及时审核被保险人的相关单证，核定相关费用的真实性、合理性、合法性，对于不符合要求的部分加以剔除。

（4）在赔偿被抚养人生活费时，仔细核对被抚养人和抚养义务人的数量及户口情况，避免出现增加被抚养人、减少抚养义务人的情况。

7.6　施救费用和残值的确定

1. 施救费用的确定

1）确定施救费用的原则

（1）保险车辆在发生火灾时，使用他人非专业消防单位的消防设备施救保险车辆，所消耗的合理费用及设备损失应予以赔偿。

（2）发生保险事故后，因保险车辆不能正常行驶，被保险人雇佣吊车、拖车进行抢救的费用及运输费用应予以赔偿。

（3）施救车辆在拖运事故车辆途中发生意外事故，造成损失扩大及增加的费用，如施救车辆是有偿的，则不予以赔偿，如施救车辆是被保险人或他人义务派来的，则应予以赔偿。

（4）在施救过程中，因抢救而损坏他人的财产，如果应由被保险人赔偿的，可予以赔偿。但在施救时，施救人员个人物品的丢失，不予赔偿。

（5）保险车辆发生保险事故后，被保险人赶赴现场处理所支出的费用，不予赔偿。

（6）保险车辆施救费用应与修理费用分别理算，如果在施救前，估计施救、保护费用与修理费相加已达到或超过保险金额，则可推定全损予以赔偿。

（7）保险公司只对保险车辆的施救保护费用负责。

2）不合理的施救费用

在施救过程中，对于不合理的施救费用，保险人不负责赔偿。常见的不合理的施救费用包括：

（1）对发生倾覆事故的车辆，在吊装时未合理固定，造成二次倾覆或导致车身受损面积扩大的损失。

（2）在拖移车辆时未进行检查，造成车辆机械损坏或硬拖硬磨造成的损失扩大。

（3）在拆卸时，由于拆卸不当，造成保险车辆零部件的丢失及损坏。

2.残值的确定

残值是指受损标的全损或推定全损的情况下,遗留下来的废品价值。残值处理是指保险公司根据保险合同履行了赔偿并取得对于受损标的所有权后,对于这些受损标的进行处理。通常情况下,对于残值的处理采用协商作价归还被保险人的做法,并在保险赔款中予以扣除。如协商不成,也可以将已经赔偿的受损物资收回。这些受损物资可以委托有关部门进行拍卖处理,处理所得款项应当冲减赔款。一时无法处理的,则应交保险公司的损余物资管理部门收回。

7.7 其他财产损失的确定

1.车辆火灾损失确定

1)汽车火灾损失查勘

汽车发生火灾事故,其起火原因可分为:自燃、引燃、碰撞起火、爆炸、雷击等。根据《机动车辆损失保险条款》保险责任部分规定,车辆发生火灾、爆炸事故属于保险赔偿范围,不包括因违反车辆安全操作规程造成的和因车辆本身漏油、漏电或所载货物原因引起的火灾损失。

2)汽车火灾损失鉴定

(1)整体燃烧。整体燃烧是指机舱内部线路、电器、发动机、仪表台、内饰、座椅烧损,机械件壳烧损、车体金属件脱碳,表面漆层大面积烧损的现象。

(2)部分燃烧。车辆发生火灾,导致机舱内部线路、发动机附件、部分电器线路、塑料件等部分烧损,可通过修理恢复其用途和功能。

3)注意的问题

汽车起火燃烧后,其损失评估的难度较大。如果汽车的起火被及时扑灭,可能只导致局部损失,损失的程度和范围也较小,只要参照相关部件的市场价格,并考虑相应的工时费,即可确定损失金额。

2.车辆水灾损失确定

1)汽车水灾损失查勘

在大量的水灾案例分析中,做好机动车水灾理赔查勘工作要注意以下几个方面:

(1)迅速到达出险现场,仔细对现场进行查勘。

(2)详细了解出险车辆在水中浸泡的时间长短。

(3)对于同一地区、同一车型、受损相近的保险车辆,制定相对一致的定损标准。

2)汽车水灾损失鉴定

被水淹过的车辆,在定损时,水所淹过的高度和时间是确定汽车因水导致损失程度非常重要的一个参数。

3)注意的问题

汽车因水导致损失时,车辆是处于行驶状态还是停驶状态,这是区别是否属于保险责任的重要前提。

3. 车辆盗抢损失确定

发生全车盗抢险是指在保险车辆使用过程中,被他人偷走,或在车辆停驶或行驶中被抢劫、抢夺,经县级及县级以上公安机关立案证实,满 60 天未查明下落时,形成全车盗抢险赔偿责任。赔偿的范围包括:被盗抢车辆的实际价值,被盗抢后受到的损坏或车上零部件、附属设备丢失所需的合理修复费用。

4. 其他财产损失的赔偿

1)赔偿原则

(1)第三者的财产及车上货物的损失应坚持修复为主的原则。

(2)根据损失的情况确定维修方案,对于损失较大或技术要求较高的事故,应聘请专业人员确定损失。

(3)对于无法修复或无修复价值的财产可采取更换的方法处理。

(4)简单的财产损失应会同被保险人一起确定损失金额,必要时请厂家进行鉴定。

(5)对于出险时已经下线的产品,需提供原始发票,如不能提供发票的,则根据产品的主要功能,参照当前市场上同类产品的价值推定。

(6)定损金额以出险时财产的实际价值为限。

2)常见第三者财产损失定损的处理办法

(1)市政设施。因保险事故造成市政设施损坏需要赔偿的,定损员要准确掌握和搜集当地损坏物的制造、维修费用及赔偿标准,对于属于处罚性质及间接损失,保险人不负责赔偿。

(2)道路及道路设施。因保险事故造成的道路及道路设施的损坏,应由被保险人赔偿的费用,由保险人负责。

(3)房屋建筑物。保险事故可能会造成路旁房屋及建筑物的损失,对于房屋建筑物的损失,要求定损人员具有较宽的知识面,了解房屋建筑的相关知识,然后确定维修方案。如不能确定,则可以采用招标定损的方式。

(4)路旁农田作物。因保险事故造成的路旁农作物损坏,赔偿按照此种作物亩产量进行定损。

(5)宠物、牲畜。因保险事故造成宠物或牲畜死亡的,了解宠物品种,调查宠物的市场价格,协商赔偿;牲畜死亡的,了解该类型动物肉、毛皮等在市场上的价格,依据牲畜的质量计算赔偿金额,如受伤的可协商赔偿。对于受害人提出的精神损害赔偿,不应通过保险公司进行赔偿。

(6)第三者车上货物损失。保险人根据保险责任对事故造成货物的直接损失负责赔偿,但赔偿的费用往往与第三者向被保险人索要的赔偿有一定的差距,超出部分应由被保险人与第三者进行协商处理。

3)常见车上货物损失定损的处理办法

(1)查勘人员应迅速前往事故现场,避免货物损失扩大。

(2)对于货物因盗窃、抢劫、走失、哄抢、丢失造成的损失,保险人在条款中列为责任免除范围。

(3)对于易变质、腐烂的物品(如:海鲜、肉类、水果等),应先征得有关领导同意后,在现场折价处理。

（4）对一些机电设备、精密仪器、家电等物品,直接损毁的应核实具体数量、规格、生产厂家,并了解该物品价格;对于损坏的,应确定损坏程度,坚持修复为主的原则,如无修复价值的物品,可作报废处理,残值折价归被保险人。

（5）车上货物损失应提供货物发票、装箱单等证明货物的凭证,核对货物情况,防止虚报损失。

7.8 汽车理赔典型案例

商业车险赔款理算主要涉及车辆损失险赔款理算、第三者责任险赔款理算、车上人员责任险赔款理算、附加险赔款理算等。交强险理算在第3章中已经详细介绍,不再赘述。

1. 车辆损失保险赔款理算

车辆损失险保险金额通常可按新车购置价、车辆实际价值、协商确定三种方式确定,在进行赔款计算时,所采取的方法也有所区别。

1）全部损失

保险车辆发生全部损失包括实际全损或推定全损两种。实际全损是指保险车辆在事故中发生整体损毁;推定全损是指保险车辆在事故中受损严重,失去修复价值或事故后的施救费用与修复费用之和超过车辆价值的。

（1）保险金额高于保险事故发生时被保险机动车实际价值时:

赔款 =（实际价值或保险金额 – 残值 – 交强险赔偿金额）× 事故责任比例 ×
（1 – 免赔率之和）

其中,"免赔率之和"是指保险条款中约定的各项免赔率之和。

保险事故发生时被保险机动车的实际价值根据新车购置价减去折旧金额后的价格确定。

新车购置价根据保险合同签订的同类型新车的市场销售价确定,无同类型新车市场销售价的,双方协商确定。

折旧金额 = 保险事故发生时的新车购置价 × 被保险机动车已使用月数 × 月折旧率

事故责任比例以公安交通管理部门确定的值为准,但在特殊情况下,如出现公安交通管理部确定的事故责任比例与实际"赔偿比例"不一致,且经过核赔人员认真审核,认为此种判定不符合实际情况时,可用"赔偿比例"代替"事故责任比例"。如果被保险人或被保险机动车驾驶人根据有关法律法规规定选择自行协商或由公安交通管理部门来确定事故责任比例的,可按下列规定确定事故责任比例:被保险机动车方负主要责任的,比例为70%;负同等责任的,比例为50%;负次要责任的,比例为30%。

（2）保险金额等于或低于保险事故发生时被保险机动车实际价值时:

赔款 =（保险金额 – 残值 – 交强险赔偿金额）× 事故责任比例 ×（1 – 免赔率之和）

如果保险金额低于实际价值,因总残值里有一部分是属于被保险人自保的,所以残值应计算为:

残值 = 总残余值 ×（保险金额/实际价值）

2）部分损失

赔款 =（实际修复费用 – 交强险理赔金额 – 残值）×（保险金额/投保时
新车购置价）× 事故比例责任 ×（1 – 免赔率之和）

上式计算赔款高于实际价值时按实际价值赔偿,小于或等于实际价值时按计算赔款赔偿。

3）施救费用

施救费用赔偿在被保险机动车损失赔偿金额以外另行计算,最高不超过保险金额的数额。

赔款 =（实际施救费用 – 交强险理赔金额）×（保险车辆出险时的实际价值/施救
财产总价值）× 事故比例责任 ×（1 – 免赔率之和）

【例7-1】 刘女士为自己轿车投保了家庭自用汽车保险,在保险期间发生保险事故,新车购置价 80000 元,保险金额亦为 80000 元,实际价值为 50000 元,驾驶人承担主要责任,依据条款规定主要责任的免赔率为 10%,同时由于非约定驾驶人驾车肇事,应增加 10% 免赔率,车辆全部损失,残值为 700 元,暂不考虑交强险,计算车损险赔款。

解:

由于保险金额高于实际价值,所以:

赔款 =（实际价值 – 残值）× 事故责任比例 ×（1 – 免赔率之和）=（50000 – 700）×70% ×
[1 –（10%+10%）]=27608（元）

【例7-2】 一辆二手车投保营业用机动车损失险,在保险期限内发生保险事故。投保时新车购置价 100000 元,确定保险金额为 60000 元,实际价值 40000 元,驾驶人承担全部责任,依据条款规定承担 15% 免赔率,车辆修理费 80000 元,残值 100 元。暂不考虑交强险,计算车损险赔款。

解:

赔款 =（实际修理费用 – 残值）× 事故责任比例 ×（保险金额/投保时保险车辆的新车
购置价）×（1 – 免赔率之和）=（80000 – 100）×100% ×（60000/100000）×
（1 – 15%）=35955（元）＜ 车辆实际价值 = 40000（元）

所以,赔款按计算赔款赔付,即赔付 35955 元。

【例7-3】 一辆新车购置价为 150000 元的汽车投保了全额的机动车损失险。该车在保险期间发生交通事故时施救,包括救助车上物品价值 5000 元,吊车费、拖运费等共计 2000 元,驾驶人承担全部责任,且出险时超载,出险时该车的价值为 142000 元。

车辆的施救费如何计算?

解:

车辆施救费赔款 =2000 ×100% ×[142000/（142000 +5000）] ×（1 – 15% – 5%）
=1545.578（元）

2. 第三者责任保险赔款理算

（1）当第三者损失减去交强险赔付金额后,被保险人按事故责任比例应承担的赔偿金额高于责任限额时:

赔款 = 责任限额 ×（1 – 免赔率之和）

（2）当第三者损失减去交强险赔付金额后，被保险人按事故责任比例应承担的赔偿金额低于责任限额时：

$$赔款 = 应承担的赔偿金额 \times (1 - 免赔率之和)$$

【例7-4】 一投保商业机动车第三者责任险的车辆，责任限额为10万元。在所发生的事故中负主要责任，承担70%的损失，依据条款规定承担15%的免赔率。此次事故第三方损失为40万元。暂不考虑交强险，计算商业机动车第三者责任险赔款。

解：

被保险人按事故责任比例应承担的赔偿金额为：40万元×70% = 28万元 > 机动车第三者责任险责任限额 = 10万元

所以：赔款 = 责任限额×（1 - 免赔率之和） = 10万元×（1 - 15%） = 8.5万元

3. 车上人员责任险赔款理算

（1）当被保险人按事故责任比例应承担的每座车上人员伤亡赔偿金额未超过保险合同载明的每人责任限额时：

$$每人赔款 = 应承担的赔偿金额 \times (1 - 免赔率之和)$$

（2）当被保险人按事故责任比例应承担的每座车上人员伤亡赔偿金额超过保险合同载明的每人责任限额时：

$$每人赔款 = 责任限额 \times (1 - 免赔率之和)$$

（3）总赔款 = ∑ 每人赔款。赔款人数以投保座位数为限。

【例7-5】 2013年5月，王某将其拥有的一辆桑塔纳轿车向保险公司投保了车上人员责任险，投保了2个座位，每座限额1万元。

投保一个月后，发生单方肇事事故，造成驾驶人王某及车上1名乘客不同程度受伤。经过交警部门认定，王某负事故全部责任，承担事故造成的全部经济损失。负全部事故责任或单方肇事事故的免赔率为15%。

医药费用王某花费2000元，乘客甲花费3000元。

保险公司如何理赔？

解：

王某：赔款 = 应承担的赔偿金额×（1 - 免赔率之和） = 2000×（1 - 15%） = 1500（元） < 1万元，按1500元赔偿。

乘客甲：赔款 = 应承担的赔偿金额×（1 - 免赔率之和） = 3000×（1 - 15%） = 2250（元） < 1万元，按2250元赔偿。

总赔款 = ∑ 每人赔款 = 1500元 + 2250元 = 3750元。

4. 全车盗抢险理算

（1）全部损失：赔款 = 保险金额×（1 - 免赔率之和）。

（2）部分损失：赔款 = 实际修理费用 - 残值。

【例7-6】 2010年11月21日，杨先生购买了一辆家用轿车，共计8万元。他为该车办理了全车盗抢险，双方确认保险金额为8万元，保险期限为1年。按照该合同中有关盗窃保险条款的规定，如果该机动车被盗，保险公司将按保险金额予以全额赔偿。2011年4月24

日,该车被盗,杨先生立即向公安机关和保险公司报了案。到了 7 月 24 日,汽车仍未找到。杨先生持公安机关的证明向保险公司索赔,保险公司称要向上级公司申报。8 月 5 日,杨先生被盗的汽车被公安机关查获,保险公司将车取回,但这时杨先生不愿收回自己丢失的汽车,而要求保险公司按照保险合同支付 8 万元的保险金及其利息。而保险公司则认为,既然被盗汽车已经被找回,因汽车被盗而引起的保险赔偿金的问题已不存在,因此杨先生应领回自己的汽车,并承担保险公司为索赔该车所花费的开支。意见不合,双方便上诉至法院。

分析:这是一起车辆被盗 3 个月后,保险公司应该赔付保险金还是还车的案例。被盗车辆被追回,但如果被保险人看到车辆已不值被盗前的价格,一般愿意选择保险公司支付保险金。

另外,当时适用的《全车盗抢险条款》第六条规定:"保险人赔偿后,如被盗抢的保险车辆找回,应将该车辆归还被保险人,同时收回相应的赔款。如果被保险人不愿意收回原车,则车辆的所有权益归保险人。"也就是说,被保险人具备要车或者要保险金的优先选择权。因此,杨先生要求保险公司按照保险合同支付保险金是合理的。

法院审理后认为,杨先生与保险公司订立的保险合同符合法律规定,双方理应遵守。本案中的失窃汽车虽为公安机关查获,但已属于保险合同中约定的"失窃 3 个月以上"的责任范围。故判决杨先生的汽车归保险公司所有,保险公司在判决生效后 10 日之内向杨先生赔偿保险金为:8 万元 × (1 - 20%) = 6.4 万元(发生全车损失的,免赔率为 20%);并承担本案的诉讼费用。

5. 主要附加险赔款的理算方法

1) 火灾、爆炸、自燃损失险

(1) 全部损失:赔款 = (保险金额 - 残值) × (1 - 免赔率)。

(2) 部分损失:赔款 = (实际修理费用 - 残值) × (1 - 免赔率)。

(3) 施救费用:赔款 = 实际施救费用 × (保险财产价值/实际施救财产总价值) × (1 - 免赔率),以不超过保险金额为限。

【例 7-7】　因质量缺陷起火烧损的商务车。一辆商务车在行驶中被发现前部冒烟,并嗅到有烧焦的糊味。驾驶人立即停车找水泼救。但火势越来越大,只好拨打"119"求救。十几分钟后,消防车赶到,将火扑灭。车主检查发现,由于汽车起火,连同路面秸秆一起引燃。由于该车购置时间不足两个月,车主在向保险公司索赔时,保险公司建议车主先找生产厂家解决。于是,车主向生产厂家指出:新车购置不足两个月即发生自燃,应该属于质量问题。厂方查看现场后,认为起火原因是高温的排气管三元催化器将路面秸秆引燃所致,应该属于使用不当造成的火灾,双方发生争议。进一步查勘得知:起火现场有秸秆燃烧的灰迹;被烧车辆已全损;车身变形,内饰和座椅、仪表台烧成灰烬;线束只剩余少部分的裸线;散热器、冷凝器、铝合金件大部分熔化,铝合金变速器壳上端也已熔化,但油箱完整。底盘部位的排气管、油箱等只是有烟熏的痕迹,没有烧损。

分析:该车起火时,假如只是车上的橡胶件、塑料件等易燃物燃烧,不可能产生使铝合金件大部分熔化的高温,只有汽油助燃才会产生如此的高温。全车燃烧温度最高处在发动机的左侧,而左侧安装有蓄电池、线束、输油管路等。底盘部位的排气管、油箱等没有烧损,只是有烟熏的痕迹,说明该处的温度较低。

结论:起火原因在于发动机左侧的线路出现故障,导致起火,将橡胶油管烧破,汽油泄漏而出,参与燃烧,燃起大火,烧损整车。由于该车尚在保修期,应该属于质量问题,应由车辆生产厂商负责赔偿。

2)无过失责任险

(1)损失金额未超过赔偿限额:

$$赔款 = 实际损失 \times (1 - 20\%)$$

(2)损失金额超过赔偿限额:

$$赔款 = 赔偿限额 \times (1 - 20\%)$$

3)车载货物掉落责任险

(1)损失金额未超过赔偿限额:

$$赔款 = 实际损失 \times (1 - 20\%)$$

(2)损失金额超过赔偿限额:

$$赔款 = 赔偿限额 \times (1 - 20\%)$$

4)玻璃单独破碎险

$$赔款 = 实际损失$$

5)车辆停驶责任险

(1)未超过最高赔偿天数:

$$赔款 = 约定日赔偿金额 \times 约定修理天数$$

(2)超过最高赔偿天数:

$$赔款 = 约定日赔偿金额 \times 约定最高赔偿天数$$

6)自燃损失险

(1)全部损失:

$$赔款 = (保险金额 - 残值) \times (1 - 20\%)$$

(2)部分损失:

$$赔款 = (实际损失 - 残值) \times (1 - 20\%)$$

7)新增加设备损失险

(1)损失金额与所负责任比例之积未超过保险金额:

$$赔款 = 损失金额 \times 所负责任比例 \times (1 - 免赔率)$$

(2)损失金额与所负责任比例之积超过保险金额:

$$赔款 = 保险金额 \times (1 - 免赔率)$$

8)不计免赔特约险

$$赔款 = 机动车损失险免赔金额 + 第三者责任险免赔金额$$

本章小结

本章主要内容包括汽车理赔业务流程、车辆理赔事故现场查勘、交通事故鉴定、事故车辆的损伤评定、人身伤亡费用的确定、施救费用和残值的确定与其他财产损失的确定等内容。

下列的总体概要覆盖了本章的主要学习内容,可以利用以下线索对所学内容进行一次简要的回顾,以便归纳、总结和关联相应的知识点。

1. 汽车理赔业务流程

介绍了汽车保险理赔的意义、理赔工作人员的素质、保险理赔的原则、保险理赔的主要内容和业务流程等。

2. 车辆理赔事故现场查勘

介绍了汽车交通事故现场的分类和现场查勘的步骤、现场查勘的方法及现场查勘的判断与分析等。

3. 交通事故鉴定

介绍了道路交通事故的类型和道路交通事故的鉴定等。

4. 事故车辆的损伤评定

介绍了事故车辆定损的原则、事故车辆定损的方法、碰撞对汽车结构的影响和维修费用的评估等。

5. 人身伤亡费用的确定

介绍了人身伤亡费用的赔偿范围和注意问题等。

6. 施救费用和残值的确定

介绍了施救费用的确定原则和不合理的施救费用、残值的确定等。

7. 其他财产损失的确定

介绍了车辆火灾损失的确定、车辆水灾损失的确定、车辆盗抢损失的确定及其他财产损失的赔偿等。

8. 汽车理赔典型案例。

自测题

一、单项选择题(下列各题的备选答案中,只有一个选项是正确的,请把正确答案的序号填写在括号内)

1. 损失调查需要进行的最重要的工作是( )。

  A. 分析损失原因   B. 确定损失程度

  C. 认定被保险人的求偿权利   D. 认定被保险人的可保利益

2. 车损赔案在立案时要求录入的估损金额是指( )。

  A. 实际车损金额   B. 三者人伤费用

  C. 事故总损失   D. 估计赔偿金额

3. 把握常损零件换与修的标准时,应该测算修理零部件的费用与新件价格的关系:价值中等的零部件,一般修理费用应不高于新件价格的( )。

  A. 30%   B. 50%

  C. 60%   D. 80%

4. 前翼子板损伤程度达到必须将其从车上拆下来才能修复,并且前翼子板的材料价格低廉、供应流畅,材料价格基本达到或接近整形修复的工时费,制定维修方案时可以考虑(　　)。

    A. 一般不考虑更换

    B. 可以更换

    C. 根据车主要求决定是否更换

    D. 和车主协商确定

二、判断题(在括号内正确的打√、错误的打×)

1. 汽车保险理赔是指保险车辆在发生道路交通事故后,保险人对被保险人提出的索赔请求进行处理的法律行为。(　　)

2. 汽车保险理赔过程要坚持"主动、迅速、经济、合理"的八字原则。(　　)

3. 在现场查勘过程中,理赔人员要尊重事实,严格按照国家有关法规及保险条款办事,掌握和熟悉现场查勘方法,妥善解决和处理各类现场查勘中的实际问题。(　　)

三、简答题

1. 汽车保险理赔的基本流程是什么? 保险理赔的原则及保险理赔的主要内容是什么?

2. 车辆理赔事故现场查勘的步骤是什么?

3. 事故车辆定损的原则是什么?

4. 人身伤亡费用的赔偿范围和注意问题有哪些?

5. 施救费用的确定原则是什么?

参考文献

[1] 陈卫东.汽车保险与理赔[M].北京:人民交通出版社股份有限公司,2017.

[2] 董恩国,张蕾.汽车保险与理赔实务[M].北京:机械工业出版社,2007.

[3] 蒋正忠,姚晓维.论保险的本质与保险业在金融行业中的角色定位[J].保险研究,2009(03):29-32.

[4] 李劲松,朱春侠.汽车保险与理赔[M].北京:清华大学出版社,2010.

[5] 冯伟.我国车损险的保险金额、理赔及其他[J].上海保险,2011(8):12-14.

[6] 霍潞露,方海峰.新能源汽车保险问题初探[J].汽车与配件,2017,11(02):707-712.

[7] 朱伟华.汽车保险如何华丽转身[J].金融经济,2017,7(01):13-28.

[8] 杨大龙.浅谈汽车保险及保险查勘定损[J].汽车维护与修理,2017,11(09):20-43.

[9] 寇业富.中国保险市场发展分析[M].北京:中国经济出版社,2016.

[10] 向俊红,吴肇庆,秋慧.保险学原理与实务[M].成都:四川大学出版社,2016.

[11] 张晓欢.基于保险理赔中的诚信问题研究[J].纳税,2018,3(08):20-43.

[12] 王天梅,胡伊,肖永慧.关于我国车险费率厘定方法创新研究——基于驾驶行为的车险费率厘定实证分析[J].价格理论与实践,2016,8(11):46-66.

[13] 林玲.汽车保险理赔中查勘定损的模式研究[J].佳木斯职业学院学报,2016,11(02):9-18.

[14] 王兰.与保险相关的安全指数[J].汽车观察,2017,3(05):19-28.

[15] Laura Zakaras. What Happened to No-FaultAutomobile Insurance[J]. Rand org pubs research briefs RB9505 index1 html,2017,103(2):32-39.

[16] Kuehnlw M R. Florida's Motor Vehicle No-Fault Law[J]. Committee on Banking and Insurance,2016,11(6):707-712.

[17] James M Anderson & Stephen J. Carroll. The U.S. Experience with No-fault[J]. AutomobileInsurance A Retrospect,2015,8(3):312-334.